철학 극장

철학과 영화의 마주침

강선형

한국예술종합학교 영상원 영화과를 졸업하고, 서강대학교 철학과에서 『들뢰즈 철학에서 시간의 종합과 영화』로 석사 학위를, 『들뢰즈와 칸트: 들뢰즈 철학의 형성에서 칸트 삼비판서의 역할』로 박사 학위를 받았다. 현재 서강대학교, 국민대학교, 성신여자대학교에서 강의하고 있으며, 서강대학교 철학연구소 연구원, 한국프랑스철학회 총무이사로 활동하고 있다. 제40회 영평상에서 신인평론상을 받았다.

서강학술총서
135

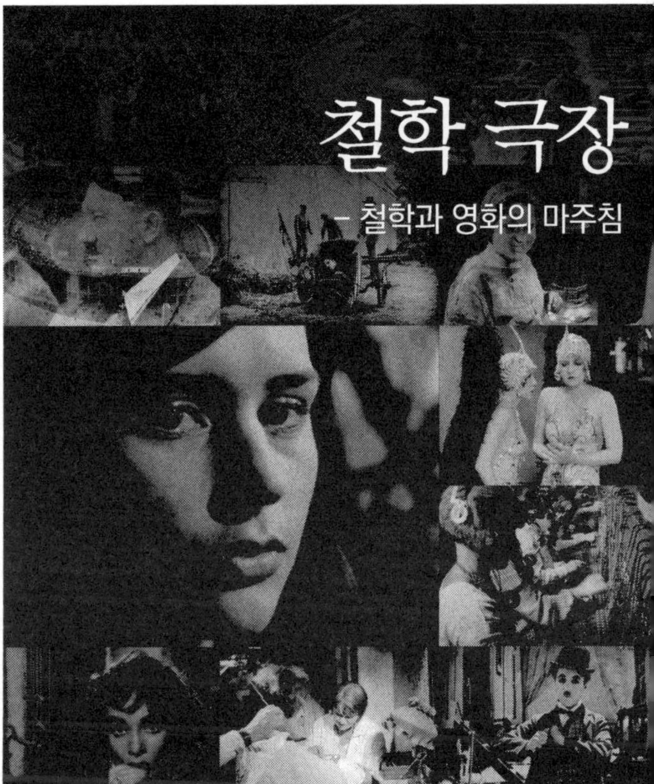

철학 극장

– 철학과 영화의 마주침

강선형 지음

서강대학교출판부

서강학술총서 135

철학 극장
– 철학과 영화의 마주침

초판 1쇄 발행 | 2021년 10월 24일
2쇄 발행 | 2024년 8월 23일

지 은 이 | 강선형
발 행 인 | 심종혁
편 집 인 | 하상응
발 행 처 | 서강대학교출판부
등록 번호 | 제2002-000170호

주 소 | 서울특별시 마포구 백범로 35(신수동)
전 화 | (02) 705-8212
팩 스 | (02) 705-8612

ISBN 978-89-7273-377-5(94080)
ISBN 978-89-7273-139-9(세트)

값 32,000원

* '서강학술총서'는 SK SUPEX 기금의 후원으로 제작됩니다.

책머리에

왜 철학의 영화여야 하는가? 어쩌면 이 책의 기획이 답해야 하는 첫 물음은 이것일 것이다. 우리가 철학자들이 영화에서 발견하고 있는 것들에 주목하고 이야기해야 하는 이유 말이다. 이러한 질문에 단 하나의 답이 있을 수는 없다. 하지만 이것이 처음 이 책을 기획하며 스스로에게 물었던 질문이기도 하며, 철학자들의 사유 속에서 찾아다녔던 답이기도 하다. 이에 대해 이 책의 6장에서 다루고 있는 들뢰즈는 중요한 관점을 제공해주었는데, 영화는 철학과 같은 하나의 사유라는 것이다. 이는 달리 말하면 철학이 영화와 같이 하나의 '창조된 것'이라는 의미이기도 하다. 세계에 대한 어떤 총체적이고 완전한 앎, 불변하는 진리를 발견하고 탐구하는 것이 아니라, 영화가 개별적인 사건들이나 인물들을 창조해내어 세계의 본 모습에 다가가려고 애쓰듯이, 철학도 그러한 하나의 창조적인 작업이라는 것이다. 이후 다시 한 번 언급하게 되겠지만 들뢰즈는 철학이란 개념을 창조하여 사유하는 것이고, 영화란 이미지를 창조하여 사유하는 것이라는 방식으로 양자를 동일한 창조행위로 본다. 그래서 들뢰즈에게 나쁜 철학자는 개념을 만들어내지 않는 철학자이다. 이미 만들어진 것에 대해서만 생각하기 때문이다. 그들은 새로운 문제를 제기하지 않고 늘 이미 남이 제기해놓은 문제에 자신의 의견만을 피력하는 사람들이다. 그들과 달리 위대한 철학자는 새로운 문제를 제기하기 위해 새로운 개념들을 창조하는 자이다. 진리를 찾아내는 것이 아니라 문제를 찾아내는 것이 위대한 철학자들이 이제까지 해온 일이며, 앞으로도 계속해서 해나갈 일이다. 나쁜 영화의 작가들과 위대한 영화의 작가들에게 대해서도 동일하게 말할 수 있다. 나쁜 영화의 작가들은 진부한 이미지들을 반복하고 이미 있는 의견들에 대해 자신의 의견을 덧붙일 뿐이라면, 위대한 영화의 작가들은 새로운 이미지를 창조하고 새로운 문제들을 제기하는 자들이다. 그래서 우리가 위대한 철학의 작품들과 위대한 영화작품들을 마주했을 때 느끼는 충격과 경이는 동일하다고 할 수 있다.

이 충격과 경이가 철학자들로 하여금 영화를 사유하지 않을 수 없게 하는 하나의 이유라고 할 수 있다. 그리고 철학자들과 더불어 이 책의 기획을 추동시킨 힘 역시 여기에 있다. 영화의 어떤 것이 그들을 사유하지 않을 수 없도록 만들었는지, 영화와 철학 모두를 마주하면서 이 책은 시작되었다. 들뢰즈의 이러한 영화와 철학에 대한 생각은 일찍이 카프카가 표현한 바 있다. 카프카는 '나는 오로지 꽉 물거나 쿡쿡 찌르는 책만을 읽어야 한다고 생각한다'고 말한다. 그는 '단 한 주먹으로 정수리를 갈겨 우리를 각성시키는' 것과 같은 책이 아니라면 책을 읽을 이유가 없다고 말하면서, 우리가 행복을 위해 책을 읽는 것이라면 책이 없이도 충분히 행복해질 수 있을 것이라고 덧붙인다. 덧붙여 말하자면, 이 책의 제목으로 삼기도 한 「철학 극장(Theatrum Philosophicum)」에서 푸코 역시 사유한다는 것은 본래 위안이나 행복을 위해 있는 것이 아니라고 강조한 바 있다. 카프카는 이렇게 말한다. '우리가 필요로 하는 책이란 우리를 몹시 고통스럽게 해주는 불행처럼, 우리 자신보다 더 사랑했던 사람의 죽음처럼, 우리가 모든 사람을 떠나 인적 없는 숲 속으로 추방당한 것처럼, 자살처럼, 우리에게 다가오는 책이다.' 제발트는 「영화관에 간 카프카」에서 카프카의 일기를 인용한 바 있다. '이미지들은 아름답지요. 이미지들은 없어서는 안 되지만 그만큼 고통이기도 합니다.' 이미지 역시 우리가 고통과 함께 마주하는 것이다. 그리고 그러한 고통과 더불어서만 '우리들 내면의 얼어붙은 바다'는 깨어진다. 위대한 영화와 철학을 마주하는 자의 충격도 이러한 것이다. 낯선 것으로부터 오는 충격과 경이만이 우리를 새로운 사유로 이끈다.

이 책을 추동시킨 힘에 비해 필자의 글은 부족함이 더 많다. 그래서 이 책에서 다루고 있는 철학자들과 영화들에 오히려 누가 되는 것이 아닐지 걱정이 앞선다. 그럼에도 불구하고 이 책을 출간함으로써 이제까지 산발적으로 소개되어 왔던 철학자들의 영화에 대한 사유를 소개하고 함께 공부해나갈 수 있는 기회가 된다면 좋겠다는 소망 역시 한 켠에 자리하고 있다. 이 책을 써내려가면서 받았던 철학자들의 말과 영화작품들에서의 감동이 전달될 수 있다면 더 바랄 것이 없겠다. 마지막으로, 이 책을 기획할 수 있도록 조언과 격려를 해주신 서강대학교 철학과 서동욱 교수님과, 이 책이 출판될 수 있도록 지원해준 서강대학교 출판부, 사실은 이 책이 저술될 수 있었던 공헌에 비하면 이 책의 마지막에 올 것이 아니라 첫 머리에 와야만 하는 참고문헌의 번역서와 논문들을 써주신 많은 선생님들, 그리고 사랑하고 존경하는 가족들에게도 이 자리를 빌려 감사의 인사를 드린다.

2021년 9월 12일

강선형

목 차

제1장

왜 영화인가:
이미지로 말한다는 것의 새로움

제1장

왜 영화인가: 이미지로 말한다는 것의 새로움

영화에 대해 무언가 말하고 싶은 욕망은 어찌 보면 더 반복해 말할 필요 없는 일일 것이다. 영화관에 앉아 있으면 순간순간 미처 알아채지 못한 채 끊임없이 흘러가버리는 이미지들을, 다 흘러가버린 뒤에도 다시 끄집어내어 우리의 마음속에 붙들어 놓고 그것이 무엇인지 말하고 싶어하는 것, 그러니까 좋은 영화를 보았을 때 우리 마음의 울림을 설명하고 싶은 것은 우리가 어떤 방식으로든 다시 강조할 필요가 있을까 싶을 만큼 당연한 일이다.

우리는 좋은 시나 소설을 보았을 때 때때로 필사를 한다. 그리고 그것을 종이에 뿐만 아니라 마음속에도 함께 새긴다. 영화는 그것을 불가능하게 한다. 좋은 영화를 다시 새기기 위해서는 활자들을 창조해내지 않으면 안 되기 때문이다. 영화는 그런 특별한 힘을 가졌다. 사람들을 계속해서 사유하게 하고 자기가 본 것을 언어화하게 하는 힘 말이다. 이것이 영화를 사랑하지 않을 수 없는 이유 가운데 하나일 것이다.

철학자들 역시 각자 나름의 이유로 영화에 대해 사유를 해왔다. 철학자들은 때로는 영화를 하나의 오락으로, 그래서 예술의 범주에 들어갈 수 없는 매체로 생각하기도 했고, 꾸준히 사유의 대상으로 삼아 영화에게 예술의 지위를 돌려주고자 애쓰기도 했다. 이후 발터 벤야민(Walter Bendix Schönflies Benjamin, 1892~1940)의 영화에 대한 사유를 다루면서 다시 인용하게 되겠지만, 미리 앞질러 영화를 오락거리로 여겼던 한 사람의 말을 읽어 보자.

> 노예의 소일거리, 무식하고 비참하고 일과 걱정들로 지칠 대로 지친 족속들의 오락……, 아무런 정신집중도 요구하지 않고 아무런 사고능력도 전제하지 않으며…… 가슴에 아무런 광명도 밝혀주지 않고 또 어느 날엔가는 로스앤젤레스에서 '스타'가 되겠다는 가소로운 희망 이외에는 아무런 희망도 불러일으키지 않는 구경거리……[1]

벤야민이 인용하고 있는 이 말은 조르주 뒤아멜(Georges Duhamel, 1884~1966)의 것이다. 뒤아멜은 작품에 집중하고 관조할 수 없도록 사유를 방해하기만 하는 영화에 대해서 비판하고 있다. 벤야민이 인용하고 있는 뒤아멜의 다른 말도 이러한 비판을 표현하고 있다. "나는 이미 내가 생각하고자 하는 바를 더 이상 생각할 수 없다. 움직이는 영상들이 내 사고의 자리에 대신 들어앉게 된 것이다."[2] 이러한 뒤아멜의 생각은 테오도르 W. 아도르노(Theodor Ludwig Wiesengrund Adorno,

---

1 발터 벤야민, 최성만 옮김, 「기술복제시대의 예술작품(제3판)」, 『기술복제시대의 예술작품·사진의 역사 외』, 길, 2007, 144에서 재인용.

2 발터 벤야민, 「기술복제시대의 예술작품(제3판)」, 142에서 재인용.

1903~1969)의 생각과 유사하다.

> 전 세계는 문화 산업이라는 필터를 통해 걸러진다. 바깥의 거리는 방금 본 영화의 연속임을 깨닫는—왜냐하면 영화 자체가 일상적인 감수성의 세계를 엄밀하게 재현하려 하기 때문에—관람객의 오랜 경험은 이제 영화 제작의 지침이 되었다. [……] 오늘날 문화 소비자들의 자발성이나 상상력이 위축된 이유를 그 어떤 심리적 메커니즘에서 찾을 필요는 없다. 제작물 자체가—그 특성이 가장 강한 것은 유성 영화라고 할 수 있는데—자신의 객관적 속성에 따라 그러한 능력을 불구로 만들어버린 것이다. 문화 상품의 속성은, 제작물을 제대로 파악하기 위해서는 민첩성과 관찰력과 상당한 사전 지식을 요구하지만 관객으로 하여금—재빨리 스쳐 지나가는 사실들을 놓치지 않기 위해—적극적으로 사유하는 것을 불가능하도록 만든다는 데 있다.[3]

아도르노가 보기에 영화는 현실을 엄밀하게 재현하려는 그 객관적 속성 때문에 상상하고 반성할 수 있는 여지를 남겨놓지 않고, 영화를 현실과 직접적으로 동일시하도록 하여, 그것으로부터 빠져나와 사유할 수 있는 가능성을 제거하는 문화산업의 가장 대표적이고 강력한 매체이다. 그리고 영화를 그렇게 만드는 것은 객관적 속성뿐만 아니라 '재빨리 스쳐지나가는 사실들을 놓치지 않기 위해' 잠시도 그로부터 빠져나와 생각할 틈을 주지 않는다는 점도 있다. 내 사고들 대신에 움직이는 영상들이 들어앉는다는 뒤아멜의 지적과 동일한 지적이다.[4]

---

3 테오도르 W. 아도르노·막스 호르크하이머, 김유동 옮김, 『계몽의 변증법』, 문학과지성사, 2001, 191~192.

4 아도르노는 이후 「영화의 투명성」이라는 글에서 1962년에 있었던 젊은 독일 감독들의 새로운 영화 선언인 '오버하우젠 선언'을 언급하며 영화의 새로운 가능성들에 대해 긍정적으로 말하기도 한다. 전통적이고 관습적인, 그래서 윤택한 상

그렇지만 이러한 영화의 위험성에도 불구하고 많은 철학자들은 끊임없이 영화에 예술의 지위를 부여하고자 애써왔다. 그리고 그들을 그렇게 사유하도록 이끈 영화의 힘은 근본적으로 문자를 빌리지 않고 이미지로 말한다는 것의 놀라움에 있을 것이다. 뒤아멜과 아도르노와 달리, 영화의 정신분산(Ablenkung)을 긍정적으로 바라보았던 철학자이자 이 책이 출발점으로 삼고 있는 벤야민은 「사진의 작은 역사」에서 "미래의 문맹자는 문자를 모르는 사람이 아니라 사진을 모르는 사람이 될 것이다"라는 라즐로 모홀리 나기(László Moholy-Nagy, 1895~1946)말을 인용한다.[5] 그리고 다음과 같이 덧붙인다. "하지만 자기 자신의 사진을 읽을 줄 모르는 사진사 또한 그에 못지않게 문맹자가 아닐까?"[6] 사진의 이미지를 자연을 충실히 재현하고자 하는 기존의 예술들이 가지고 있었던 목표 안에 가두는 것이 아니라 '읽는 것'으로서 접근하고 있다는 것을 알 수 있다. 뿐만 아니라 벤야민은 우리가 늘 신문에서 마주하고 있는

품이 될 수 있는 기존의 영화들이 아니라, 서투르고 어색하지만 새로운 풍부한 시도들로 가득한 젊은 영화들에서 예술로서의 가능성을 읽어낸다. 그러나 여전히 아도르노는 영화에 대해 그 자체가 '광고'이며, 카인의 표식처럼 상품이라는 표식을 떼어버릴 수 없다고 말한다. 그러니까 여전히 영화는 관객들을 영화관으로 끌어들이는 '예고편'과 같은 방식으로 소비자들에게 다가갈 수밖에 없는 것이다. 그래서 그는 곧 영화의 예고편과 영화를 구별하는 것이 어려워질 것이라고 말하는데, 이는 액션 영화가 가장 스펙타클한 장면만을 모아서 예고편을 만든다는 사실을 떠올려보면 잘 알 수 있다. 아도르노는 이런 방식으로 여전히 영화에 대한 낙관적인 사고를 경계하고 있다는 점에서, 그의 영화에 대한 놀라운 통찰들에도 불구하고 이 책에서는 다루지 않으려고 한다. Theodor W. Adorno, "Transparencies on Film"[1966], Trans. Thomas Y. Levin, *New German Critique*, no.24-25, 1981-2, 199~205 참조.

5 발터 벤야민, 최성만 옮김, 「사진의 작은 역사」, 『기술복제시대의 예술작품·사진의 작은 역사 외』, 길, 2007, 196.

6 발터 벤야민, 「사진의 작은 역사」, 196.

이미지들처럼 단순히 이미지를 진부한 언어적 효과를 연상시키게 하는 것으로 여기는 데에서 멈춰 서지 않고, 끊임없이 새로운 의미들을 생산해내는 것으로 여기고자 한다. 우리는 이러한 벤야민의 이미지에 대한 사유를 그 자체로 복제기술이 이미 내재하고 있는 예술작품으로서의 영화라는 그의 사상으로부터 출발하여 접근해볼 것이다.

벤야민은 다른 예술들과 달리 영화의 복제기술 속에는 단지 복제의 가능성뿐만 아니라 대량보급을 '해야만 한다'는 요구가 들어있음을 강조했다. 그리고 거기에서 할리우드 영화와 나치즘 영화의 친화성을 발견한다. 그러한 관점에서 중요한 것은 영화라는 매체가 가진 정치적인 힘이다. 벤야민의 「기술복제시대의 예술작품」은 영화라는 예술이 때로는 선동 장치일 수 있고, 때로는 불합리한 체제를 파괴할 수 있는 힘을 가진 것일 수 있음을 보여준다. 그리고 이 양자 사이를 가르는 것은 점점 더 재빨리 스쳐지나가는 이미지들이 진부한 사유의 연상들에 머물 것인가, 계속해서 새로운 의미를 창조해낼 것인가에 있다. 우리는 이러한 벤야민의 사유를 첫 출발점으로 삼아 오락으로 여겨졌던 영화라는 매체에서 읽어낼 수 있는 것, 읽어내야 하는 것들을 발견해나가는 도정을 시작한다.

이 책은 영화를 마주한 철학자들의 시도들, 벤야민으로부터 출발하여 장 폴 사르트르(Jean-Paul Sartre, 1905~1980), 모리스 메를로-퐁티(Maurice Merleau-Ponty, 1908~1961), 장 프랑수아 리오타르(Jean François Lyotard, 1924~1998), 질 들뢰즈(Gilles Deleuze, 1925~1995), 자크 데리다(Jacques Derrida, 1932~2004), 알랭 바디우(Alain Badiou, 1937~), 자크 랑시에르(Jacques Rancière, 1940~), 조르조 아감벤(Giorgio Agamben, 1942~)이

라는 영화와 직접적으로 자신의 철학을 마주치게 했던 철학자들의 사상들을 다룬다. 이들은 영화라는 20세기 등장한 새로운 예술을 단지 오락으로 취급하거나 경계해야 하는 대상으로만 삼지 않고, 그들의 철학과의 깊은 연관 아래에서 사유하고자 시도했던 사람들이다. 이들과 함께 우리는 영화에 대해 말할 수 있는 것들을 조금 더 늘려갈 수 있을 것이다.

그렇지만 이러한 여정에는 어려움 역시 있는데, 우리 시대의 예술 작품으로서 영화를 적극적으로 사유한 벤야민과 달리 영화에 대한 사유를 풀어놓는 어떤 체계적인 저술 없이 사유의 흔적들만을 남겨놓고 있는 철학자들도 있기 때문이다. 벤야민 다음으로 다루게 될 사르트르가 그 가운데 한 사람이다. 사르트르는 『더러운 손(Les Mains Sales)』, 『공손한 창부(La Putain respectueuse)』, 『닫힌 문(Huis Clos)』, 『알토나의 유폐자들(Les Séquestrés d'Altona)』 등 그의 희곡을 영화화하는 작업에 참여했을 뿐만 아니라, 「내기는 끝났다(Les Jeux Sont Faits)」, 「프로이트(Freud: The Secret Passion)」 등 시나리오를 집필하기도 하면서 계속해서 영화에 직접적으로 참여해왔던 철학자이자 작가임에도 불구하고, 영화에 대해 체계적인 글을 남겨두지 않았다. 그렇지만 젊은 시절 남겨놓은 영화에 대한 글과 연극과 소설에 대한 그의 태도와의 비교를 통해 우리는 사르트르가 영화에 대해 어떻게 사유하고 있었는지 이해해볼 수 있다. 그는 「영화를 위한 옹호」에서 영화라는 매체가 가진 독특성을 고정되어 있고 정지되어 있는 이미지가 아니라 운동하고 생성되는 이미지에 있다는 점에서 찾았는데, 이는 이후 들뢰즈의 영화이론을 선취하는 것이기도 하다. 그러한 국면에서 우리는 사르트르의 영화에 대한 사유의 중요성을 발견하게 될 것이다.

사르트르와 동시대 철학자이며 그와 교류했던 친구인 또 한 사람의 철학의 거장, 메를로-퐁티 역시 영화에 대해 많은 글을 남기지는 않았지만 중요한 강의를 남겼는데, 거기서 그는 영화의 지각이 근본적으로 우리의 지각이 어떤 것인지 알려준다는 점에 주목했다. 영화는 하나의 이야기로 말해지는 예술이 아니라, 그래서 사유의 대상이 되는 것이 아니라, 지각의 대상이다. 그런데 메를로-퐁티가 말하는 지각은 우리가 시각, 촉각, 청각 등으로 구분지어 말하는 파편적인 감각들을 의미하지 않는다. 그것은 총체적인 것이고 인위적으로 나눌 수 없는 것이다. 이후 더 자세히 살펴보게 되겠지만, 메를로-퐁티는 이러한 근본적인 지각에 대한 탐구를 통해 우리의 의식이 타인을 대상으로 파악하기 이전에 이미 우리의 신체가 타인과 근본적인 관계를 맺고 있다는 것에 가닿고자 한다. 그리고 영화는 바로 우리의 이러한 근본적인 관계를 보여주는 것이다. 행위를 언어라는 도구를 통해서가 아니라 그 자체로 보여주는 방식이 영화이기 때문이다. 메를로-퐁티가 영화에서 주목하는 것은 결국 나에 비추어 타인을 이해하는 방식, 즉 나의 내면에만 있는 감정을 통해서 어떤 방식으로든 타인의 내면에 있는 감정을 동일한 의미로 유추해내는 방식이 아니라, 타인의 행위를 행위로서 지각하듯이 나의 행위도 행위로서 지각된다는 점이다. 영화는 소설에서 자신의 내면의 풍경을 서술하듯이 감정을 표현하는 것이 아니라 늘 행위를 통해서 감정을 이미지화한다는 점에서 그렇다. 메를로-퐁티가 주목하는 것은 이러한 영화가 우리가 의식하기 이전에, 언어를 통해 소통하기 이전에, 신체를 통해 이미 관계 맺고 있다는 시실을 알려준다는 점이다. 영화가 이미지로 말하는 독특한 예술이라는 것을 메를로-퐁티 역시 잘 보여주고 있다는 것을 우리는 알 수 있다.

우리에게 포스트-모더니즘이라는 용어로 잘 알려져 있는 리오타르는 사르트르처럼 영화 작업에 직접적으로 참여하고 새로운 영화를 위한 시도들을 했던 사람이기도 하다. 그는 이른바 '반(反)영화적 영화' 이론을 연다. 영화에 반하면서 영화적인 것, 리오타르가 시도했던 것은 정확히 그것이었다. 리오타르는 기존의 영화가 목표로 하는 바가 우리의 눈이 기억하고 있는 것을 그대로 재현하는 것에 있었다는 점에 주목하면서, 늘 질서로 다시 귀결되는 영화에 반대하고자 했다. 그리고 이 영화가 다시 돌아오게 되는 질서는 바로 자본의 질서이다. 그래서 리오타르는 늘 자본의 질서 아래에서 머물 수밖에 없는 영화에 반하면서 가장 영화적인 것을 시도한다. 영화가 자본의 질서 아래에서 머물 때 문제가 되는 것은 단지 영화 안에서의 문제가 아니라 영화 밖에서 우리 욕망의 질서를 정상적인 것과 그렇지 않은 것이라는 방식으로 규정하게 된다는 점이다. 어떤 것은 정상적인 운동이고 어떤 것은 비정상적인 운동이라고 규정하는 영화는 영화 밖에서도 정상과 비정상을 가르는 기준이 되어버린다. 그래서 리오타르는 이러한 문제의식 아래에서 자본의 질서 아래에 있는 영화에 반대하는 새로운 영화를 끊임없이 시도한다.

이러한 리오타르의 영화에 대한 시도는 그의 철학적 시도와도 아주 긴밀하게 연결되어 있다. 그는 철학에 대해 이렇게 말한다. "철학자들이 제공하는 담론은 미완으로 남기 때문에, 결코 완결되거나 그 자체로 충분한 것이 될 수 없기에 우리의 요구에 미치지 못합니다. 마치 각

단어가 차츰 다른 모든 단어들만을 참조하게 하는 사전을 만드는 것 같다고 할까요."[7] 무한하게 참조하는 또는 참조하게 하는 본래의 자리로 돌아오는 학문, 리오타르는 철학에 대해서도 그렇게 말하고 있다. 그렇지만 중요한 것은 이 말해진 것들 속에 말해지지 않은 것이 현존하고 있다는 사실이다. 무한히 같은 자리로 돌아오게 하는 말하기 속에 있는 말해지지 않은 것을 전하는 것이 철학의 시도이다. 이후 살펴보게 되겠지만, 반-영화의 영화로서 그가 전하고자 하는 바도 그것이다. 영화적 운동 안에서 모두 표현되지 않는 어떤 것을 드러내는 것이 반-영화적 영화로서 그가 시도하는 바이다. 이로부터 철학적 언어의 시도와 영화적 이미지의 시도가 리오타르 안에서 조응하고 있음을 우리는 확인할 수 있다.

들뢰즈는 『시네마 I : 운동-이미지』와 『시네마 Ⅱ : 시간-이미지』라는 영화철학에 있어서 기념비적인 저작을 남긴 사람이다. 그의 이러한 탐구 이후로 철학자들의 시야에 영화가 보다 더 깊숙이 들어올 수 있었다고 해도 과언이 아닐 것이다. 들뢰즈의 두 권의 책은 영화사를 아우르는 방대한 분량의 책이다. 그 때문에 우리는 이 가운데 핵심적인 개념인 '운동'으로부터 '시간'으로의 이행을 중심으로 들뢰즈의 영화이론을 살펴보고자 한다. 중요한 것은 들뢰즈에게 영화는 하나의 새로운 사유로서 접근된다는 점이다. 이것이 메를로-퐁티가 '영화는 사유되는 것이 아니라 지각되는 것이다'라고 말한 것에 정확히 반대된다고 할 수 있을까? 들뢰즈가 영화를 개념을 창조하여 사유하는 철학과 동일한 사

7 장 프랑수아 리오타르, 이세진 옮김, 『리오타르, 왜 철학을 하는가?』, 북노마드, 2015, 113.

유로 이야기하는 이유는 우리가 사유를 시작하는 이유, 사유를 시작할 수밖에 없는 이유 때문이다. 그에 따르면, 우리는 오직 기호(signe)와의 마주침을 통해서만 사유를 시작할 수 있고, 또 사유하지 않을 수 없다.

보다 자세히 다루게 되겠지만 영화 가운데 우리는 들뢰즈가 '기호'라고 부르는 것을 가장 잘 표현한 예를 찾을 수 있다. 로베르토 로셀리니(Roberto Rossellini, 1906~1977) 감독의 「유럽 51년(Europa '51)」이다. 네오리얼리즘의 대표적인 작가이자 감독인 로셀리니는 1951년 당시 이탈리아를 배경으로 「유럽 51년」이라는 영화를 만들었다. 당시 이탈리아는 2차 세계대전 패전 후 불안정한 경제상황 속에서, 정치적으로는 사회당, 공산당이 완패하고 다수당인 기독교민주당이 우세하고 있었다. 잉그리드 버그만(Ingrid Bergman, 1915~1982)이 연기한 주인공은 부르주아 여인으로 등장하는데, 마치 프루스트의 『잃어버린 시간을 찾아서』의 첫 장면처럼 손님들과 저녁식사를 하고 있는 주인공을 아들이 애타게 찾는 장면으로 영화는 시작한다. 어머니를 찾던 아들은 투신하여 결국

〈사진 1〉「유럽 51년」의 공장 이미지

죽음을 맞게 되고, 아들의 죽음으로 죄책감에 시달리던 주인공은 코뮤니스트인 친구를 따라 빈민가에서 살아가는 사람들을 도우며 점차 기력을 회복한다. 그러던 주인공은 빈민가의 한 여인을 도우러 공장에 갔다가 인간을 압도하는 공장의 거대한 기계들과 굉음들에 충격을 받기도 하고, 빈민가 근처 강가에 떠내려 오는 시체에 무방비로 노출되는 순진한 아이들의 모습에 놀라기도 한다.

바로 이 장면이 들뢰즈가 말하는 기호와의 마주침을 잘 드러낸다. 주인공은 이 공장의 이미지에 압도되어 자신의 삶을 변화시켜 나가기 때문이다. 주인공은 남편으로부터 계속해서 코뮤니스트인 친구와의 불륜을 의심받으면서도 점점 더 헌신적으로 빈민가 사람들을 돕는다. 그러던 중 빈민가의 한 가족의 아들이 살인을 저지르고 숨어있자 자수하도록 설득하기 위해 그를 경찰들로부터 도망치게 돕고, 그 아들은 결국 자수를 하였지만 범인도피를 도왔다는 이유로 그녀는 남편과 어머니에게 이끌려 정신병원에 입원하게 된다. 여기서 중요한 것은 주인공의 삶의 변화가 단지 설명될 수 있는 어떤 메시지나 교훈이라면 그것은 하나의 클리셰로 남게 될 것이라는 점이다. 그녀는 재림한 예수나 성녀의 모습으로 쉽게 치환될 수도 있다. 그런데 주인공은 끝까지 자신이 왜 자신의 삶을 변화시킬 수밖에 없었는지 모른다고 말한다. 그리고 그녀는 갇히게 된 정신병원에서도 환자들을 헌신적으로 돕다가 남편이 다시 데리러 왔을 때도 숙명처럼 환자들 곁에 남아있기로 결정한다. 그 역시 이유를 자신조차도 모른다고 말하면서 말이다. 들뢰즈가 주목하는 것이 바로 이 주인공을 변화시키는 이미지, 설명할 수 없지만 사유하기를 멈출 수 없는 이미지이다. 그녀가 마주친 공장의 이미지처럼 우리를 추동할 수밖에 없는 어떤 이미지들을 영화의 이미지들은 가지고 있다. 이러한 점에서 들뢰즈는 영화 역시 하나의 사유라는 점을 이야기하고 있다.

데리다는 리오타르처럼 텔레비전과 할리우드라는 자본의 질서에서 벗어날 수 있는 새로운 영화에 대해 고민했던 철학자이다. 그리고 이러한 그의 사유는 궁극적으로 그 자신의 철학의 핵심적인 이론 가운데 하나인 유령론(hantologie)에 가닿는다. 그는 스크린의 존재와 렌즈 앞 존재 사이의 간극에 주목하여, 스크린의 존재가 이미 부재하고 있는 현재를 표시하고 있다는 사실 때문에 '유령'이라는 존재와 같다고 말한다. 이는 단지 렌즈 앞에 존재가 있던 과거는 이미 과거로서 지나가버렸다는 것을 의미하는 것이 아니라, 현재이면서 동시에 현재가 아닌 방식으로 시간의 질서를 와해시킨다는 것을 의미한다. 데리다는 이러한 스크린의 존재를 인간과 '다른' 존재로서 유령, 그러니까 볼 수 없으면서도 보이는 존재인 유령과 겹쳐놓는다. 데리다의 유령론은 우리의 감각을 초과하는 유령, 또 우리의 과거, 현재, 미래를 연결하는 시간의 질서들을 초과하는 유령의 존재를 이야기한다는 점에서 비존재론이면서 존재론이라고 할 수 있는 독특한 존재론이다. 데리다는 이 유령론과 영화론을 연결하고 있다. 그런데 지금은 부재하는 존재를 우리 앞에 데려오는 모든 이미지들을 데리다가 긍정하고 있는 것은 아니다. 그는 현대의 정보통신기술이 만들어내는 인공적인 현재성, 즉 단지 현재성의 '효과'일 뿐인 현재성을 비판하면서 자신의 유령론에 가닿고 있기 때문이다. 우리는 이러한 비판을 살펴보면서 영화 이미지의 독특한 시간성에 대해 데리다가 이야기하고자 하는 바, 그리고 그것을 위해 데리다가 시도했던 바를 살펴볼 것이다.

바디우와 랑시에르는 다른 예술들과는 다른 영화만의 독특성을 발견해내고자 하는 탐구는 물론이고, 개별적인 영화들이 가진 의미에 대해서도 적극적으로 탐구한 철학자들이자 비평가들이다. 이 책에서는 바디우와 랑시에르의 영화에 대한 메타적인 탐구와 관련되어 있는, 그리고 곧 그들의 철학과 밀접한 관계를 맺고 있는 탐구들을 소개할 것이지만, 그들이 뛰어난 평론가이기도 하다는 점은 아무리 강조해도 지나치지 않을 것이다. 바디우에게 영화는 세계라는 전체 집합에서 공집합처럼 존재하는 공백을 드러내는 '사건(événement)'이다. 바디우의 철학 안에서 세계의 질서에 균열을 내는 공집합은 중요한 개념인데, 공집합은 언제나 전체 집합의 부분 집합으로서 포함되어 있으면서 동시에 집합으로 표현될 수 있는 어떤 것으로도 환원되지 않고 공집합으로 남아 있기 때문이다. 바디우는 영화를 바로 그러한 공집합으로서의 공백을 드러내는 사건으로 보았다. 그리고 하나의 사건으로서의 영화는 공백을 드러내는 한에서 진리의 생산 절차에 참여한다. 그래서 바디우에게서는 영화가 진리와 뗄 수 없는 관계를 맺고 있다. 우리는 바디우에서 어떻게 영화가 진리의 절차에 들어서게 되는지 보게 될 것이다.

이때 중요한 것은 영화에서는 이념(idée)이 '지나간다'는 사실이다. 이데아처럼 부동적인 이념을 지나갈 수 있게 하는 것은 영화가 근본적으로 거짓 운동이기 때문이다. 이렇게 바디우에서는 영화가 '거짓' 운동이면서 '진리'의 절차에 들어서는 독특한 국면이 발생한다. 영화의 거짓 운동을 세 가지로 이야기하는데, 그 가운데 가장 중요한 것은 영화 자체가 다른 예술들 사이에서 '불순하게 돌아다니는 것'이라는 점이다.

근본적으로 영화는 하나의 독립적이고 고유한 예술을 제시하는 것이 아니라 다른 예술에 '덤'으로 온다는 것이다. 다른 예술들은 영화 안에서 그 불순성을 이루고 영화는 근본적으로 이 불순성으로부터 출발하여 만들어진다. 그래서 바디우는 영화가 불순한 것들을 가지고 하는 작업을 정화(淨化)라고 부르기도 한다. 그런데 영화의 정화 작업을 강조할 때 바디우는 다른 예술들과의 관계보다는 자본과의 불가분한 관계에 주목하고 있다. 영화는 근본적으로 자본과 분리될 수 없는 예술이기 때문에 항상 투쟁이다. 그래서 바디우는 자본과 밀접한 관계를 맺고 있는 진부한 것들, 폭력적인 것들, 외설적인 것들을 단지 제거하는 것이 아니라, 그것들과 항상 투쟁하는 방식으로 영화가 존립하는 방식을 가리켜 투쟁으로서의 '정화'라고 이야기하고자 한다. 이것이 불순함으로부터 이념을 지나가게 할 수 있는 영화의 힘이다.

랑시에르의 예술에 대한 사유는 언제나 정치와 연결된다. 그의 기본적인 태도는 질서라는 이름 아래에서 감각적인 것들, 즉 어떤 것을 보게 할 수 있고, 어떤 것을 듣게 할 수 있으며, 어떤 공간을 점유하고, 어떤 시간이 주어지는지 등의 문제가 잘못 나누어지고 있다는 것이다. 그리고 우리는 그러한 것들을 나누고 사람들 간에 넘어갈 수 없는 경계를 긋는 일로부터 해방되어야 한다. 이것이 공동체의 부분들이자 몫이 없는 자들에게 그 몫을 올바르게 돌려주는 일이다. 이러한 문제는 예술의 문제와 곧장 연결되는데, 예를 들어 고급 취향과 저급 취향을 나누고 양자 사이의 위계를 설정하는 일, 즉 좋은 영화와 나쁜 영화를 가치평가하는 일이 언제나 예술의 영역에서 일어나고 있는 일이기 때문이다. 그렇기 때문에 감각적인 것들의 나눔은 예술에서도 핵심적인 문제이며, 이것은 늘 항상 정치의 문제와 뗄 수 없는 관계를 맺고 있다. 이 때문에 랑시에르는 영화에서도 시간과 공간을 새롭게 분할하는 방식들을 발견하고, 그 안에서 영화가 가진 역량을 찾아낸다. 영화의 역량은 사건들의 인과적 구조를 따르는 선형적인 시간의 흐름에 종속되어 있는 그러한 영화들에 있는 것이 아니라, 그로부터 빠져나와 새롭게 시간과 공간을 분할하는 영화들, 그래서 그것이 만들어내는 새로운 분할이 소음으로만 들리던 것을 말로 들리게 하고, 보이지 않던 것을 보이게 하는 일들을 가능하게 하는 영화들에 있다. 이것이 우리로 하여금 잘못 셈해진 부분들의 몫에 대해 말할 수 있게 하는 영화의 역량이 된다.

마지막으로, 아감벤 역시 랑시에르처럼 정치의 문제와 영화의 문제를 곧바로 연결시켜놓는 사람 가운데 하나이다. 랑시에르 역시 그러하지만 아감벤은 어떤 정치적인 메시지를 담고 있는 영화를 옹호하려는 것이 아니라 영화 자체가 가진 힘을 정치적인 힘으로 해석한다. 아감벤은 영화에서 중요한 것은 '몸짓'이라고 말한다. 아감벤이 이렇게 말할 때 중요한 것은 몸짓이 어떤 문장으로 말해질 수 있는 것이 아니라는 점이다. 이것은 마치 침묵과 같다. 소리가 없다는 점에서 침묵인 것이 아니라, 언어활동 속에서 파악될 수 없는 것이 바로 몸짓이기 때문이다. 그래서 이 말해질 수 없는 것을 보여주는 몸짓이 아감벤에서는 영화의 역량으로 이야기된다. 그리고 이것은 '증언 가능성'에 대한 아감벤의 생각과 밀접하게 연결되어 있다. 이후 보다 자세히 살펴보게 되겠지만 아감벤은 아우슈비츠에 대해 증언할 수 있는 가능성이라는 것은 이미 증언할 수 없게 되어버린 존재들의 증언 불가능성과의 관계 속에서만 이야기될 수 있다고 분석한다. 이와 마찬가지로 말해질 수 없는 것과의 관계 속에서만 말해진 것은 말해질 수 있었던 것임이 영화의 몸짓에 대한 분석에서도 중요하다. 영화의 몸짓은 말해질 수 없는 것을 말하는 것이 아니라, 말해질 수 없는 것 자체로 드러내기 때문이다. 이러한 점에서 아감벤은 영화의 중요한 역량을 '몸짓'에서 발견하고 있다.

이렇게 우리가 다룰 영화와 자신의 철학을 마주시킨 이러한 철학자들은 모두 영화라는 매체 자체의 독특성에 주목한다. 그런 점에서 다른 어떤 예술과도 닮지 않은 또 하나의 예술로서의 지위를 영화에게 부여하고자 했다고 해도 과언이 아닐 것이다. 우리는 영화에 대해 무언가 말하고 싶은 욕망이라는 것은 너무도 당연해서 더 말할 필요가 없는 것이라고 말했다. 그리고 철학자들의 사유는 아마도 그러한 욕망과 그리 다르지 않을 것이라고도 덧붙였다. 그렇지만 이야기를 요약하는 것도 언어화라고 말할 수 있다는 점에서, 철학자들의 영화에 대한 사유는 단순히 언어화라고 할 수 있는 것에서 멈추지 않는다. 그들은 오히려 완전히 언어화될 수 없는 것으로서, 이미지로, 지각으로, 몸짓으로 우리에게 끊임없이 자신을 드러내는 '우리 시대의 예술작품', 영화를 마주한다. 이야기로 환원되지 않는 이미지의 힘, 우리는 이에 대한 철학자들의 사유를 통해 영화만이 가지고 있는 그 독특성에 대해 함께 생각해 볼 기회를 이제 가지게 될 것이다.

제2장
우리 시대의 예술작품, 영화

제2장
우리 시대의 예술작품, 영화

1. 벤야민과 영화

매체에 대해 본격적으로 사유하기 시작한 철학자를 꼽자면 벤야민은 빼놓을 수는 없는 철학자 가운데 한 사람이다. 벤야민은 출판된 글이나 라디오, 사진 등 어떤 작용을 전달하는 매체들에 대해서 그 매체들의 메커니즘을 정확하게 파악하는 글들을 발표해왔다. 특히 영화라는 매체에 대한 그의 성찰은 그가 관심을 가진 여러 매체에 대한 성찰들 가운데 하나이지만, 그의 성찰들 가운데 다른 어떤 매체들에 대한 성찰보다도 중요한 지위를 가진다. 왜냐하면 그가 우리 시대를 '기술복제시대'라고 일컫고 이 시대를 상징하는 예술작품으로 꼽고 있는 것이 영화이기 때문이다. 우리 시대에 진정으로 사유되어야 할 예술작품이

바로 영화라는 매체인 것이다. 벤야민은 말한다.[8]

> 예술작품은 원칙적으로 항상 복제가 가능했다. 사람들이 만든 것은 늘 사람들이 모방할 수 있었다. 그러한 모방은 예술 실기 연습을 하려는 제자들에 의해, 작품을 널리 보급하려는 장인들에 의해, 마지막으로 이윤을 탐하는 제3자에 의해 수행되었다.

벤야민은 예술작품의 복제 자체가 새로운 일은 아니라고 이야기한다. 우리가 명화를 집 인테리어를 위해 걸어놓듯이 예술작품은 어떠한 방식으로든 복제되어 왔고, 그러한 의미에서 복제 '가능성'이 우리 시대를 특별한 시대로 만들어주지는 않는다. 그렇지만 실제로 예술작품이 복제기술의 발전을 통해 대량으로 보급될 수 있게 된 것은 완전히 새로운 현상을 낳게 된다. 복제 기술 그 자체가 기존에 없었던 완전히 새로운 기술이라고 볼 수는 없지만, 우리 시대의 예술작품이란 무엇인가에 대해 새로운 시선을 도입하여 성찰해야 할 만큼 근본적인 변화 역시 분명히 존재하는 것이다. 바로 기존의 예술작품들이 가지고 있었던 원본성(Originalität)에 생긴 변화이다.

분명 과거 시대에도 복제 기술은 존재했다. 청동제품을 만들기 위한 거푸집도 복제기술을 보여주는 예가 될 수 있고, 판화도 그 예가 될 수 있으며, 인쇄를 통한 문자의 복제 역시 그렇다. 그렇지만 벤야민은 이러한 예들은 전체 역사에서 한 특수한 경우에 불과했다는 점을 지적한다. 왜냐하면 작품이 가지고 있는 원본성 자체를 완전히 뒤바꾸어놓을 수 있을 만큼의 변화가 일어났다고 말할 수는 없기 때문이다. 우리

---

8 발터 벤야민, 「기술복제시대의 예술작품(제3판)」, 100.

시대의 복제 기술은 그 자체로 새로운 것이 아니라 그것이 가져온 변화가 새로운 것이다.

> 1900년 전후에 기술적 복제는 그것이 전승된 예술작품 전체를 대상으로 만들고 예술작품의 영향력에 심대한 변화를 끼치기 시작했을 뿐만 아니라 예술의 작업방식에서 독자적인 자리를 점유하게 될 정도의 수준에 도달했다.[9]

이러한 변화를 가져온 것은 '사진술'이다. 사진술이 발명되면서 카메라의 렌즈가 인간의 손으로부터 독립하여 복제를 수행하게 된다. 이 기계의 눈이 가지게 된 새로운 독립성을 가장 상징적으로 보여주는 사건이 바로 '인상주의'의 등장이다. 회화는 더욱 더 사실적으로 현실을 모방하고자하는 목표를 사진에 내어주게 되었지만, 인상주의자들은 오히려 그렇게 함으로써 회화가 나아가야 할 독자적인 방향을 설정했다. 인상주의자들은 카메라와 마찬가지로 한 순간을 포착하여 그것을 담아내면서도, 카메라처럼 최대한 사실적으로 주관적인 시선을 배제한 채 담아내는 것이 아니라, 그들의 시선이 머무는 찰나에 그 자리에서 그들이 세계를 파악하는 방식을 온전히 표현해내고자 했다. 회화가 가진 여러 가치들 가운데 기록성을 카메라에 내어주게 된 예술가들은 작품이 탄생하는 그 자리에 그들이 존재했다는 것을 작품 속에 드러내는 방법을 선택한 것이다. 벤야민은 카메라의 눈과 인간의 눈 사이의 차이에 대해 다음과 같이 이야기했다.

9　발터 벤야민, 「기술복제시대의 예술작품(제3판)」, 102.

> 카메라에 비치는 자연은 눈에 비치는 자연과 다른 법이다. 다른 이유는 무엇보다 인간이 의식을 갖고 엮은 공간의 자리에 무의식적으로 엮인 공간이 들어서기 때문이다. 예를 들어 누군가 사람들의 걸음걸이가 어떻다고 대강이나마 설명하는 것은 대개 가능하지만, 그는 '걸어 나아가는' 순간순간에 사람들의 자세가 어떠한지에 대해서는 틀림없이 아무것도 모르고 있다. 사진은 고속촬영이나 확대 등의 보조 수단을 통해 그에게 그러한 것을 밝혀준다.[10]

이러한 차이에 비추어 볼 때 인상주의자들의 시도는 기계의 눈을 뒤쫓는 것이 아니라 오히려 그들 자신의 주관적인 시선을 캔버스에 담아냄으로써, 인간의 손으로부터 독립되어 있는 작품과 같은 것은 존재할 수 없음을 보여주는 것이었다고 할 수 있다. 그러나 그들의 회화적 성취와 다른 도정에서 인간의 손으로부터 독립한 카메라는 작품의 원본성까지도 파괴하는 지점으로 나아간다. "진품은 손으로 이루어진 복제에 대해서는 이것을 위조품으로 낙인찍음으로써 자신의 권위를 완전하게 유지할 수 있지만 기술적 복제에 대해서는 그러지 못한다."[11] 회화를 감상하기 위해서는 미술관에 가야한다는 데에서 알 수 있는 것처럼 예술작품은 그것이 있는 그 시간, 그 장소에 유일하게 존재한다. 예술작품은 그것이 겪어온 역사들을 모두 담지하고서 그 자리에, 그 시간에 존재한다. 이 시간, 이 장소에 있는 원작(Original)이 존재하지 않는다면 우리는 진정으로 그 작품에 대해 알 수 있는 것이 없다. 이것이 바로 원작이 가진 '진품성(Echtheit)'이다. 그리고 이 진품성이 카메라와 함께 이루어지는 예술의 도정 위에서 파괴된다.

---

10 발터 벤야민, 「사진의 역사」, 168.

11 발터 벤야민, 「기술복제시대의 예술작품(제3판)」, 104.

벤야민은 다음과 같이 진품성을 정의한다. "어떤 사물의 진품성이란, 그 사물의 물질적 지속성과 함께 그 사물의 역사적인 증언 가치까지 포함하여 그 사물에서 원천으로부터 전승될 수 있는 모든 것의 총괄 개념이다."[12] 원작을 분석하기 위해 우리는 카메라를 이용하여 우리의 육안으로 파악할 수 없는 부분에까지 확대하여 관찰할 수 있지만, 그리고 이를 통해 우리가 작품을 마주했을 때보다 더 많은 정보들을 얻을 수 있게 될 수도 있지만, 이것이 원작의 권위 자체를 파괴할 수는 없다. 진품성을 담지하고 있는 원작이 있어야만 그로부터 전승되는 것들 역시 가치를 가지게 되기 때문이다. 우리가 방 안에서 스피커를 통해 공연 실황을 들을 수 있다고 하더라도, 그것이 연주된 공연 자체의 일회성(Einmaligkeit)을 손상시키지 않는다는 점으로부터도 이를 잘 확인할 수 있다.

> 아무리 보잘것없는 「파우스트(Faust)」의 지방 공연도, 바이마르에서 행해진 최초의 공연과 경쟁을 벌이고 있다는 점에서 그 어떤 파우스트 영화보다는 낫다. 무대 앞에서 떠오를 수도 있는 전통적 내용(예컨대 괴테의 메피스토 속에는 그의 젊은 시절 친구 하인리히 메르크(J. H. Merck)가 숨어있다는 등)을 기억한다는 것은 스크린 앞에서는 아무런 쓸모가 없게 되었다.[13]

벤야민이 「파우스트」에 대해 이렇게 말하는 것은 바이마르에서 행해진 최초의 공연이 그 일회성이 훼손되지 않은 채로 현재까지 상연되는 모든 공연들에게 가치를 부여하는 지위에 있기 때문이다. 그런데 스

12 발터 벤야민, 「기술복제시대의 예술작품(제3판)」, 105.

13 발터 벤야민, 「기술복제시대의 예술작품(제3판)」, 105.

크린에서의 파우스트 또는 스크린에서의 메피스토는 그러한 권위 자체를 파괴한다. 이는 단지 벤야민이 「기술복제시대의 예술작품」을 발표하기 이전에 개봉된 파우스트에 관한 영화들이 모두 메피스토를 피상적으로만 표현하는 실망스러운 것들이었다는 것을 뜻하지 않는다. 예를 들어 1926년 개봉했던 프리드리히 빌헬름 무르나우(Friedrich Wilhelm Murnau, 1889~1931) 감독의 「파우스트」에 등장하는 메피스토에게서는 괴테가 그의 친구인 메르크에게서 느꼈던 냉소적이면서도 재치 있는 면모를 발견할 수 없을 것이다. 그러므로 이것이 전승되어 온 가치를 담고 있다고 말할 수는 없다. 그러나 그렇다고 해서 무르나우의 「파우스트」 자체의 예술작품으로서의 가치가 손상되는 것은 아니다. 여기에서 손상된 것은 괴테 희곡의 '최초의 공연'이 부여해주는 '진품성'일 뿐이다.

2. 아우라(Aura)와 영화

이렇게 진품성이 손상되어 한 사물로서의 예술작품의 권위가 흔들릴 때 빠져나가는 것을 벤야민은 '아우라(Aura)'라고 부른다. 벤야민은 아우라를 "아무리 가까이 있더라도 멀리 떨어져 있는 어떤 것의 일회적인 현상"이라고 정의한다.[14] 높은 역사적 가치를 지닌 명화를 자신의 집에 걸어두고자 하는 대중들의 관심사는 복제의 방식을 통해 충족된다.

14 발터 벤야민, 「기술복제시대의 예술작품(제3판)」, 109.

그렇지만 그 명화의 원작의 아우라는 집에 걸어둔 복제품에는 온전히 수용되지 않는다. 우리는 이러한 예를 통해 원작이 가진 일회성이 만들어내는 아우라의 의미를 잘 알 수 있다. 벤야민은 "예술작품의 아우라적 존재방식은 결코 그것의 의식(儀式)적 기능에서 떨어져 나온 적이 없다"고 말한다.[15] 예술작품들은 처음부터 의식을 위해서 탄생했다. 예술작품은 가까이 갈 수 없는 것을 향해 소망이나 믿음을 표현하기 위해 있는 것이었다. 이것이 예술작품이 처음부터 가지고 있던 제의적인 가치이다. "'진정한' 예술작품의 유일무이한 가치는, 예술작품이 그 속에서 원래적이고 최초의 사용가치를 가졌었던 제의에 근거를 둔다."[16] 그런데 이러한 제의적 가치와 분리불가능하게 결합되어 있던 예술작품의 가치가 예술작품을 대량으로 복제할 수 있게 됨으로써 처음으로 기존의 가치로부터 벗어나게 된다.

카메라의 복제기술을 통해 대량으로 복제된 사물들 혹은 예술작품들은 일회성을 손상시키고, 진품성을 훼손하며, 원본성을 무화시키지만, 앞서 이야기한 것처럼 기존의 예술작품이 지녔던 그러한 가치들이 사라진다고 해서 예술작품으로서의 가치 전체가 사라지는 것은 아니다. 벤야민은 영화로 대표되는 기술복제시대의 예술작품이 그 '긍정적인 형태' 속에서 파괴적이고 카타르시스적인 측면을 가진다고 본다. 왜냐하면 전통가치들을 청산한다는 것에 분명 긍정적인 측면이 있기 때문이다. 기존의 제의적인 가치들에 의존하여 평가되지 않고 오히려 그것들을 파괴하는 데에서 긍정적인 면모를 확인할 수 있다. 화가의 손

15 발터 벤야민, 「기술복제시대의 예술작품(제3판)」, 110.

16 발터 벤야민, 「기술복제시대의 예술작품(제3판)」, 111.

을 통해 탄생된 작품이 복제품들과 가지는 위계적인 질서는 종교의식을 위한 예술작품들이 보여주었던 것처럼 늘 가까이 있더라도 우리가 가까이 갈 수 없음을 확인하게 하는 방식으로 있다. 반면 영화는 그 자신이 늘 감상자의 그때그때의 개별적인 상황 속에 있도록, 즉 멀리 있는 것이 아니라 '지금' '여기'에 있도록 현재화한다. 벤야민은 회화나 문학과 같은 예술작품들 역시 대량으로 복제될 수 있도록 기술이 발전하여 예술의 대중화라는 흐름에 주목하기도 하지만, 앞서 이야기한 것처럼 이것이 원본성 자체를 완전히 파괴하지는 않는다는 점을 통해, 영화라는 매체가 가진 독특성에 대한 중요한 성찰을 보여준다.

> 영화의 경우 기계적 복사는 문학이나 회화의 경우와는 달리 대중 보급을 위해서 외부에서 부과된 조건이 아니다. 영화작품의 기술적 복제는 바로 영화작품의 기술 속에 내재해 있다. 영화의 이러한 기술은 가장 직접적인 방식으로 영화작품의 대량 보급을 가능하게 할 뿐만 아니라 그러한 대량 보급을 그야말로 강요하는 것이다.[17]

원작이 있고 그로부터 대량복제가 이루어지는 방식이 아니라, 처음부터 대량의 복제품들만이 생산되는 방식이 영화를 다른 예술들과는 다른 것으로 만든다. 여러 영화관들에서 동시적으로 상영되고 있는 영화의 필름들 가운데 어떤 필름이 진짜 필름인지 묻는 것은 아무 의미가 없다. 게다가 제작하는 데 많은 비용이 들어가는 영화는 누군가 한 폭의 그림을 사듯이 살 수 없기 때문에 처음부터 대량복제를 '강요' 받는다. 이러한 영화라는 예술이 가진 내적인 특성에 의하여 기존의 예술이

17 발터 벤야민, 「기술복제시대의 예술작품(제3판)」, 112.

가지고 있던 '제의적 가치'는 퇴색된다. 자신의 집에 가져다 둔 어느 유명한 미술관에 있던 조각상의 복제품은 늘 자신에게 가까이 있으면서도 동시에 그 원작에는 항상 가까이 갈 수 없음을 확인하게 하지만, 영화는 보다 가까이 자신이 원할 때 언제든지 원작과 동일한 지위에 있는 또는 원작 그 자체인 필름을 만날 수 있게 한다.

이렇게 영화는 하나의 예술작품이 가질 수 있는 가치들 가운데 제의가치(Kultwert)보다 전시가치(Ausstellungswert)의 가능성을 더 크게 만든다. 예를 들어 성모상의 제의가치는 그 조각상에 성모가 존재한다는 그 사실 자체에 있다면, 성모상의 전시가치는 그 조각상이 표현하고 있는 성모의 아름다움에 있다. 그런데 필름 안에 담긴 성모의 모습은 여러 곳에 동시에 동일한 지위를 가진 모습으로 나타나기 때문에, 영화에서는 제의가치보다는 성모의 아름다움이 가지는 전시가치만이 중요한 가치로 나타나게 된다. 이는 앞선 메피스토의 예에도 적용할 수 있다. 무대 위에서의 메피스토는 그 전통적인 가치를 이어받고 있기 때문에 메피스토를 연기하는 배우의 주위에서 우리는 아우라가 감돌고 있음을 느낄 수 있지만, 영화 속 메피스토에게는 아우라가 없다. 영화 속 메피스토에 있어서 중요한 문제는 오직 그가 얼마나 스크린에서 악마처럼 보이도록 잘 표현되었는가라는 전시가치이다.

벤야민은 이렇게 아우라가 파괴된 예술작품을 마주할 때 우리가 가지게 되는 진보적인 태도에 대해 긍정한다. 예술이 가지고 있던 전통적인 가치들을 파괴하기 때문에 영화에 대한 태도는 늘 진보적인 성격을 가진다. 영화를 직접 자신의 그때그때의 개별적인 상황 속에서 마주하는 관객들은 감상자이면서도 동시에 비평가의 태도를 가지게 된다.

예술작품에 대한 전문적인 비평가의 평가와 감상자들이 느끼는 즐거움 사이에 더 이상 괴리가 생기지 않는다. 전문적인 비평가들이 그 자신들을 전문성을 가진 자들로 만들어주는 과거의 전통 속에서 관습적인 것들을 아무런 비판 없이 수용하고, 새로운 것들에 대해서는 전통에 비추어 비판해왔다면, 영화는 관습적인 가치들로부터 벗어나 있기 때문에 어느 정도 자유를 획득한다. 그리고 관객들은 그 자신들이 예술작품을 체험하는 즐거움을 느끼면서 동시에 전문성을 가진 비평가의 전유로부터 되찾아온다.

여기서 핵심이 되는 것이 대중성이다. 소수의 비평가들이 해왔던 비평을 감상자 집단이 대신하게 되었기 때문이다. 그리고 여기서 더 중요한 것은 집단의 의견이 처음부터 조율된다는 점이다.

> 여기서 결정적인 점은, 어디에서도 관중 개개인의 반응이—개별적 반응들의 총화가 집단 반응을 이루는데—영화관에서만큼 처음부터 집단에 의해 직접적으로 제약되어 있는 곳은 없다는 점이다. 그리고 이 개별적 반응들은 밖으로 표출되면서 서로 컨트롤하게 된다.[18]

영화관에서는 즉각적으로 관객들이 그들 스스로를 집단으로 조직하고 개별적인 반응들이 서로서로 컨트롤하게 되는 일이 일어난다. 소수의 비평가들에 의해서 또는 교회와 수도원, 궁정 등 한정된 전시 공간을 소유한 자들에 의해서 비평이 이루어지는 것이 아니라, 대중들의 동시적이고 집단적인 수용과 비평이 가능하게 된다.

---

18 발터 벤야민, 「기술복제시대의 예술작품(제3판)」, 134.

3. 다다이즘과 영화

벤야민은 이러한 특성을 가진 새로운 시대의 예술작품으로서의 영화를 다다이스트들이 지향하고 있는 지점에 비유한다. "다다이즘은 오늘날 대중들이 영화에서 찾고 있는 효과를 회화나 문학의 수단을 통하여 만들어내려고 했다."[19] 가령 다다이스트들은 그림에 단추나 승차권 같은 것들을 첨가함으로써 그들의 작품이 그러한 공장에서 찍어낸 복제품들과 동일한 지위에 있음을 의도적으로 드러내었다. 그들의 작품을 영화처럼 아우라가 파괴된 것으로 만들기 위해서이다. 그림뿐만 아니라 문학에서도 다다이스트들은 이러한 시도들을 했다. "그들의 시는 외설적인 문구나 언어의 온갖 폐기물들을 담아놓은 '말의 샐러드'이다."[20] 다다이스트들의 이러한 시도들은 영화처럼 아우라 파괴로 나아가는 시도이면서 영화가 가진 상품적 가치를 포기하는 방식이었다. 기존의 회화가 가지고 있던 제의적 가치를 파괴한다는 것은 작품과 감상자 사이의 내밀한 관계를 파괴한다는 것 역시 의미하기 때문에, 회화에서 이것을 파괴하는 일은 상품적 가치를 포기하는 것이기도 했다. 또한 단추나 승차권, 외설적인 문구나 폐기물과 같은 언어들을 사용함으로써 작품이 가지고 있는 환영적 아름다움 같은 것들도 포기했다. 이러한 작품을 마주한 감상자는 작품에 몰입하여 관조하고 탐닉하기보다는 작품이 가리켜 보이고 있는 다른 것들에게로 눈을 돌리게 된다. 벤야민은 이를 정신분산(Zerstreuung)이라고 표현한다.

19 발터 벤야민, 「기술복제시대의 예술작품(제3판)」, 140.

20 발터 벤야민, 「기술복제시대의 예술작품(제3판)」, 141.

> 실제로 다다이스트들은 예술작품을 스캔들의 중심 대상이 되게 함으로써 그들의 시위(示威)가 그야말로 격렬한 정신분산이 되도록 했다. 그들의 작품은 무엇보다도 대중에게서 불쾌감을 불러일으켜야 한다는 요구를 충족시키고자 했다.[21]

감상자로 하여금 작품에 몰입하게 하고 그 아름다움을 관조하고 탐닉하게 하는 것은 분명 사회적으로 긍정적인 측면을 가지고 있다. 벤야민은 작품의 탐닉을 통해 부르주아들이 신과 단둘이 있다고 여길 수 있게 됨으로써 교회의 영향력으로부터 벗어날 수 있었던 시기가 있었음을 지적한다. 그렇지만 이러한 사적인 탐닉이 사회공동체에 대한 관심을 잊어버리게 하는 측면 역시 그 긍정성만큼이나 사회적으로 중요성을 가진다. 이를 통해 우리는 다다이스트들의 정신분산을 위한 시도가 부르주아들로 하여금 그러한 탐닉으로부터 벗어나 그들이 속한 사회공동체에 대해 사유하기를 촉구하기 위한 것임을 알 수 있다.

영화 역시 이러한 다다이스트들의 작품들처럼 감상자가 관조하고 탐닉하게 두지 않는다는 점에서 정신분산적 성격을 가지고 있다. 그림을 볼 때 일어날 수 있는 연상의 흐름들이 영화를 감상할 때에는 계속해서 바뀌는 장면들에 의해 방해받기 때문이다. 사실 이러한 점에서 영화는 비판을 받아왔다. 정신을 집중하여 작품에 대한 관조가 촉발한 사유들을 연속적으로 이어나갈 수가 없기 때문이다. 이것이 우리가 이 책의 초두에서 소개한 바 있는 뒤아멜의 신랄한 비판이다.

> 노예의 소일거리, 무식하고 비참하고 일과 걱정들로 지칠 대로

21 발터 벤야민, 「기술복제시대의 예술작품(제3판)」, 141~142.

> 지친 족속들의 오락……, 아무런 정신집중도 요구하지 않고 아무런 사고능력도 전제하지 않으며…… 가슴에 아무런 광명도 밝혀주지 않고 또 어느 날엔가는 로스앤젤레스에서 '스타'가 되겠다는 가소로운 희망 이외에는 아무런 희망도 불러일으키지 않는 구경거리……[22]

뒤아멜은 끊임없이 변화하는 영상들로 인하여 나로부터 시작되는 사유가 늘 가로막힌다는 점 때문에 영화를 단순하고 저급한 오락으로 묘사하고 있다. 그러나 벤야민은 다다이스트들이 지향했던 바와 연결시켜놓음으로써 뒤아멜이 비판하고 있는 정신분산적 성격이 가진 긍정적인 면모를 보여준다. 뒤아멜은 영화의 정신분산적 성격과 그로인한 저급함을 그것을 향유하는 대중들에게도 적용시켜 이야기하고 있지만, 벤야민은 정신분산적 성격과 대중성을 연결하면서도 그것을 저급함과 연결시키지 않는다. 대량보급이 기술에 이미 내재되어 있을 뿐만 아니라 대량보급을 강요하는 영화는 제의적 가치를 파괴하고, 또 그것이 가진 정신분산적 성격으로 인하여 관조와 탐닉으로부터 감상자를 떼어놓음으로써, 새로운 역량을 가진 예술로서의 가치를 분명히 가질 수 있다.

그런데 다다이즘과 영화 사이에는 절대로 간과할 수 없는 큰 차이가 있다. 바로 상품적 가치이다. 다다이스트들은 자신이 속한 사회공동체에 대한 관심을 촉구함으로써 그들의 작품이 가진 정신분산적 성격이 사회적 성격을 가지게 만들었다. 우리는 앞서 다다이스트들이 아우라 파괴를 위해 상품적 가치를 포기했다는 점을 이야기했다. 그러나 영

---

22 발터 벤야민, 「기술복제시대의 예술작품(제3판)」, 144에서 재인용.

화산업은 영화작품으로 하여금 그것을 포기하게 두지 않았다. 벤야민은 영화가 전통적인 예술관에 대해 혁명적인 비판을 촉진했으며, 더 나아가 다다이즘처럼 사회상황에 대한 혁명적인 비판을 촉진할 수 있는 가능성을 발견하고 있지만, 영화 자본에 의해 좌지우지되는 상황에서는 회의적일 수밖에 없음을 분명하게 지적한다. 그리고 영화를 원하는 방향대로 만들 수 있는 자본의 힘이 더 위험한 것은 그것이 정치와 결합되었을 때이다. 파시즘의 선동 영화가 보여주는 위험성이 여기에 있다.

> 대량복제에 특히 잘 어울리는 것은 대중의 복제이다. 축제행렬, 대규모 집회, 대중적 스포츠 행사, 전쟁 ― 이처럼 오늘날 촬영기구에 의해 예외 없이 모두 포착되는 이러한 것들 속에서 대중은 그들 스스로의 모습을 다시 마주 대하게 된다.[23]

대중들로 하여금 그들 자신의 정치적 삶의 모습을 예술화하여 볼 수 있도록 하는 것이 파시즘이 카메라를 이용하여 하고자 했던 일이다. 대중들은 예술이 된 자신들의 모습을 통해 계속해서 동일한 정치적 삶을 지속하고자 원하게 된다. 그리고 이러한 파시즘의 노력은 모두 '전

〈사진 7〉 대중의 미화된 복제를 보여주는 「의지의 승리」 장면들

23 발터 벤야민, 「기술복제시대의 예술작품(제3판)」, 147.

쟁'으로 귀결된다. 하나의 축제행렬처럼 대규모의 대중이 승리라는 하나의 통일된 목표를 향해 나아가는 '전쟁은 아름답다'라는 것이다. 이를 가장 잘 보여주는 것은 레니 리펜슈탈(Leni Riefenstahl, 1902~2003)이 나치 전당대회를 기록한 영화「의지의 승리(Triumph des Willens)」이다.

대중들의 끊임없는 행렬과 독재자를 환영하는 소리는 그들 자신들로 하여금 아름다운 이미지에 동참하도록 만드는 힘을 발휘한다. 레니 리펜슈탈이 전범으로 재판을 받은 뒤에도 그녀의 영화만은 오랫동안 영화의 역사에 영향을 미치면서 살아 숨 쉬고 있다는 데에서 우리는 그녀가 만든 이미지의 힘이 얼마나 놀라운 것이었는지 알 수 있다.

그녀의 또 다른 영화「올림피아(Olympia)」는 나치 독일 시대에 베를린에서 열린 올림픽을 기록한 작품인데, 대중들의 환호와 흥분을 담아내는 장면들과 올림픽에 출전한 선수들의 역동적인 움직임을 담아내는 탁월한 장면들이 만나 축제에 동참하는 자들의 아름다움이 총체적으로 표현된다.

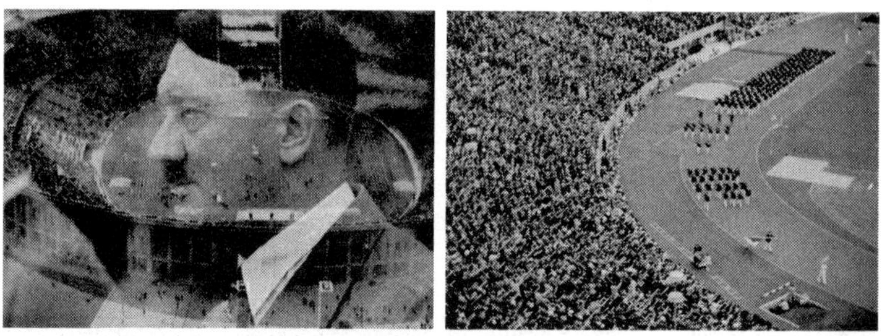

〈사진 3〉 레니 리펜슈탈의「올림피아」장면들

이러한 이미지들은 모든 통일적인 움직임이 향하고 있는 지도자를 숭배하도록 만들고, 전쟁이라는 대규모 대중운동의 최종적인 귀결로 나아가게 만드는 역할을 한다.

그렇다면 정신분산이라는 것은 뒤아멜이 비판한 것처럼 스스로 사유할 수 있는 힘을 가로채어 일방향의 사고만을 주입시키는 위험한 것이 아닌가? 뒤아멜은 할리우드를 겨냥하여 비판하고 있지만 파시즘은 뒤아멜이 말하고 있는 것 보다 더 큰 위험성을 보여주고 있다. 그렇지만 벤야민은 분명 이러한 측면을 간과하지 않으면서도 영화가 가진 혁명적인 의미를 높이 사고 있다. 어떻게 그럴 수 있는가? 그가 파시즘이 정치를 예술화하는 데 대항하고 있는 것으로 제시하는 것은 러시아 영화예술이다. "공산주의는 예술의 정치화로써 파시즘에 맞서고 있다."[24]

4. 예술의 정치화, 벤야민과 채플린

벤야민은 당시 러시아에서 만들어지고 있는 영화들에서 파시즘에 대항할 수 있는 가능성을 발견했다. 벤야민이 이렇게 말하는 것은 당시 러시아 영화가 억압된 민중들이 요구하고 있던 소유 관계에 대한 혁명을 담고 있기 때문이었다. 그래서 영화라는 매체 자체가 담고 있는 전통적인 예술관에 대한 혁명적 비판을 집중적으로 조명하면서도, "물론 우리는 영화가 특수한 경우에는 이를 넘어서서 사회 상황이나 심지어는 소유관계에 대한 혁명적 비판을 촉진할 수 도 있다는 점을 부인하지는 않는다"라고 말하기도 한다.[25] 여기서 말하는 특수한 경우가 거대 자본에 기댄 할리우드 시스템과도 다른, 파시즘 영화와도 다른 러시아 영

24 발터 벤야민, 「기술복제시대의 예술작품(제3판)」, 150.

25 발터 벤야민, 「기술복제시대의 예술작품(제3판)」, 128.

화이다. 파시즘은 프롤레타리아 대중이 형성되면서 그들이 요구한 소유관계의 폐지에는 눈 감고, 그들의 운집이 만들어낸 이미지만을 예술화시켜 자신들이 원하는 방향으로 그들을 이끌었다. "파시즘은 지도자의 숭배라는 명목으로 대중을 능욕하는데, 이러한 대중에 대한 폭행은 제의가치들을 만들어내기 위해 봉사를 강요당하는 기계에 대한 폭행과 쌍을 이룬다."[26] 레니 리펜슈탈은 히틀러에 대한 숭배를 만들어내기 위해 영화 기계로 하여금 기존의 예술이 가지고 있었던 제의적 가치들을 부활시키도록 강요한다. 이는 영화라는 매체가 가진 근본적인 성격과 다름에도 불구하고 이루어지는 강요이기 때문에, 일종의 기계에 가해지는 폭력이기도 하다.

〈사진 4〉「전함포템킨」의 오데사 계단 장면

이와 달리 러시아 영화는 억압적인 사회 상황을 고발하고 소유관계에 혁명을 일으키기 위해 영화를 만들었기 때문에, 이는 정치를 예

26 발터 벤야민, 「기술복제시대의 예술작품(제3판)」, 147.

술화하는 것이 아니라 예술이 정치화되는 것이라고 말해야 한다. 가장 좋은 예는 세르게이 에이젠슈테인(Sergei Mikhailovich Eizenshtein, 1898~1948)의 「전함 포템킨(Bronenosets Potemkin)」이다. 이 영화의 오데사 계단 장면은 학살당하는 민중들의 모습으로부터 그들이 그들 자신의 힘을 되찾아가는 과정을 나타내고 있다.

「전함포템킨」뿐만 아니라 프세볼로트 푸도프킨(Vsevolod Pudovkin, 1893~1953)의 「어머니(Mat)」 역시 민중들의 학살과 투쟁을 담고 있다. 벤야민은 이렇게 표현한다. "영화 속 오데사(Odessa)의 발포에서처럼, 새 영화 「어머니」에서는 공장노동자들에 대한 대학살이 도시 대중의 고통을 전광판의 문자처럼 길거리의 아스팔트 속에 새겨 넣는다."[27] 오데사 계단에서 총에 맞아 쓰러지는 민중들처럼 「어머니」의 노동자들도 끊임없이 도망치면서 속절없이 쓰러진다.

〈사진 5〉 「어머니」에서 아스팔트 위로 쓰러지는 대중들의 모습

27 발터 벤야민, 최성만 옮김, 「오스카 슈미츠에 대한 반박」, 『기술복제시대의 예술작품·사진의 역사 외』, 길, 2007, 241.

이러한 러시아 영화에서 대중들은 나치즘 영화에서의 대중들처럼 강인하고 아름다운 육체를 가진 자들로 묘사되지 않는다. 그들은 그들이 대중으로서 가진 힘을 조직하기 전까지 피 흘리는 어린 아이나 요동치는 빙하에 비유될 수 있을 뿐이다. 벤야민이 지적하고 있는 중대한 차이점이 여기에 있다. 러시아 영화에서는 대중들이 그들의 권리를 되찾아가는 모습으로 그려지고 있다면, 파시즘은 대중들이 요구하는 권리를 무시한 채 그들에게 이미 예술화되어 있는 그들 자신들의 이미지만을 제공한다.

우리는 파시즘 영화와 러시아 영화 사이에서 또는 정치의 예술화와 예술의 정치화 사이에서 벤야민에게 중요한 것이 무엇보다도 영화가 가진 사회적인 의미라는 것을 알 수 있다. 벤야민은 러시아 영화뿐만 아니라 찰리 채플린(Charlie Chaplin, 1889~1977)의 영화에서도 그러한 사회적 의미를 발견한다. 벤야민은 채플린에 대한 짧은 글을 남겨두었는데, 이때는 채플린의 1928년 영화 「서커스(The Circus)」가 개봉한 시기였다. 그는 채플린의 이 영화가 그의 만년의 작품이고 채플린도 스스로 나이가 들어버린 쓸쓸한 모습을 연기했다고 말한다. 벤야민이 이렇게 말하는 것은 1927년 「재즈싱어(The Jazz Singer)」를 시작으로 유성영화의 시대가 막을 올렸기 때문이다. 벤야민은 채플린이 무성영화의 쇠락과 함께 그의 영화도 끝날 것임을 예감하고 있다고 생각했다. 그리고 영화의 마지막 장면을 보면 채플린 역시 그러한 예감을 「서커스」에 담아낸 것으로 보인다.

〈사진 6〉 떠나는 채플린의 모습이 담긴 「서커스」의 마지막 장면

영화의 마지막 장면에서 어디로 떠나는지 모르는 채로 저 멀리 지평선을 향해 걷는 채플린의 뒷모습은 확실히 그러한 인상을 받게 만든다. 그렇지만 실제로 채플린의 전성기는 「서커스」 이후에 시작되었다. 채플린은 「서커스」 이후 「시티 라이트(City Light)」, 「모던 타임즈(Modern Times)」, 「위대한 독재자(The Great Dictator)」 등 그를 지금의 채플린으로 만들어준 영화들을 만들었다. 그렇다고 해서 벤야민이 무성영화시대의 끝과 채플린의 「서커스」를 겹쳐놓는 것은 영화사에 있어서나 채플린 자신에게 있어서나 잘못된 것은 아니었다. 채플린은 스스로 그어놓은 한계를 뛰어넘을 수 있는 사람이었을 뿐이다. 더 중요한 것은 채플린의 영화와 함께 벤야민이 사유하고 있는 것이 '예술의 정치화'를 이해하는 데 있어서 중요한 시사점을 준다는 점이다.

1927년의 계산에 의하면, 좀 규모가 큰 영화가 그런대로 수지를 맞추려면 900만 명의 관객을 동원하지 않으면 안 된다고 한다. 하지만 유성영화가 생겨나면서부터 처음에는 영화 보급의 감소현상이 일어났는데, 그것은 관객의 수가 언어의 장벽으로 인해 제한되었기 때문이었다. 그리고 이것은 파시즘이 국익을 강조하기 시작한 것과 때를 같이한다.[28]

유성영화가 도입되면서 무성영화 시대보다 언어의 장벽이 확실히 더 생겼음은 분명하다. 벤야민이 채플린의 영화에서 발견하고 있는 사회적 의미는 이 장벽을 넘어 그가 전달하고 있는 것에 있었다. "채플린은 그의 영화들을 통해 관중들이 지닌 가장 국제적이면서 혁명적인 정서에 어필하였는데, 그것은 곧 웃음이다."[29] 벤야민은 채플린이 언어의 장벽을 뛰어넘어 영국 사람들뿐만 아니라 러시아와 독일 사람들도 각각 다른 이유로이기는 하지만 매료시켰다는 점에서 웃음에 대해 이렇게 말한다. 우리는 앞서 벤야민이 영화의 혁명적 의미를 전통적인 예술에서처럼 소수의 사람들이 비평을 전유하는 것이 아니라 영화관에서 관객들이 스스로 집단이 되고 서로 반응들을 컨트롤하게 된다는 점에서 찾았다는 것을 보았다. 영국과 러시아, 독일은 모두 각각의 이유로 채플린의 영화를 좋아했지만, 그들은 '웃음'이라는 반응을 통해 즉각적으로 집단으로 조직된다.

벤야민은 채플린에 대해 아직까지도 보다 적합한 말을 찾기 어려울 정도의 말을 남겼다. "채플린은 결코 관객이 자기를 보고 미소 짓게 내버려두지 않는다. 관객은 포복절도하든지 깊은 슬픔에 잠겨 있든지 해야 한다."[30] 벤야민은 「서커스」를 보고 이렇게 말했는데, 이는 「서

28 발터 벤야민, 「기술복제시대의 예술작품(제3판)」, 112.

29 발터 벤야민, 최성만 옮김, 「채플린」, 『기술복제시대의 예술작품·사진의 역사 외』, 길, 2007, 255.

30 발터 벤야민, 「채플린」, 247.

커스」 이전이나 이후의 어떤 영화들에도 해당될 수 있는 말이다. 채플린이 만들어내는 관객들의 웃음과 울음은 그들을 즉각적으로 집단으로 조직한다. 「서커스」는 어떻게 관객들을 웃고 울게 만드는가? 벤야민은 채플린의 「서커스」에서의 모습을 다음과 같이 묘사한다.

〈사진 7〉 채플린 「서커스」의 장면들

> 그가 입은 옷은 어떤 운명의 시련도 견딜 수 있게 방탄이 되어 있다. 그는 4주 동안 그 옷을 한 번도 벗지 않은 사람처럼 보인다. 그는 침대라는 것을 모르며, 그가 어딘가에 누우면 그곳은 수레이거나 시소 같은 데다.[31]

「서커스」에서 빈곤한 모습을 한 채플린은 마치 그의 영화가 우리에게 그런 것처럼 우연히 서커스 관객들을 웃기게 되고, 그 일을 통해 서커스에서 일하게 되면서 한 여자를 사랑하게 된다. 서커스 단장은 채플린을 고용해 관객들을 웃기면서도 헐값에 고용한 그가 쇼의 메인이라는 것을 알아채게 해서는 안 된다고 말하는 악덕 고용주의 모습을 하고 있다. 하지만 채플린은 여러 위기들을 극복하면서 점차 서커스에 적응해가고 사랑하는 여자와도 가까워진다. 그녀가 공중곡예를 하는 남자

31 발터 벤야민, 「채플린」, 247.

와 사랑에 빠지기 전까지 채플린은 그녀에게 청혼하여 행복한 삶을 꿈꾸기도 한다. 결국 채플린은 그의 사랑이 이루어질 수도 있던 마지막 순간에 그녀의 사랑을 이루어주고 서커스 행렬을 떠난다. 그는 가진 것 하나 없던 영화가 시작하던 순간으로 돌아간다. 한 순간의 꿈처럼 사라져버린 서커스 무대와 사랑을 텅 빈 들판에 남겨두고 지평선 너머로 특유의 걸음걸이로 사라지는 그의 뒷모습은 바로 그 때문에 사람들을 슬프게 만든다.

러시아 영화가 보여주었던 예술의 정치화는 채플린이 만들어내는 웃음과 울음 속에도 담겨 있다. 영화 속 억압받는 대중들의 모습이 관객들로 하여금 그들의 권리를 요구할 수 있는 집단이 되도록 만드는 것처럼, 채플린의 영화를 통해서도 웃음과 울음이라는 반응을 통하여 관객들은 하나의 집단으로 조직된다. 이렇게 벤야민은 영화가 가진 사회적인 의미에서 파시즘의 선동의 위험성과 함께 대중들을 하나의 집단으로 조직하는 영화의 힘을 동시에 읽어낸다. 영화는 이 모든 가능성을 품고 있는 우리 시대의 새로운 예술의 형태이다. 벤야민은 이렇게 말하기도 한다. "예술은 언제까지 모든 악평이 자자한 뒷골목들은 다 알면서 정치에 대해서는 아무것도 꿈꿔서는 안 되는 고귀한 딸로 남아 있어야 한단 말인가? 그것은 아무 소용도 없다. 그 딸은 정치를 늘 꿈꿔온 것이다."[32]

벤야민은 전통적인 예술은 정치적이지 않았으며 영화만이 정치적이라는 이야기를 하고 있는 것이 아니다. 예술이 가진 정치적 특성이

32 발터 벤야민, 「오스카 슈미츠에 대한 반박」, 238.

전통적인 가치들을 파괴하는 영화에 이르러 전면에 드러나게 된 것이다. "예술이 제의에 바탕을 두었었는데, 이제 예술은 다른 실천, 즉 정치에 바탕을 두게 된다."[33] 진품성을 파괴하고 원작을 전유할 수 있는 소수의 사람들이 아니라 이제는 감상자들 스스로 비평가 집단이 되는 영화의 특성이, 우리 시대의 예술을 더 이상 제의가 아니라 정치에 바탕을 두게 만든다. 그러므로 예술을 판단하는 잣대를 여전히 순수성에 두고 그것이 정치적인 성향을 드러낼 때 비판하는 방식은 설득력을 잃는다. 벤야민이 우리 시대의 예술과 함께 요구하는 바의 핵심이 바로 그것이다.

또한 채플린의 '웃음'은 영화가 가진 정신분산적 성격을 가장 잘 보여준다. 우리는 앞서 전통적인 예술이 감상자에게 요구하는 관조와 탐닉과 달리 영화는 정신분산을 특징으로 한다고 이야기했다. 그것은 다다이스트들의 시도에서 잘 드러났다. 그들이 변화시키고자 하는 것은 예술작품에 몰입하는 방식에서 벗어나 예술작품을 통해 그들이 속한 사회공동체에 대해 사유할 수 있도록 하는 것이었다. 영화라는 매체가 가진 정신분산적 성격은 이와 동일한 의미에서 사회적인 의미가 된다. 채플린의 우스꽝스러운 몸짓이 우리의 연상을 가로막는 것은 바로 이러한 의미에서 사회적인 의미를 얻는 것이다. 아도르노는 벤야민이 영화가 만들어내는 웃음에 대해 긍정적인 태도를 취하는 것에 불신을 표한 바 있다.

> 영화관 방문자의 웃음은—여기에 대해서는 이미 제가 막스와

33 발터 벤야민, 「기술복제시대의 예술작품(제3판)」, 113.

> 이야기를 나눈 바 있고, 그가 분명히 귀하께 전했을 것입니다—결코 선하거나 혁명적인 것으로 볼 수 없습니다. 오히려 가장 나쁜 의미에서의 부르주아적 새디즘으로 가득 차 있습니다. 스포츠에 대해 이야기를 나누는 신문배달 소년들이 스포츠에 대한 식견을 얼마나 가지고 있을지, 저는 아주 의심스럽습니다. 그리고 정신 분산 이론은 가히 충격적인 유혹을 줍니다만, 제게는 전혀 납득이 가지 않습니다. [……] 채플린 영화를 보고 난 후의 사리판단으로 반동적인 사람이 전위가 된다는 가정, 이것은 제게는 마찬가지로 완벽한 낭만화입니다.[34]

아도르노는 벤야민이 영화를 보는 관객들이 "반쯤 전문가로 참여한다"고 말하면서, 이를 "신문 배달을 하는 소년 여럿이 자전거에 기대서서 자전거 경주의 결과를 토론하는 것"에 비유하는 것에 회의를 표하고 있다.[35] 또한 아도르노는 앞서 뒤아멜이 그랬던 것처럼 영화가 가진 정신분산적 성격에 대해서 회의감을 표하고 있으며 그것의 사회적 의미에 대해서도 의심한다. 아도르노에게 영화는 분명 수많은 잠재적 가능성을 가지고 있음에도 불구하고 늘 자본에 영합하여 대중들이 스스로 사고하는 일을 가로막는 채로 있는 것이다. 그에게는 여전히 영화의 정신분산적 특성을 보여주는 웃음과 같은 것은 사유를 불가능하게 만드는 부르주아들의 전유물일 뿐이다.

아도르노는 「영화의 투명성」에서 영화가 예술이 될 수 있는 가능성들을 긍정적으로 검토하지만, 그럼에도 불구하고 영화의 근본적인 성격에 대해 의심을 멈추지 않는다. 그에게 영화는 어디까지나 그 자신의

34 테오도르 W. 아도르노·발터 벤야민, 이순예 옮김, 『아도르노-벤야민 편지: 1928~1940』, 길, 2018, 200.

35 발터 벤야민, 최성만 옮김, 「기술복제시대의 예술작품(제3판)」, 128.

예고편과 다르지 않은 것으로, 바로 그런 의미에서 그 자체로 하나의 광고에 불과하다.[36] 영화는 어떤 방식으로든 상품이라는 표식을 떼어버릴 수 없는 매체이다. 그래서 「영화의 투명성」에서도 아도르노는 벤야민에 대해 그가 말한 전시가치가 영화의 상품적 성격과 얼마나 깊은 관계를 맺고 있는지 충분히 살펴보지 않았다고 언급한다. 반면 벤야민은 「기술복제 시대의 예술작품」을 위해 남겨놓은 노트들에서 다음과 같이 적고 있다.

> 이것은 광고와 예술 사이에 근본적인 경계를 긋고자 하는 태도가 비생산적임을 내포한다. 그에 비해 생산적인 것은 예술 생산의 극단적 형식들, 예를 들어 예배의 이미지와 광고의 이미지를 서로 대립시키고 또 예술작품 앞에서 집중하는 사람의 태도는 언제든지 종교적 태도로 되돌아갈 수 있고, 반면에 예술작품을 자신에게 작용하도록 하는 산만한 대중의 태도는 언제든지 정치적 태도로부터 그들의 인간다운 형상을 기대할 수 있다는 점을 확인하는 일이다.[37]

벤야민은 광고와 영화를 같은 극에 두고 다른 극에 진정한 예술을 두기보다는, 기존의 예술작품이 가지고 있던 제의가치와 종교적인 태도를 연결시켜 사유하고, 그와 반대 극에 있는 산만한 대중의 태도를 이야기할 필요가 있다고 본다. 그리고 이러한 태도는 늘 정치적 태도와 긴밀하게 연결되어 있다.

이러한 아도르노와의 분명한 관점 차이에서도 알 수 있듯이 벤야민은 영화라는 매체가 가진 가능성에 대해 누구보다도 긍정적이고 진

---

36 1장의 각주4 참조.

37 발터 벤야민, 최성만 옮김, 「「기술복제시대의 예술작품」 관련 노트들」, 『기술복제시대의 예술작품·사진의 작은 역사 외』, 길, 2007, 214.

보적인 시선을 처음 표현한 철학자라고 할 수 있다. 영화가 가진 정신분산적 성격은 예술작품을 감상할 때 이루어져왔던 방식, 즉 예술작품에 몰입하여 탐닉하고 관조하는 방식에서 벗어나, 예술작품을 통해 그것이 가리켜 보이는 다른 것들에 대해 사유하게 만든다. 그것이 다다이스트들의 시도했던 바이고, '정치의 예술화'가 아니라 '예술의 정치화'로서 영화가 시도하는 바이다. 파시즘 영화는 이미 조직된 군중의 이미지를 미화함으로써 관객들로 하여금 그 군중과 자신을 동일시하게 만드는 것이었다. 그것이 아니라 '예술의 정치화'로서 벤야민이 들고 있는 러시아 영화와 채플린의 영화는 영화의 흘러가는 이미지들이 끊임없이 집단을 이루게 하고 바로 그러한 점에서 정치적이다. 정신분산을 통해 작품 그 자체 안으로 들어가는 것이 아니라 그것이 가리켜 보이는 그들이 속한 사회공동체에 대해 사유할 수 있게 만든 것이 벤야민이 '우리 시대의 예술작품'에서 주목하는 바이다. 빠르게 흘러가는 이미지들에서 계속해서 동일시하는 데에 머물 것인가, 계속해서 새로운 사유를 이끌어내는 것으로 나아갈 것인가, 이것이 우리가 벤야민과 함께 묻게 되는 질문이다. 그가 가진 이러한 아이디어들은 이후 철학자들에게서 끊임없이 인용되고 변주되면서, 점차 이 근본적인 질문으로 다가가게 된다.[38] 우리는 앞으로 그것을 계속해서 확인하게 될 것이다.

---

38 여기서 우리는 벤야민에게 많은 영향을 받은 장 보드리야르(Jean Baudrillard, 1929~2007)를 언급하지 않을 수 없다. 보드리야르는 벤야민에 대해 이렇게 말한다. "예술작품은 벤야민에 따르면 그의 피할 수 없는 재생산의 운명 속에서 어떤 정치적인 형태를 띤다. 상실한 것은 원본성으로, 이 원본성은 그 역시 어떤 향수적이고 회고적인 역사 속에서만 유일하게 '원본적'으로서 회복할 수 있는 것이다. 이러한 경과 중에서 가장 진보되고 가장 현대적인 형태는, 그리고 영화, 사진, 동시대의 대중매체들 속에서 묘사되었던 형태는, 바로 그 속에서 원

본성이 결코 더 이상 일어나지 않는 형태이다. 왜냐하면 사물들은 단숨에 그들의 무제한한 재생산의 기능 속에서 인식되기 때문이다."(장 보드리야르, 하태환 옮김, 『시뮬라시옹』, 민음사, 2001, 173) 우리가 이제까지 다룬 벤야민의 아우라 파괴에 대해 잘 설명하고 있는 이 문장에서 우리는 보드리야르의 시뮬라시옹(simulation) 개념이 얼마나 벤야민으로부터 많은 영향을 받았는지 확인할 수 있다. 보드리야르의 시뮬라시옹 개념은 원본도 사실성도 없이 초현실적인(hyperréel) 것을 가지고 생산되는 것들을 의미한다. 이 개념은 현대의 매체에 대한 성찰에 있어서 빼놓을 수 없는 개념이 되었다. 그러나 이 책에서는 본격적으로 보드리야르를 다루지 않는데, 아도르노와 마찬가지로 그 역시 영화 및 이미지들의 가능성들을 많이 발견하였음에도 불구하고 궁극적으로 시뮬라시옹의 세계를 경계하기 때문이다. 우리는 이를 다음과 같은 문장에서 잘 알 수 있다. "시뮬라시옹은 '참'과 '거짓', '실재'와 '상상세계' 사이의 다름 자체를 위협한다."(장 보드리야르, 『시뮬라시옹』, 19) 우리는 이제 참과 거짓, 실재하는 세계와 상상하는 세계를 구분할 수 없는 세계에 살고 있다는 것이며, 이것이 바로 그가 경계하는 바이다. "항들 사이의 이러한 혼동, 극들 사이의 이러한 충돌로 인해 어디에서도 가치 판단이 더 이상 가능하지 않다. 말하자면 예술에서도, 도덕에서도, 정치에서도 마찬가지이다."(장 보드리야르, 배영달 옮김, 『토탈 스크린』, 동문선, 2002, 199) 보드리야르는 영화에 대해 어떤 체계적인 저술을 남기고 있지 않지만, 그의 언급들을 살펴보면 영화 역시 시뮬라시옹을 생산하는 것으로서 경계의 대상이라는 점을 알 수 있다. 영화는 극도의 유사성 때문에 오히려 실재와 더 이상 관계없는 것, 더 정확히 말하면 실재와 더 이상 관계할 수 없는 것이다. 그것은 공허한 대상을 닮은 것, 그래서 실제로는 아무것과도 닮지 않은 것이다. 보드리야르는 이렇게 말한다. "실재와의 이러한 절대적인 일치의 시도와 동시에, 영화는 또 자신과의 절대적 일치에 접근하는데, 이는 모순적인 것이 아니다. 이것이 바로 초현실(hyperréel)의 정의이다. [……] 마치 영화가(그리고 우리가) 상실된 참조물적인 것인 실재에 의하여 매혹된 것과 똑같이, 영화는 상실된 대상으로서 자기 자신에 의하여 매혹된다."(장 보드리야르, 『시뮬라시옹』, 99) 영화는 상실된 공허한 대상으로서의 실재를 닮고자 하며, 마찬가지로 상실된 그 자신을 재현하자 하기 때문에, 보드리야르는 영화에 대해서도 이렇게 말한다. "영화는 환영들만을 부활시킬 따름이고, 거기서 영화 자신이 상실된다."(장 보드리야르, 『시뮬라시옹』, 100) 보드리야르가 영화에 대해 문제 삼고 있는 것이 이것이다. "흔히 영화에서 볼 수 있는 모든 폭력과 외설스러운 성은 인간들이 환상을 품은 폭력과 섹스라는 특수 효과, 즉 더 이상 우리와는 관계없는 기계에 의한 순수한 폭력과 섹스에 불과하다."(장 보드리야르, 『토탈 스크린』, 201) 보드리야르는 이런 방식으로 점점 더 발전하는 특수효과들에 의해서 더 이상은 우리의 환상이 원본이고 그것의 모방이 영화에서 표현되는 것이 아니라는 점을 지적하기도 한다. 우리는 기계에게 완전히 우리의 주체성을 내어주고 완전히 수동적으로 기계가 만들어내는 이미지들을 받아들이는 위치에 서게 된다. 이것이 늘 보드리야르가 경계하고 있는 바이며, 이는 점점 더 컴퓨터 그래픽이 발전하고 가상 인간이 등장하는 우리 시대에 대한 놀라운 성찰이다.

제3장
사르트르, 영화의 운동성

제3장

사르트르, 영화의 운동성

1. 사르트르와 소설, 연극, 그리고 영화

사르트르는 전 세계에 아직도 많은 영향을 미치고 있는 그의 문학 이론만큼 연극이나 영화에 대해서는 자신의 개념들을 다듬고 체계화하는 일을 하지 않았다. 그래서 사르트르의 연극에 관한 글들을 엮은 미셸 콩타(Michel Contat, 1938~)와 미셸 리발카(Michel Rybalka, 1933~)는 그가 연극에 대해서는 이론적인 태도보다는 '실용적인(pragmatique) 태도'를 가졌다고 이야기하기도 한다.[39] 게다가 영화에 대한 대담이나 글은 연극에 대한 것보다도 그 수가 더 적다. 그렇지만 사르트르의 영화에 대한 관심 자체가 적었다고 말할 수는 없는데, 그는 여러 시나리오에

39 장 폴 사르트르, 박형범 옮김, 『상황극』, 영남대학교출판부, 2008, 16.

참여했고 그의 시나리오는 실제로 영화화되기도 했기 때문이다. 사르트르는 『더러운 손』, 『공손한 창부』, 『닫힌 문』 등 그의 희곡을 영화화하는 작업에 참여했을 뿐만 아니라, 「내기는 끝났다」, 「프로이트」 등 처음부터 영화를 위한 시나리오를 집필하기도 했다.

그렇지만 사르트르가 영화에 보인 애정은 그에게 대체로 실망감을 안겨줄 수밖에 없었는데, 그의 시나리오를 영화화하는 과정에서 계속해서 그가 원했던 방향과 달라질 수밖에 없었기 때문이다. 대표적으로 그가 말년에 썼던 프로이트에 대한 시나리오는 1962년 존 휴스턴(John Huston, 1906~1987)에 의해 영화화되었는데, 사르트르는 이를 위해 7시간 분량의 시나리오를 제시했던 것으로 알려져 있다. 사르트르는 이 영화를 통해 초기 히스테리를 연구하던 프로이트가 어떻게 오이디푸스 콤플렉스를 발견하게 되는지를 보여주고자 했다. 사르트르는 이렇게 말한다.

> 나의 관점에서, 한 위대한 발견자의 인생에서 가장 매력적인 순간은 그가 혼란스러워하며 회복의 가망이 없는 것처럼 보일 때, 그렇지만 그가 다시 일어서서 모든 것을 정리하는 타고 난 재능이 있을 때입니다. 물론, 프로이트를 잘 알지 못하는 대중에게 그런 변화를 설명하는 것은 어렵습니다. 정확한 개념들에 도달하기 위해서는 우선 잘못된 개념들을 설명하는 것부터 시작해야 합니다. 그리고 그것은 긴 과정입니다. 그래서 7시간의 시나리오가 된 것입니다.[40]

실제로 영화는 사르트르가 구성해놓은 시나리오 구조를 잘 따라가고 있기 때문에 히스테리 환자들로부터, 그리고 자기 자신으로부터 얻

40 장 폴 사르트르, 『상황극』, 257.

은 단편적인 지식의 조각들을 맞추어나가는 프로이트의 모습이 잘 묘사되어 있다. 그러나 2시간 정도로 축소된 그 영화를 사르트르는 결코 좋아하지 않았다. 사르트르는 단지 대본을 일정 부분 삭제할 수밖에 없다는 그 사실보다 삭제하는 방식에 실망했다고 이야기하기도 했다.

사르트르는 직접 시나리오를 집필할 뿐만 아니라, 자신의 희곡을 영화화하는 작업에도 계속해서 참여하고, 반대로 영화화를 위해 쓴 시나리오를 연극화하기 위해 노력하기도 했다. 그렇지만 이것이 쉽지 않은 작업임을 종종 토로했다. 1946년에 집필된 『톱니바퀴(L'Engrenage)』는 그가 영화를 위해 쓴 시나리오였는데, 그는 연대순을 뒤바꾸고 관점들에 따라 인물이 완전히 다른 모습으로 나타나는 장면들을 구상하면서, 이러한 것들은 연극에서는 기술적으로 시도되기 어려운 부분들이라고 생각했다. 영화에서는 연극에서 보다 자유롭게 뒤바뀐 시간들과 관점들이 표현될 수 있을 것이라고 생각했기 때문에 처음부터 시나리오로 집필했다. 그가 영화에서는 이것이 가능할 것이라고 생각했던 것은 오손 웰즈(Orson Welles, 1915~1985)의 「시민 케인(Citizen Kane)」이나 구로사와 아키라(Kurosawa Akira, 1910~1998)의 「라쇼몽(Rachomon)」을 염두에 두었기 때문이다.[41] 이러한 시간과 관점을 뒤바꾸는 구성의 문제 외에도 사르트르는 연극과 영화 사이의 간극을 계속해서 발견했다.

---

41 사르트르는 「시민 케인」이 케인의 죽음이라는 정해진 결말로 시작한다는 점에서 영화적이지 않다고 지적한 적이 있다. 그럼에도 불구하고 그것이 전통적인 의미에서의 영화의 현재성을 파기한다는 점에서 다시 긍정적으로 평가한다. "사람들은 이야기의 관례적인 연속성을 파기하려고 노력했으며, '플래시백'을 부드럽게 하려고 노력했고, 여러 각도에서 사건을 묘사하려고 노력했습니다."(장 폴 사르트르, 『상황극』, 630)

개인 그 자체에 대해 실존의 요소가 가장 많이 스며드는 방법은 여전히 영화입니다. 나는 「시민 케인」이라는 영화를 공연할 수 있는 훌륭한 극작품을 상상하지 못합니다. 어쨌든, 케인은 오손 웰즈가 그에 대해 알 수 있었던 모든 것으로 한정되는 인물만은 아닙니다. 즉, 미국의 유력 일간지의 발행인이 케인의 전부가 아닌 것처럼 말입니다. 케인은 대단히 개성화된 인물이며, 그의 이야기들은 매우 개별적인 것이고, 그에게는 매우 개별적인 특성들이 있습니다. 그 점이 연극으로 상연될 수 있을지 나는 모르겠습니다. 연극에서는 덜 섬세하게 표현되어야 합니다. 너무 섬세하게 표현될 때부터 비평가는 다음과 같이 당신을 비난할 것입니다. '이것은 소설 쪽으로 가고 있다.' 그리고 이런 비난이 이유가 없는 것은 아닙니다.[42]

오손 웰즈가 표현한 케인이라는 인물은 그가 겪는 사건을 통해서 말해지는 인물이 아니라 그가 겪는 사건들을 통해서도 다 말해지지 않는 인물이다. 그것은 케인이 죽으면서 남긴 '로즈버드'라는 말의 의미가 끝내 알려지지 않는다는 점에서도 잘 알 수 있다. 「시민 케인」은 케인이라는 언론 재벌이 죽으면서 남긴 로즈버드라는 말의 의미를 알아내기 위해 한 신문기자가 그의 주변 인물들을 찾아다니는 영화이다. 케인의 후견인, 그의 동료들, 그의 부인 등 누구라도 로즈버드에 대해 아는 사람이 있는지 물으며 케인의 어린 시절과 청년 시절, 그리고 말년의 이야기까지 듣지만, 어느 누구도 로즈버드의 의미에 대해 알지 못한다. 가장 알고 있을 것 같던 그의 부인, 수잔조차 로즈버드에 대해서는 알지 못했는데, 수잔은 케인이 그녀를 위해 오페라하우스까지 지어줄 정도로 사랑했던 여인이었지만, 그녀는 오히려 케인의 그녀를 스타로

42 장 폴 사르트르, 『상황극』, 568.

만들고자 하는 집착이 사람들에게 조롱거리가 되었다는 사실을 견디지 못하고 케인의 권위주의적인 태도와 계속해서 부딪치면서 결국 자살을 기도하기도 했던 사람이었다. 수잔과 헤어진 후 케인은 칩거하며 말년을 보냈기 때문에, 기자는 수잔을 끝으로 로즈버드의 의미를 쫓는 것을 포기한다. 그리고 영화의 끝에서 수집광이었던 케인의 물건들은 값비싼 것들은 경매에 부쳐지고 그렇지 않은 것들은 태워지는데, 그 과정에서 로즈버드라고 쓰여 있는 오래된 썰매 역시 태워져버린다. 이런 방식으로 로즈버드는 영화의 끝에서 관객들에게 어린 시절의 썰매의 이름으로 암시되지만, 우리는 그것을 통해서도 죽을 때까지 갈구해왔던 것, 그로 인해 그가 가지게 된 복잡한 내면을 다 알아챌 수는 없다. 사르트르가 「시민 케인」을 연극화할 수 없다고 말하는 것은 이러한 인물의 개별적이고 섬세한 면모들 때문이다.

〈사진 8〉 케인과 그를 기억하는 사람들

사르트르는 이러한 영화나 소설에서 표현되는 인물의 복잡성을 연극에서 표현되는 안티고네와 대조시키기도 한다. 방금 살펴본 케인이나 프루스트의 소설 『잃어버린 시간을 찾아서』의 게르망트 공작부인, 알베르틴 등 이러한 인물들은 영화나 소설 속에서 그들의 독특하고 섬세한 심리가 묘사되는 반면, 연극에서 표현된 안티고네는 오직 사건들로 말해질 수 있을 뿐이다.

> 그녀를 개성화하는 것은 그녀가 겪는 뚜렷한 비극적 사건 그것뿐입니다. 우리는 그녀가 사랑했던 것을 전혀 알지 못하며 그리고 그녀의 유년시절의 추억을 전혀 알지 못합니다. 그녀에게 추억은 있지만, 자신의 오빠를 매장하는 단 하나의 문제에 의해 모든 것이 무너진 채 사라져버렸다는 것을 우리는 추측할 수 있습니다.[43]

안티고네라는 인물은 오직 그녀가 처해진 상황과 그녀의 선택을 통해서만 표현된다. 그녀가 가진 독특한 성격이나 심리적인 인과과정이 그려지는 것이 아니다. 이러한 점에서 사르트르는 소설과 영화에서는 표현될 수 있는 것들이 연극에서는 제한된다는 점을 이야기한다.

인물의 심리를 묘사하는 문제는 관객들이 인물에 얼마나 몰입하는가와 관련된 문제이기 때문에 아주 중요한 문제이다. 사르트르는 소설의 독자들이 주인공에게 어느 정도 자신을 동일시하고 주인공의 눈을 통해 대상을 본다는 점을 지적한다. 이와 달리 연극의 관객들은 늘 주인공과 동일시할 수 없는 절대적인 거리(distance)를 유지한다. 연극의 관객들은 주인공의 눈으로 대상을 보는 것이 아니라 관객의 눈으로 결국은 언제나 타인인 주인공을 바라본다. 영화는 이러한 소설과 연극 사이에서 관객들로 하여금 인물과 모호한 거리를 유지하게 만든다. 영화의 관객들은 연극의 관객들처럼 인물과 거리를 두고 있지만 영화가 만들어내는 인물과 관객들 사이의 간격은 연극이 만들어내는 거리와 차이를 갖는다. 연극의 관객은 늘 동일선상에서 동일한 장소에 머물러 있

43 장 폴 사르트르, 『상황극』, 568.

다면, 영화의 관객은 그러면서도 동시에 가까이 다가가고 멀어지는데, 카메라 렌즈를 통해서 인물들과 마주하기 때문이다. 카메라는 제3자로서 인물의 얼굴을 때로는 클로즈업하고 때로는 보이지 않게 하는 방식으로 관객들로 하여금 '그 자신이 아닌 다른 누군가의 시선으로 보는 것처럼' 보게 만든다. 이 영화가 만들어내는 모호한 간격은 주인공이 어떤 대상을 보는 시점으로 카메라가 움직일 때 더 모호해진다. 영화의 관객은 인물과 거리를 유지하면서도 동시에 인물의 시선과 동일시됨으로써 잠깐 동안 인물과 자신을 동일시하게 되는 일이 일어난다. "영화에서 우리는 주인공이고, 그 주인공에 참여하며, 스스로 파멸을 초래한다. 연극에서 우리는 여전히 밖에 머물러 있고 주인공은 우리 앞에서 파멸한다."[44] 우리가 주인공으로서 파멸에 빠지는 것과 파멸에 빠지는 주인공에게서 우리 스스로는 알지 못했던 우리의 모습을 발견하는 것은 완전히 다른 문제이다.

이렇게 영화의 관객이 인물과 유지하는 모호한 간격은 상황을 더 실재적으로 받아들이게 만든다. "그것들은 모두 환영들의 놀이를 통하여 우리에게 주어지기 때문입니다. 그 놀이에 진입하기만 하면 우리는 그것들을 실재적인 것으로 간주할 수 있습니다."[45] 인물과 거리를 계속해서 두고 있는 연극의 관객들은 무대 위에서 벌어지고 있는 상황들이 허구라는 것을 쉽게 환기하게 되는 반면, 영화는 한 번 그 상황에 진입하기만 하면 그것이 바로 실재가 된다. 사르트르는 이를 설명하기 위해 프랑수아 트뤼포(François Truffaut, 1932~1984)의 「400번의 구타(Les Quatre

44 장 폴 사르트르, 『상황극』, 142~143.

45 장 폴 사르트르, 『상황극』, 536. 문맥에 따라 번역 일부 수정.

Cents Coups)」에서 주인공이 타자기를 훔치는 장면을 예로 들기도 한다.

〈사진 9〉「400번의 구타」에서 타자기를 훔치는 장면

> 초현대식 대형건물에 들어가는 소년, 그의 낯설어하는 느낌, 그가 타자기를 재빨리 집어 드는 방식, 그리고 그것을 자기 것으로 하는 방식, 그때 그의 주위에 있는 모든 것이 그에게는 낯설고... 당신은 연극에서 그렇게 할 수 없습니다.[46]

연극에서는 배우의 행위와 제스처를 통해 세계와 인간이 비로소 표현된다면, 영화에서는 인물이 실재 세계와 결부되어 있기 때문에 모든 것이 보다 더 실재적이다. 그렇지만 영화는 연극보다 더 비실재적인 측면 역시 동시에 가지고 있는데, 원하는 방향대로 우리의 시점을 유도하여 우리에게 시점에 의해 유도된 지각만을 주기 때문이다. 사르트르가「400번의 구타」에 대해 묘사하고 있는 낯선 감각과 느낌들은 유도된 시각에 의해 만들어진 것이다. 이러한 점에서 사르트르는 스크린과 관

46 장 폴 사르트르,『상황극』, 536.

객 사이의 모호한 간격이 만들어내는 영화의 실재성과 연극 사이의 차이점을 중요하게 부각시킨다. 그가 보기에 연극의 관심은 실재적인 세계와 실재적인 인간을 있는 그대로 담아내는 것에 있지 않았다. 연극에서는 실재성보다 배우의 행동과 제스처를 통해 창조되는 세계와 인물이 가리켜 보이는 진실(vérité)이 중요하다. 반면 영화는 이 진실을 내포하는 실재을 찾아서 그것을 보여주는 데 관심을 가진다. 바로 이 점이 영화가 실재 세계와 맺고 있는 관계 때문에 가지게 된 특성이다.

2. 사르트르와 「영화를 위한 옹호」

사르트르가 말하고 있는 이러한 연극과 영화의 차이점에 대해 동의할 수도 있고 동의하지 않을 수도 있지만, 보다 중요한 것은 사르트르가 누구보다도 예술이 가진 특성들을 잘 구분하여 접근하고자 했다는 점이다. 사르트르가 영화의 독특성을 발견하는 것은 다른 예술들보다 영화가 우리의 지각과 의식을 유도한다는 지점에서이다. 소설이 완전히 독자를 인물과 동일시하게 만든다면, 그리고 연극이 관객과 늘 절대적 거리를 두고 타인으로서만 인물들을 만나게 한다면, 영화는 모호한 간격만을 유지한 채 지각과 의식을 유도한다. 사르트르는 젊은 시절에 쓴 「영화를 위한 옹호」라는 글 이후로 한결같이 이 관점을 유지하고 있다. 사르트르가 이 글을 쓴 것은 1924년 정도로 추정되는데, 이 때는 아직 유성영화가 탄생하기 이전일 뿐만 아니라 예술로서의 영화에 대한 연구도 많이 이루어지고 있지 않은 시기였음에도 불구하고 사르트르는 영화로부터 새로운 예술의 가능성을 발견하고 있다.

사르트르는 「영화를 위한 옹호」를 근본적인 질문으로 시작한다. "아름다움은 부동성에 있는가, 아니면 변화(changement)에 있는가?"[47] 이렇게 물을 때 그가 겨냥하고 있는 것은 플라톤이다. 플라톤은 아름다움에 대해 이렇게 말한다.

> 우선 그것은 늘 있는 것이고, 생성되지도 소멸하지도 않고, 증가하지도 감소하지도 않는 것입니다. 그 다음으로 그것은 어떤 면에서는 아름다운데 다른 면에서는 추한 것이 아니고, 어떤 때는 아름다운데 다른 때는 아닌 것도 아니고, 어떤 것과의 관계에서는 아름다운 것인데 다른 것과의 관계에서는 추한 것도 아니며, 어떤 자들에게서는 아름다운데 다른 자들에게서는 추한 것이어서 여기서는 아름다운데 저기서는 추한, 그런 것도 아닙니다.[48]

플라톤에게 아름다움의 이데아, 아름다움 그 자체라는 것은 아름다운 얼굴이나 아름다운 동물 등 이 세계에 존재하는 구체적인 것들에 있는 것으로 나타나는 것이 아니다. 그것은 모든 구체적인 아름다운 것들을 아름답게 만드는 데 관여하는 것이면서, 그 움직이고 변화하는 것들로는 나타나지지 않는 것이다. 그렇기 때문에 아름다움의 이데아는 그 부동성과 불변성에 핵심이 있다. 그것은 그 자체로는 영원히 고정불변하는 것이면서 모든 움직이고 변화하는 것들을 아름답게 만들어주는 것이다. 부분적인 관점에서, 또 시·공간적으로, 어떤 특정한 관계와 사

47 Jean-Paul Sartre, "Apologie pour le cinéma: Défense et illustration d'un Art international", *Écrits de jeunesse*, eds. Michel Contat · Michel Rybalka, Paris: Gallimard, 1990, 388.

48 플라톤, 『향연』, 211a; 강철웅 옮김, 이제이북스, 2014, 143~144.

람에서 아름답다고 말해질 수 있는 것들은 모두 이 아름다움의 이데아로 인하여 아름답다고 말해질 수 있다.

플라톤이 말하는 이러한 고전적인 아름다움의 기준에 비추어보면 변화하는 것에서 아름다움을 찾는 것은 불가능하다는 것을 알 수 있다. 변화하는 것들은 오직 그 부동적이고 불변하는 아름다움 그 자체를 가리켜 보이는 한에서만 아름다울 수 있으며, 아름다움 그 자체는 그것들로 환원되지 않는다. 그러나 사르트르는 이러한 고전적인 아름다움의 개념에 반대하면서 아름다움이 정말로 부동성에 있는 것인지 묻고 있다. 그리고 이에 대한 답변은 "오직 변화 속에만 실재(realité)가 있다"라는 그의 말에서 찾을 수 있다.[49] 그는 오직 변화 속에만 실재가 있다는 것을 철학에서 받아들일 수 있다면, 미학에서도 이제 받아들여야 한다고 덧붙인다.

사르트르의 이러한 말은 이후 그가 말하게 될 명제, '실존이 본질에 앞선다(L'existence précède l'essence)'와 연관되어 있다. 이에 대해 사르트르는 다음과 같이 말한다. "이 말은 인간이 먼저 세계 속에 실존하고, 만나지며, 떠오른다는 것, 그리고 인간이 정의되는 것은 그 이후의 일이라는 것을 의미합니다."[50] 어떤 장인이 그 용도와 성질 모두를 고려하여 제작한 칼처럼 인간도 탁월한 장인인 신으로부터 만들어졌다고 더 이상 생각할 수 없다면, 칼이라는 본질에 맞추어 생산된 칼처럼 앞서 구상된 인간 본성에 맞추어 인간이 실존하게 되었다고 말해서는 안 된다. 그렇기 때문에 사르트르는 인간에 대하여 그의 실존은 그가 스스로가

49 Jean-Paul Sartre, "Apologie pour le cinémal", 388.

50 장 폴 사르트르, 박정태 옮김, 『실존주의는 휴머니즘이다』, 이학사, 2008, 33.

만들어가는 것이라고 말한다. 플라톤의 이데아처럼 항구 불변하는 본질이 먼저 있고 그에 맞추어 인간 존재가 있는 것이 있는 것이 아니라 먼저 세계 속에 실존하고 본질은 인간 스스로가 만들어가는 것이다.

사르트르는 영화를 위한 이 글에서 아직 자신의 실존주의를 발전시키고 있지는 않지만, '변화 속에만 실재가 있다'는 말로서 부동적이고 영원한 이데아에 대한 반대를 이미 표현하고 있다. 불변하는 본질이 먼저 있고 그에 맞추어 개별적인 변화하는 존재들이 있는 것이 아니라, 오직 변화하는 것이 문제이며, 실재한다고 말해질 수 있다. 그리고 단지 실존의 문제뿐만 아니라 아름다움 역시 변화 속에서 찾아질 수 있어야 한다. 영화는 바로 끊임없는 변화를 담고 있다는 점에서 이 아름다움에 접근하는 새로운 관점에 부합한다.

사르트르는 이러한 영화의 운동성(mobilité)을 앙리 베르그손(Henri-Louis Bergson, 1859~1941)의 관점을 빌려 이야기한다. 실제로 베르그손은 영화가 만들어내는 환영에 대해 비판적으로 접근했다. 베르그손이 보기에 영화는 실제로 운동하고 있는 이미지로부터 운동을 추출하고, 부동적인 이미지를 재구성하여 진짜 운동이 아니라 환영만을 만들어내기 때문이다.

〈사진 10〉 에드워드 마이브리지가 촬영한 달리는 말

에드워드 마이브리지(Eadweard James Muybridge, 1830~1904)의 작품을 보면 이를 잘 알 수 있다. 1878년 마이브리지는 말이 달릴 때 네 발이 모두 땅에서 떨어지는지 알아보기 위해 말이 달리는 트랙을 따라 여러 대의 사진기를 설치해놓고 말이 지나갈 때 순차적으로 촬영을 하여 말이 달리는 움직임을 포착했다. 이러한 사진들을 잇따르도록 스크린에 투사하면 말이 달리는 장면이 만들어지고, 이것이 바로 영화의 메커니즘이다. 이때 각각의 사진들 안에서 동체는 부동적인 자세만을 재현하고 있으므로, 운동은 사진 안에 있는 것이 아니라 기계가 만들어내는 것이다. 베르그손은 이렇게 장면 안의 "모든 형태들에 고유한 운동들로부터 비인격적이고 추상적이며 단순한 운동, 말하자면 '운동 일반'을 추출하고, 그것을 기구 안에 넣어 이 익명의 운동을 인격적인 자세들로 구성하여 독특한 각 운동의 개별성을 재구성하는 것"이 영화의 메커니즘이라고 한다.[51] 고유한 운동을 가진 동체에서 부동적인 이미지만을 추출하여 그것을 추상화한 것으로부터 기계가 고유한 운동처럼 보이는 환영을 만들어낸다. 베르그손은 어디까지나 고유한 운동과 다른 재구성된 환영만을 보여준다는 점에서 영화의 운동을 부정적으로 파악한다. 그렇지만 앞서 이야기한 것처럼 사르트르는 베르그손을 통해 영화의 운동성을 옹호하고자 한다.

사르트르는 베르그손의 다음과 같은 말을 인용한다.

> 우리의 자아는, 이런 의식의 상태들을 머리에 떠올리면서, 마치 한 점을 또 다른 한 점과 병치시키듯 여러 의식 상태들을 현재의

51 Henri Bergson, *L'evolution creatrice*, Paris: P.U.F., 1907, 305.

상태와 병치시키는 것이 아니라, 마치 우리가 한 덩어리로 녹아 있는 형태로 어떤 멜로디의 음들을 기억할 때 그러는 것처럼, 여러 의식 상태들을 현재의 상태와 유기적으로 결합하는 것만으로 충분하다.[52]

베르그손은 음악에 비유하고 있지만 그가 우리의 의식을 분할할 수 없는 흐름들로 파악하는 것처럼 영화도 파악할 수 있다. 마이브리지의 사진들이 말의 운동을 순간적으로 포착한 것처럼 우리는 멜로디의 음들을 포착할 수도 있지만, 멜로디는 우리에게 늘 하나의 총체적인 멜로디로 기억된다. 분할할 수 없는 하나의 멜로디처럼 우리 의식은 유기적인 흐름이고, 그렇다면 영화 또한 그러한 분할할 수 없는 흐름으로 파악될 수 있다. "영화는 그 자체로 하나의 의식이다. 왜냐하면 그것은 하나의 분할할 수 없는 흐름이기 때문이다."[53]

사르트르는 이러한 점에서 영화적 시간을 베르그손의 지속(durée) 개념으로 파악한다. "영화의 본질은 운동성과 지속에 있다."[54] 그렇다면 베르그손의 지속이란 무엇인가? 베르그손은 『창조적 진화』에서 다음과 같이 말한다. "유일한 운동은 가정상 전적으로 두 정지들 사이의 운동이다. 중간의 정지들이 있다면 그것은 더 이상 유일한 운동이 아니다."[55] 예를 들어 한 물체가 A지점에서 B지점으로 운동한다고 할 때 A와 B지점 사이에 위치한 C지점에 그 물체가 있었다고 말한다면, 있을

52 Henri Bergson, *Essais sur les données immédiates de la conscience*, Paris: P.U.F., 1889, 84.

53 Jean-Paul Sartre, "Apologie pour le cinéma", 390.

54 Jean-Paul Sartre, "Apologie pour le cinéma", 390.

55 Henri Bergson, *L'evolution creatrice*, 309.

수 있는 운동은 A에서 C로 가는 운동과 C에서 B로 가는 운동이지 A에서 B로 가는 운동이 아니다. "사람들은 궤적이 비록 일정한 시간을 요한다 하더라도 단번에 생성된다는 것, 그리고 일단 생성된 궤적은 마음대로 분할할 수 있으나 그것의 생성 자체는 진행 중의 행위이지 사물이 아니므로 분할할 수 없다는 것을 알지 못한다."[56] A에서 B로 이동하는 동체는 분명히 공간을 통과하고 그 공간은 A와 B 사이를 연결한 부동적인 선 위의 점들로 무한히 분할 가능하다. 그러나 시간의 측면에서는 그러한 고정된 점들이 바로 정지된 순간들이며 이 순간들의 집합이 운동의 지속을 의미한다고 말할 수 없다. 베르그손은 고정된 지점들의 집합이 공간에서 하나의 궤적을 그린다고 해서 시간 역시 순간들의 집합으로 혼동한다면 실제 이루어지고 있는 운동의 운동성을 설명할 수 없다고 말한다. "그 자체로서 고찰된 운동은 이전과 이후를 가정하며 지속을 점유하는 불가분적인 것이다."[57]

이는 다음과 같이 비유해볼 수 있다. 우리는 '어린아이가 어른이 된다'라고 말함으로써 어린아이와 어른을 이행으로 구성되는 실재가 아니라 임의적인 정지들로 여긴다. 어린아이에게 어른의 속성이 부적합하며, 어른에게는 어린아이의 속성이 더 이상 적용될 수 없다는 이유로, 어린아이와 어른이라는 각 상태를 그 임의적인 시간 동안 그대로의 상태로 남아있다고 믿고 싶어 한다. 이렇게 우리에게 일어나는 변화를 한 상태에서 다른 상태로의 이행이라고 믿고 싶어 하는 것과 운동은 동

56 Henri Bergson, *L'evolution creatrice*, 309.

57 Henri Bergson, *Matière et mémoire: Essai sur la relation du corps à l'esprit*, Paris: P.U.F., 1939, 227.

일한 문제이다. 그래서 베르그손은 이를 '우리 지성의 영화적 습관들'이라고 부른다. 우리의 지성이라는 영사기가 어린아이와 어린이라는 임의적 정지들을 연속적으로 겹쳐놓으며 '어린아이가 어른이 된다'고 말하도록 하는 것이다. 그러나 이러한 방식의 사유는 어린아이가 성인으로 성장하는 그 생성 자체를 사유하는 것이 아니다. 왜냐하면 "사람들은 끝없이 변화하고 있으며 상태 그 자체가 이미 변화"이기 때문이다.[58] 그러므로 "우리는 '어린아이가 어른이 된다'라고 말해서는 안 되고 '어린아이에서 어른으로 가는 생성이 있다'라고 말해야 한다."[59] 이와 마찬가지로 우리가 공간상에서 마련한 임의적인 점들은 실재적 운동 자체와 관계하지 않는다. 이것이 베르그손이 말하는 변화 그 자체로서 지속의 의미이다. 우리는 실재적 운동의 끊임없이 변화하는 시간을 제거할 때에만, 그리고 우리 심리적 상태의 부단한 변화에 눈 감을 때에만 한 상태에서 다른 상태로의 이행이라고 말할 수 있다. 사르트르는 바로 이 점에 주목하여 영화적 시간이 베르그손적 의미에서의 '지속'임을 발견하고 있다. 이러한 끊임없이 변화하고 움직이는 이미지의 특성을 통해 영화는 우리의 지각과 의식을 유도하고 원하는 방향으로 이끈다. "책을 읽을 때 우리는 우리의 자아(Moi), 우리의 이성을 잊어버리지 않는다. 영화관에서는 [……] 더 이상 반대방향을 향할 수 없다. 즉, 외부로부터 온 행위에 우리의 자아를 맞서게 할 수 없다."[60] 이것이 사르트르가 이후에도 항구적으로 영화에 대해 유지하고 있는 관점이다.

---

58 Henri Bergson, *L'evolution creatrice*, 2.

59 Henri Bergson, *L'evolution creatrice*, 312.

60 Jean-Paul Sartre, "Apologie pour le cinéma", 391.

3. 영화와 앙가주망(engagement)

영화의 이러한 운동성은 우리를 사로잡고 우리는 이에 저항할 힘을 잃는다. 사르트르의 이러한 생각은 그의 영화관에 대한 묘사에서도 잘 드러난다.

> 마치 성당의 중앙 홀처럼 어두운 홀에서 스크린을 행해 앉아 있는 서로 다른 사람들, 서로 다른 계급에 속하는 사람들이 동일한 고통과 동일한 기쁨 속에서 하나가 된다. 왜냐하면 그들은 동일한 순간에 하얀 막 위에서 앙드레 녹스(André Nox)의 정신 나간 얼굴과 채플린의 미소를 보았기 때문이다. 민중들은 주저함 없이 스스로를 내주었다. '교양 있는 사람들'은 더 점잔을 부렸다. 하지만 그들 역시 굴복했다. 왜냐하면 그들이 '영화촬영기술'에 관심을 가지는 척 그들 자신을 속이는 동안에도, 천천히 그러나 확실하게 영화의 힘은 낭만적이고 아름다운 모험에 대한 사랑을 깨어나게 할 것이기 때문이다.[61]

우리를 저항할 수 없게 만드는 영화의 힘은 계층의 구분 없이 모든 이들을 원하는 방향으로 이끈다는 데 있다. 사르트르가 영화의 운동성과 함께 조명하고 있는 것이 바로 그것이다. 그리고 사르트르는 이렇게 일반 대중에게 호소하는 것이 영화라는 점에서 영화는 '예술을 위한 예술(l'art pour l'art)'일 수 없다고 강조한다. 사르트르는 예술을 위한 예술, 즉 도덕이나 종교 등 다른 것들을 위해 혹은 다른 것들에 의해 재단되는 예술이 아니라 오직 예술만을 위한 예술에 대하여 비판적으로 접근

61 Jean-Paul Sartre, "Apologie pour le cinéma", 404.

한다. 그는 이후에도 계속해서 이 순수예술이라는 것에 비판적으로 접근하는데, 『문학이란 무엇인가』에서는 이렇게 말한다. "누구나 익히 알고 있듯이 순수 예술과 공허한 예술은 동일한 것이며, 예술적 순수주의는 지난 세기의 부르주아들—착취자로 지목당하느니 차라리 속물로 지목당하는 것이 낫겠다고 생각한 그런 부르주아들의 교묘한 호신술에 불과했기 때문이다."[62] 사르트르는 이렇게 예술을 위한 예술이 사실은 부르주아들이 자신들을 포장하기 위해 이용하고 있는 공허한 것에 불과하다고 비판한다. 이러한 점에 비추어볼 때 그 자체로 대중에게 호소하는 영화는 부르주아들의 호신술이 될 수 없는 예술이라고 할 수 있다.

사르트르는 『문학이란 무엇인가』에서 "늘 원형이나 '인간성'에 대해서 말하는 것과 공연히 입을 놀리는 것은 과연 다른 것인가?"라고 묻는다.[63] 이는 우리가 앞서 파악한 바와 동일한 의미를 담고 있다. 플라톤적인 이데아가 가진 순수성에 대해 말하듯이 늘 원형에 대해 말하는 것은 공허한 일일 뿐이다. 부르주아들의 호신술이 되는 '예술을 위한 예술' 또는 예술의 순수성이 공허한 것도 이 문제와 관련되어 있다. 순수하고 부동적이며 영원한 예술을 지향하는 것은 현실로부터 유리되어 있는 공허한 시도와 다르지 않다. 그래서 사르트르는 "말한다는 것은 행동하는 것이다"라는 앙가주망(engagement) 문학론의 명제를 말한다.[64]

> 문체 지상주의자들이 저지르는 중대한 과오는, 말이 사물들의 표면에서 살랑거리는 미풍과도 같아서, 사물들을 살며시 스칠 뿐,

62 장 폴 사르트르, 정명환 옮김, 『문학이란 무엇인가』, 민음사, 1998, 37~38.

63 장 폴 사르트르, 『문학이란 무엇인가』, 42.

64 장 폴 사르트르, 『문학이란 무엇인가』, 30.

결코 그것에 무슨 변화를 주지는 않는다고 생각하는 데 있다. 그리고 화자란 오직 자신의 무해한 관조를 말로써 요약하는 순수한 '증인'이라고 생각하는 데 있다.[65]

작가가 사물에 대해 이름붙일 때 그 사물은 더 이상 순수한 사물 그 자체로 남아 있을 수 없다. 작가는 사물에 대해, 인간의 조건에 대해, 사회에 대해 드러냄으로써 더 이상 세계를 그가 그것을 드러내기 이전의 상태와 동일하게 남아있지 않게 만드는 자이다. 사르트르는 우리가 어떤 사람의 행위에 대해 이름을 붙인다면, 그것은 그 사람에게 그의 행위를 드러내 보이는 것이면서 동시에 다른 모든 사람들에게 이름 붙여진 그의 행위를 보이는 것과 같다고 비유한다. 우리가 그의 행위에 이름을 붙임으로써 이제 그 사람은 이름 붙이기 이전과 동일한 방식으로 행동할 수 없다. "그는 고집스럽게 그리고 의식적으로 그의 과거의 행위를 되풀이하거나 또는 그것을 포기하는 두 가지 중의 하나를 선택할 것이다. 이렇듯 나는 말을 함으로써, 상황을 바꾸려는 내 기도 그 자체를 통하여 상황을 드러낸다."[66] 행위는 이름 붙여진 이상 이전의 순수함으로 돌아갈 수 없다. 그 행위는 동일한 행위처럼 보이더라도 '고집스럽게' 되풀이 되는 것이 된다. 작가가 하는 일이 바로 이것이다. 상황을 바꾸기 위하여 상황을 드러내는 것이다.

이러한 의미에서 '상황'이라는 말은 사르트르의 예술에 대한 사유에서 무엇보다도 핵심적이다. 사르트르는 이렇게 말한다. "인간이란 또

65 장 폴 사르트르, 『문학이란 무엇인가』, 30.

66 장 폴 사르트르, 『문학이란 무엇인가』, 31.

한 상황을 바꾸지 않고서는 상황을 볼 수조차 없는 존재이다."[67] 작가는 상황을 나 자신과 남들에게 드러냄으로써 그것을 바꾸고자 하는 자이다. 그래서 사르트르는 말을 하는 것은 곧 행동하는 것과 같다고 말한다. 사르트르가 작가는 상황을 드러냄으로써 점점 더 세계에 깊이 연루되고, 이와 동시에 세계를 '초월'한다고도 말하는 것도 이와 동일한 의미이다. 왜냐하면 작가는 상황을 다루면서 세계에 더 깊이 연루되고, 또 상황을 변화시킴으로써 현시점의 세계가 아니라 미래를 향하기 때문이다. 그래서 사르트르는 이렇게 말하기도 한다. "말을 한다는 것은 권총을 쏘는 것이다. 작가는 물론 침묵할 수 있다. 그러나 일단 총을 쏘기로 작정한 바에야, 어른답게 과녁을 노리고 쏘아야지, 어린애처럼 오직 총소리를 듣는 재미로 눈을 감고 무턱대고 쏠 수는 없는 노릇이다."[68] 말을 한다는 것은 상황을 바꾸려고 하는 것이기 때문에, 세계를 겨냥하여 권총을 쏘는 일과 다르지 않다.

사르트르는 작가가 이렇게 권총을 들고 세계를 향하는 일은 오직 '책임'을 위해서라고 말한다. "작가란 세계와 특히 인간을 다른 사람들에게 드러내 보이기를 선택한 사람인데, 그 목적은 이렇게 드러낸 대상 앞에서 그들이 전적인 책임을 지도록 하기 위한 것이다."[69] 작가는 독자들로 하여금 자신이 드러낸 세계, 곧 독자들이 살고 있는 세계에 대해서 모른 척 책임지지 않는 태도를 지닐 수 없도록 하기 위해서 글을 쓴다. 사르트르가 '실존이 본질에 앞선다'고 말할 때 가장 핵심적인 것

67 장 폴 사르트르, 『문학이란 무엇인가』, 32.
68 장 폴 사르트르, 『문학이란 무엇인가』, 33.
69 장 폴 사르트르, 『문학이란 무엇인가』, 33.

은 우리 자신에게 우리 자신에 대한 책임이 있다는 점이다. "실존주의의 첫걸음은 모든 인간으로 하여금 자신이 지금 어떤 것인가에 대해서 주인이 되도록 하는 것, 그리하여 모든 인간으로 하여금 자신의 실존에 대해서 전적인 책임을 지도록 하는 것입니다."[70] 그리고 사르트르가 말하는 자신의 실존에 대한 책임은 개개인들이 그들 스스로를 개개인들로서 책임을 진다는 것을 의미하는 것이 아니라, '모든 인간'에 대해 책임이 있다는 것을 의미한다. 우리가 우리 스스로를 선택할 때 우리는 우리 자신만을 선택하는 것이 아니라 모든 인간을 선택한다. 왜냐하면 "우리가 되기 원하는 인간을 창조하는 행위는 그 자체가 또한 우리가 꼭 그렇게 되어야 한다고 판단하는 인간의 이미지를 창조하는 행위"이기 때문이다.[71] 우리는 우리 스스로를 선택할 때 우리 자신을 '가치 있는 것'으로 선택하는 것이기 때문에, 그러한 가치를 반영한 인간의 이미지는 우리 자신에게만 국한된 것이 아니라 모든 인간을 위해서도, 우리 시대 전체를 위해서도 유효하도록 창조된 것이다. 그래서 사르트르는 다음과 같이 강조한다. "우리의 책임은 우리가 상상할 수 있는 것보다 훨씬 더 큰 것입니다. 왜냐하면 우리의 책임은 인류 전체에 앙가제하기 때문입니다."[72] 예를 들어, 우리가 결혼을 하고 자식을 갖기를 원한다면, 이는 우리가 우리 자신뿐만 아니라 인류전체를 일부일처제의 길 위에 서도록 하고자 한다는 것을 의미한다.

사르트르가 작가가 하는 일에 대하여 '책임을 지도록 하기 위한 것'

70 장 폴 사르트르, 『실존주의는 휴머니즘이다』, 35.

71 장 폴 사르트르, 『실존주의는 휴머니즘이다』, 36.

72 장 폴 사르트르, 『실존주의는 휴머니즘이다』, 36.

이라고 말하는 것은, 독자들로 하여금 이러한 책임으로부터 벗어날 수 없다는 것을 알리는 일이 곧 그의 일이라는 의미이다. "작가의 기능은 아무도 이 세계를 모를 수 없게 만들고, 아무도 이 세계에 대해서 '나는 책임이 없다'고 말할 수 없도록 만드는 데 있다."[73] 작가는 독자들에게 우리가 살고 있는 이 세계를 드러냄으로써 그렇게 한다. 그렇다면 연극과 영화는 과연 이와 다른가? 사르트르는 연극에 대해서도 '상황'을 드러내는 것이 중요함을 강조한 바 있다. 그리고 상황을 드러내는 것은 동시에 상황을 바꾸는 것이다. "극작가의 임무는 이런 한계상황들 가운데서 관심사를 가장 잘 표현하는 상황을 선택하는 것, 그리고 몇몇의 자유에서 제기되는 질문을 관객에게 제시하는 것이라고 나는 생각합니다."[74] 앞서 이야기 한 바 있듯이 연극과 영화는 관객과의 거리에 있어서 분명한 차이를 가진다. 그러나 상황을 드러낸다는 점에서는 모두 그의 앙가주망 문학론과 동일한 곳을 향하고 있다. 앞서 이야기 한 바 있듯이 연극은 관객과의 거리를 통해 우리 자신을 타인들처럼 발견하게 함으로써, 그리고 영화는 우리 자신을 주인공으로 발견하게 함으로써 그렇게 한다.

사르트르의 『알토나의 유폐자들(Les Séquestrés d'Altona)』은 앞서 이야기했던 몇몇의 작품들처럼 영화화에 참여했으나 그의 의도대로 구현될 수 없었던 여러 작품들 가운데 하나이다. 이 작품을 통해 우리는 사르트르가 연극과 영화를 통해서는 어떻게 그 자신의 앙가주망 이론을 실천하고자 했는지 더 잘 알 수 있다. 그가 극작가로서 어떤 방식으로 상

73 장 폴 사르트르, 『문학이란 무엇인가』, 33.

74 장 폴 사르트르, 『상황극』, 23.

황을 드러내고자 했는지, 또 어떤 방식으로 영화에서 그렇게 하고자 했지만 실패했는지 그의 대담을 통해 우리는 짐작해볼 수 있다. 그는 베르나르 도르(Bernard Dort, 1929~1994)와의 인터뷰에서 이렇게 말했다. "내가 『알토나의 유폐자들』에서 주장하는 것은 탄압사회로 변하는 역사적 사회에서 어느 누구도 고문할 수 있는 위험성에서 자유롭지 못하다는 것입니다."[75] 사르트르는 『알토나의 유폐자들』에서 히틀러주의와 타협한 겔라흐(Gelach) 가문의 이야기를 그리고 있는데, 이는 독일의 역사적 책임을 묻는 것이기 보다는 당시 벌어지고 있던 알제리전쟁에 대해 프랑스와 프랑스 국민들의 책임에 대해 문제를 제기하고자 하는 것이었다.

> 우리가 독일인들은 아니지만, 그리고 우리의 문제가 나치즘의 시기에 있었던 독일인들의 문제와는 다르지만, 독일인들과 우리 사이에는 매우 특별한 관련성이 있다는 것입니다. 우리는 독일인들과 마주보고 있었습니다. 정확하게 말하면, 오늘날 알제리 사람들이 우리와 마주보고 있는 그런 상황에서 우리는 그들과 마주보고 있었습니다.[76]

사르트르는 당시 알제리에서 벌어지고 있는 끔찍한 고문들에 대해서 어떤 조치도 취하지 못하고 있는 프랑스인들의 상황을 드러내고자, 제2차 세계대전에 참전하여 잔혹한 고문을 벌인 겔라흐 가문의 프란츠라는 인물을 설정했다. 프란츠는 전쟁 이후 전범재판 소식을 듣고 13년째 자신의 방에 갇혀 있는 인물로 등장하는데, 그를 그렇게 '보호'하고

75 장 폴 사르트르, 『상황극』, 522.

76 장 폴 사르트르, 『상황극』, 519.

있는 그의 아버지는 나치에 협력하여 알토나 지방에서 부를 축적한 사람이었다. 사르트르는 겔라흐의 타협 방식에 대해 다음과 같이 설명했다. "히틀러의 권력 남용을 허용할 수는 없지만, 수용소를 만드는 자는 내가 아니며 나는 단지 수용소가 건설될 땅을 팔 뿐이다."[77] 프란츠도 자신의 아버지와 다르지 않게 자기 안의 모순을 해결하지 않고 있는 사람인데, 전쟁 중인 지역에서 포로들을 고문하는 일은 피할 수 없는 일이었다는 식이다. 사르트르는 이런 방식의 프란츠와 아버지의 태도를 알제리를 대하는 프랑스인들의 태도와 겹쳐놓는다.

사르트르는 스스로를 자유롭지 않은 자로, 선택할 수 없는 자로 여기는 것을 자기기만(mauvaise foi)이라고 부른 바 있다. "실존이 본질에 앞선다면, 인간은 결코 응고된 채 주어진 그 어떤 인간 본성에 의존하여 설명을 할 수가 없게 될 것입니다. 달리 말해서 결정론이란 없는 것입니다. 인간은 자유로우며, 인간은 바로 그 자유인 것입니다."[78] 이렇게 인간은 본성처럼 주어져 있는 것이 없고, 따라서 그 어떤 방식으로도 결정되어 있지 않으며 그 자신의 선택에 의해서 스스로를 이끌어가는 것인데, 마치 자신에게만 자유가 주어져 있지 않은 것처럼, 선택지가 주어져 있지 않은 것처럼 여기는 것이 자기기만이다.

> 환경이 내게 좋지가 않았어. 사실 나는 그때 내가 그랬던 것보다는 훨씬 더 가치가 있었는데 말이야. 물론 나는 위대한 사랑이나 우정을 갖지 못했어. 하지만 그것은 내가 그럴 만한 남자나 여자를 만났지 못했기 때문이야. 나는 아주 좋은 책을 쓰지는 못했지만, 그

77 장 폴 사르트르, 『상황극』, 544.

78 장 폴 사르트르, 『실존주의는 휴머니즘이다』, 44.

것은 그런 책을 쓸 만한 여가가 내게 없었기 때문이지. 또 나는 아낌없이 돌볼 자식을 갖지 못했어. 왜냐하면 내가 나의 삶을 같이할 수 있을 남자를 찾지 못했기 때문이야. 따라서 나에게는 여러 가지 소질과 경향 그리고 가능성이 아직 사용되지 않은 채로 온전히 실현 가능한 상태로 남아 있어. 바로 이런 소질, 경향, 가능성이 단순한 나의 일련의 행위가 가리킬 수 없는 그 어떤 가치를 나에게 부여하는 거야.[79]

이것이 사르트르가 들고 있는 자기기만의 예들이다. 근본적으로 나의 선택과 본질을 분리하고, 선택에는 상황적 한계가 있었지만 나의 본질은 변함없이 항구적으로 나의 가치를 말해주고 있다고 생각한다. 프란츠가 자신의 아버지처럼 하고 있는 것이 바로 이러한 자기기만이다. 사르트르는 "프란츠의 범죄를 보여주는 것과 동시에 그 범죄가 거의 피할 수 없는 것이라는 점을 보여주려고 노력"했다고 말한다.[80] 사르트르의 이러한 노력은 프란츠가 도덕적 인간이 되려는 감정을 간직하고 있음에도 불구하고 그에게 선택의 여지가 없었다는 것을 보여주기 위한 것이 아니었다. 오히려 사르트르는 "매우 짧은 순간이었을지라도, 물론 프란츠는 달리 선택할 수 있었"다는 것을 보여주고자 했다.[81] 그는 프란츠의 가족 관계와 환경 등 모든 것들이 그를 몰고 감에도 불구하고 자유의 문제를 가리켜 보일 수 있기를 바랐다. 그리고 사르트르는 이러한 겔라흐와 프란츠의 자기기만적인 태도가 알제리에서 일어난 고문과 학살을 묵인하고 회피하는 프랑스인들의 태도와 다르지 않다는 것을

79 장 폴 사르트르, 『실존주의는 휴머니즘이다』, 58.

80 장 폴 사르트르, 『상황극』, 597.

81 장 폴 사르트르, 『상황극』, 597.

보이고 있다.

> 우리가 체험했던 시대에서, 피와 폭력으로 얼룩진 우리의 시대에서, 오늘날의 성인인 인간(설사 그가 30세 또는 35세에 불과할지라도)은 불가피하게 증인이거나 공범이며 그리고 그가 담당해야 할 책임이 있습니다. 프랑스에 대해서는 알제리 전쟁 동안에 저질러진 몇몇 과격행위에 대하여 항의할 수 없었던 사람들에 관한 문제이거나 많든 적든 과격행위를 하도록 부추겨졌던 사람들에 관한 문제이기를 바랍니다.[82]

이러한 점에서 『알토나의 유폐자들』은 그의 앙가주망 이론을 잘 표현하고 있다. 그는 나치 시대의 독일 가문을 통해 알제리 전쟁 동안 일어난 동일한 회피와 자기기만들을 드러냄으로써 관객들로 하여금 그로부터 눈 감을 수 없도록 만든다.

> 우리들 중 누구도 사형집행인은 아니었습니다만, 어쨌든 우리 모두는 오늘날 우리가 비난할 수 있는 이런 저런 정치의 공범이었습니다. 우리 역시 회피하고 있습니다. 그리고 우리의 것이며 우리가 만든 역사 앞에서, 우리의 행위들을 매우 비판하며 굴절시키는 역사 앞에서(그렇지만 우리의 것으로 인정해야 하는 행위들), 아무리 사소한 것일지라도 결국 우리는 어떤 역할을 했었는지 끊임없이 자문하게 됩니다. 기만적인 무관심의 상태와 끊임없이 자문하는 불안 사이에서 우리 역시 동요하고 있습니다. [……] 그런 의미에서, 자신의 역사적 책임에 대하여 냉혹하게 자신을 심문하는 도망자이며 한계상황 자체인 프란츠, 우리가 그와 닮은 한 그는 우리를 매료시킬 것이며 우리에게 혐오감을 불러일으킬 것입니다. 내가 운이 좋

82 장 폴 사르트르, 『상황극』, 574~575.

다면 말입니다.[83]

사르트르는 프란츠라는 인물이 그러한 회피해온 사람들을 매료시킴과 동시에 혐오하게 만들 것이라고 기대하고 있다. 왜 혐오감뿐만 아니라 매력 역시 느끼게 되는가? 프란츠를 집밖으로 나가게 하려는 아버지의 계획에 따라 그의 집에 오게 된 그의 또 다른 아들, 베르너의 부인인 요안나는 프란츠를 만나면서 점차 그를 사랑하게 되는데, 우리는 그녀와 함께 어떤 위대한 인물이 되고자 했던 프란츠의 순수함을 간직하고 있는 모습에 매력을 느끼게 된다. 그렇지만 프란츠의 진실을 알게 된 이후 요안나는 프란츠를 떠난다. 이런 방식으로 사르트르는 프란츠라는 자기모순을 가진 인물을 사랑하면서 동시에 혐오하게 되는 일이 일어나도록 만든다. 결국 『알토나의 유폐자들』은 완전히 다른 방식으로 아버지의 계획으로 돌아온다. 요안나로부터 용서받지 못한 프란츠가 자신의 방 밖으로 나오기를 결심하기 때문이다. 그렇지만 프란츠와 아버지의 결말은 불행하게 끝난다. 그가 아버지와 함께 동반 자살을 하기 때문이다. 이러한 결말 때문에 사르트르는 그가 의도했던 바와 다르게 인간의 자유와 책임보다는 상황에 연루되어 비참한 죽음을 맞이할 수밖에 없는 수동적인 인물을 그린 것으로 여겨지기도 했다. 그러나 앞서 살펴 본 것처럼 사르트르는 여전히 그의 앙가주망 이론을 실천하고 있었다. 그가 향했던 것은 프란츠라는 단지 한 개인에 불과한 전범의 최후가 아니라 당시 프랑스인들의 태도였던 것이다.

사르트르는 이 『알토나의 유폐자들』이 영화화되는 과정에도 참여

83 장 폴 사르트르, 『상황극』, 615~616.

했는데, 우리가 앞서 언급한 여러 예들과 마찬가지로 그의 시도는 좌절되었다. 처음 「알토나의 유폐자들」은 사르트르에 의해서 각색되었고, 줄스 다신(Jules Dassin, 1911~2008) 감독에 의해 만들어지도록 되어 있었는데, 제작자였던 카를로 폰티(Carlo Ponti, 1912~2007)가 받아들이지 않았다. 이후 영화는 비토리오 데 시카(Vittorio De Sica, 1901~1974)에게로 넘어갔는데, 비토리오 데 시카와 늘 작업해온 세자르 자바티니(Cesare Zavattini, 1902~1989)의 각색도 카를로 폰티를 만족시키지 못해서 결국 각색은 애비 맨(Aby Mann, 1927~2008)에게로 넘어갔다. 이러한 사정인데도 각색하는 과정에서 애비 맨은 사르트르에게 어떤 것이 반드시 담겨 있어야 하는지 물었는데, 사르트르는 아버지와 아들의 관계와 그들의 유죄성만은 확고히 드러나기를 바란다고 답했다고 한다.[84] 그러나 제작자의 요구에 따라 이 역시 실패하자, 사르트르는 영화에 자신의 작품으로부터 '자유롭게 영감을 받았다'는 자막을 요구하고, 완성된 영화를 보고 싶어 하지도 않았다. 이러한 과정들을 거쳐 나온 영

〈사진 11〉 영화 「알토나의 유폐자들」

84 Michel Contat·Michel Rybalka, *Les Écrits de Sartre: Chronologie Bibliographie commentée*, Paris: Gallimard, 1970, 494~495 참조.

화가 소피아 로렌(Sophia Loren, 1934~), 막시밀리안 셸(Maximilian Schell, 1930~2014) 등이 출연한 1962년의 「알토나의 유폐자들」이다.

결국 사르트르가 「알토나의 유폐자들」의 영화화를 통해서 도달하고자 했던 것은 불명확하게 남게 되었지만, 그가 애비 맨에게 했던 조언을 통해서 우리는 그가 영화를 통해서도 자신의 앙가주망 이론을 실천하고자 했다는 점만큼은 잘 알 수 있다. 미셸 콩타와 미셸 리발카는 실제 영화화된 「알토나의 유폐자들」은 그렇게 만들어지지 못했으며, 연극적인 요소를 영화 안으로 통합하지도 못했다고 평한다. 사르트르가 연극에서와 마찬가지로 영화에서 표현하고자 했던 것은 아버지와 아들의 유죄성을 통한 역사의 주체로서 개인의 '책임'의 문제였는데, 영화는 나치 이후의 독일에 대한 비판에 머무를 수밖에 없었다는 것이다. 「알토나의 유폐자들」의 연극이 처음 상연되었던 때는 앞서 이야기한 것처럼 프랑스의 알제리에서의 잔혹한 고문이 문제시되면서도 그 전쟁이 끝나지 않았던 때였다. 이 때문에 사르트르는 「알토나의 유폐자들」을 통해 프랑스인들로 하여금 그들 자신을 돌아보게 만드는 일을 하고자 했다. 이후 사르트르는 「알토나의 유폐자들」을 통해 더 보편적으로 역사의 주체로서의 개인의 자유와 책임에 대해 묻고자 했으며, 영화화를 통해서도 이루고자 했던 바는 그것이었다.

비록 계속해서 실패를 거듭하였지만 사르트르가 영화를 통해 인류 전체에 앙가제하는 우리의 책임에 대해 말하고자 한다는 것을 우리는 확인할 수 있다. 우리는 '오직 변화 속에만 현실이 있다'로 표현되는 그의 젊은 시절의 사유가 영화의 운동성을 포착하고 있고, 이러한 영화의 운동성이 우리를 사로잡을 때 우리는 저항할 힘을 잃는다는 것에서 사르트르가 아주 긍정적인 함의를 가지고 있다는 것을 보았다. 영화는 예술을 위한 예술을 지향하면서 현실로부터 유리되어 있는 예술들과 다르게 늘 변화하는 현실에 발붙이고 있는 예술이며, 모든 계층에게 강력한 힘을 발휘한다. 이러한 점에서 사르트르에게 영화는 그가 영화에 대해 어떤 체계적인 이론을 남겨두지 않았을지언정 끊임없이 시도되어야만 하는 매우 중요한 예술이었을 것이다. 우리는 미셸 콩타와 미셸 리발카가 사르트르의 연극에 대한 태도는 '실용적인 태도'였다고 말했다는 것을 보았다. 그의 영화에 대한 태도 역시 마찬가지라고 할 수 있다. 우리는 부족한 텍스트들을 가지고 있음에도 불구하고 그가 시도했던 여러 작품들에서 그가 궁극적으로 영화를 통해 도달하고자 했던 바가 무엇인지 충분히 이해할 수 있다.

제4장

메를로-퐁티와 영화의 지각

제4장
메를로-퐁티와 영화의 지각

1. 지각이란 무엇인가

메를로-퐁티가 영화에 대해 남긴 1945년의 강의록 「영화와 새로운 심리학」은 그의 철학과 아주 밀접한 관계를 맺고 있다. 메를로-퐁티 스스로 자신의 '지각(perception)'에 관한 사유를 총체적으로 제시하면서 자신이 말한 모든 것이 영화의 지각에 해당한다고 말하고 있기 때문이다. 메를로-퐁티는 영화에 대해 많은 글을 남기지는 않았지만, 그의 주저인 『지각의 현상학』의 제목에 비추어볼 때 '지각'이라는 그의 철학에서 가장 핵심적인 개념을 영화에 적용시킨다는 점에서 그에게 영화가 얼마나 중요한 사유의 대상이었는지 알 수 있다. 메를로-퐁티는 실제로 「영화와 새로운 심리학」에서, 자신이 『지각의 현상학』에서 전개한 이론을 차근차근 풀어나가며 영화의 지각에 접근한다.

그는 영화에 대한 자신의 강의를 먼저 고전 심리학에 대한 비판으로 시작한다. "고전 심리학에서는 우리의 시각 장(champ)을 각각의 감각들이 그에 상응하는 국지적인 망막의 자극에 완전히 의존하는 감각들의 총합이나 모자이크로 간주한다."[85] 자극과 감각의 일대일 대응 관계와 지각을 감각의 총합으로 이해하는 방식은 메를로-퐁티의 항구적인 비판 대상이다. 대상들과 나의 각각의 감각의 대응이 중요한 것은 우리가 세계를 살아가면서 가지게 되는 자연스럽고 총체적인 지각 방식과 거리를 두고 이후에 분석을 행하고자 할 때뿐이다. 메를로-퐁티는 『지각의 현상학』에서도 고전 심리학의 이러한 지각에 대한 잘못된 이해로부터 우리의 신체에 대한 잘못된 이해를 비판하는 데까지 나아가면서 자신의 논지를 전개시킨다. 더 자세히 살펴보게 되겠지만 그의 핵심적인 비판은 고전 심리학자들이 자신의 경험과 타자의 경험을 모두 억압하는 보편적인 사고로 나아가게 되었다는 점에 있다. 그래서 그는 현대 심리학과 함께 우리의 구체적인 경험으로 돌아가고자 한다. "우리는 현대 심리학의 진보를 되짚고 그것과 함께 경험으로 돌아오는 일을 행할 것이다."[86] 이러한 메를로-퐁티의 생각을 차근차근 따라 가보자.

메를로-퐁티는 『지각의 현상학』에서 이제까지 우리가 지각에 대해 이해해 온 방식들이 놓치고 있는 것들을 지적한다. 그는 먼저 감각을 대상으로부터 우리가 받는 인상(impression)으로 이해하는 것을 비판한

85 Maurice Merleau-Ponty, "Le Cinéma et la Nouvelle Psychologie", *Sens et non-sens*, Paris: Éd. Nagel, 1966, 85.

86 Maurice Merleau-Ponty, *Phénoménologie de la perception*, Paris: Gallimard, 1945, 113.

다. 각각의 대상들에게서 받는 인상을 감각으로 이해하게 되면, 우리의 세계에 대한 총체적인 지각적 경험을 떠나서 그것이 독립적으로 우리에게 주어질 수 있다고 여기는 것이기 때문이다. 예를 들어, 바닥 위에 하얀 얼룩이 있다고 할 때, 이 얼룩은 분명 바닥의 일부가 아니지만 바닥과 완전히 분리된 채로 감각될 수는 없다. 메를로-퐁티는 그의 영화에 대한 강의에서도 동일한 문제제기를 하고 있다. "만일 우리가 사물들 사이의 간격을 '사물들'로 보는 데 성공하고(예를 들면, 길 위의 가로수들 사이의 공간), 역으로 사물들 그 자체를 배경으로 보는 데 성공한다면(길 위의 가로수들), 우리의 세계에 대한 관점은 뒤집어질 것이다."[87] 이것이 우리가 총체적인 지각없이 병치된 모자이크들로 우리의 지각을 여겼을 때 일어나는 일이다. 사물들과 그 배경을 이루고 있는 것들에 대한 총체적인 지각없이는 독립적이고 국소적인 지각도 없다. "지각적인 '어떤 것'은 언제나 다른 어떤 것 가운데 있으며, 그것은 언제나 하나의 '장(champ)'의 일부를 이룬다."[88]

마찬가지로 감각을 독립적인 것으로 여기는 또 다른 관점 역시 비판된다. 바로 "본다는 것은 색이나 빛을 가진다는 것이고, 듣는다는 것은 소리를 가진다는 것이며, 느낀다는 것은 성질을 가진다는 것"이라고 이해하는 관점이다.[89] 분명 "눈에 작용하는 빛이나 색은 청각이나 촉각에 영향을 미치지 않는다."[90] 그러나 메를로-퐁티는 맹인이 자신이

87 Maurice Merleau-Ponty, "Le Cinéma et la Nouvelle Psychologie", 86.

88 Maurice Merleau-Ponty, *Phénoménologie de la perception*, 10.

89 Maurice Merleau-Ponty, *Phénoménologie de la perception*, 10.

90 Maurice Merleau-Ponty, "Le Cinéma et la Nouvelle Psychologie", 88.

들을 수 있는 소리처럼 색을 떠올리거나 메스칼린 중독자가 시각적으로 표현되는 소리를 경험하는 등 다양한 예들을 통해 우리에게 공감각이 있음을 보인다. "어떤 맹인은 빨강이 트럼펫 소리 같은 것일 거라 말한다. 그러나 이것은 오랫동안 예외적인 현상에 관련된 것이라고 생각되어왔다. 실제로는 이러한 현상이 일반적인 것이다."[91] 우리에게 아주 익숙한 시구 '분수처럼 흩어지는 푸른 종소리'처럼 시각과 청각은 서로 소통하고 있다는 것이 오히려 일반적이다. 단지 시구에서뿐만 아니라 뜨거운 색과 차가운 색, 맑은 소리나 부드러운 소리, 날카로운 소리 등 우리의 일상적인 표현에서도 우리는 공감각이 있음을 확인할 수 있다. "그러므로 나의 지각은 주어진 시각과 촉각, 청각의 총합이 아니고, 나는 나의 존재 전체와 분리되지 않은 방식으로 지각하며, 사물의 고유한 구조를, 나의 모든 감각에 동시에 말 건네는 고유한 존재 방식을 파악한다."[92] 감각들은 늘 서로 소통하며, 우리가 그 총체성 속에서 사물들을 파악하는 것이 가장 근본적인 방식이다.

감각을 대상으로부터 받는 인상으로 이해하거나 대상의 성질을 가지게 되는 것으로 이해한다는 것은, 우리 자신과 상관없이 우리의 바깥에 어떤 객관적인 세계가 근본적으로 먼저 있다는 것을 의미한다. 우리가 앞서 언급한 바 있는 자극과 감각을 일대일 대응으로 보는 고전 심리학의 잘못도 이와 관련되어 있다. "새로운 심리학은 무엇보다도 감각들과 감각들을 조건 짓는 신경 현상 사이의 이 상관관계가 우리의 가장 단순하고 즉각적인 감각을 고려하더라도 인정될 수 없다는 것을 보인

91 Maurice Merleau-Ponty, "Le Cinéma et la Nouvelle Psychologie", 88.

92 Maurice Merleau-Ponty, "Le Cinéma et la Nouvelle Psychologie", 88.

다."[93] 외적인 자극에 의한 직접적인 결과로서 감각을 이해해서는 안 된다는 것을 보이는 것이 바로 새로운 심리학이다. 우리의 감각이 대상으로부터의 자극에 항상적으로 대응되는 직접적인 결과라고 말할 수 없다는 것은 다음과 같은 착시현상을 생각해보면 잘 이해할 수 있다.

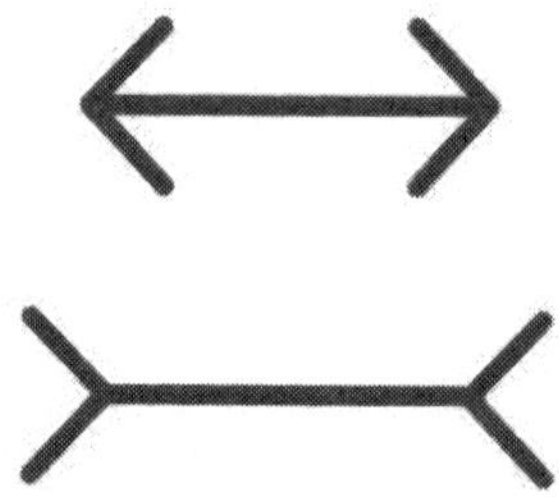

〈사진 12〉 뮐러-라이어의 착시현상

이 그림은 프란츠 칼 뮐러-라이어(Franz Carl Müller-Lyer, 1875~1916)가 고안한 착시현상이다. 두 직선은 동일한 길이를 가진 직선임에도 불구하고 우리에게 언제나 다른 길이로 경험된다. 현상이 자극과 일치하지 않는 것이다. 메를로-퐁티가 이를 통해 이야기하고자 하는 것은 두 직선은 같은 길이도 아니고 다른 길이도 아니라는 점이다. 두 길이가 같은 길이인지 다른 길이인지 한 가지만을 선택하도록 하는 것은 오직 '객관적인 세계'에서만 일어나는 일이다. 우리가 살고 있는 세계는 객관적인 세계가 아니라 동일한 길이를 가진 직선이면서도 동시에 다른 길이를 가진 직선일 수 있는 그러한 모순이 교차할 수 있는 세계이다. 뮐러-라이어의 착시현상이 알려주는 것은 객관적으로 재어질 수 있는 세계가 근본적인 것이 아니라, 동일한 길이인지 다른 길이인지 결

93 Maurice Merleau-Ponty, "Le Cinéma et la Nouvelle Psychologie", 85.

정할 수 없는 세계, 바로 우리의 실제 경험이 있는 이 세계가 근본적이며, 이러한 세계에는 "어떤 미규정적인 시야(vision), 그것이 무엇인지 내가 알지 못하는 어떤 시야"가 있다는 것이다.[94] 이러한 의미에서 메를로-퐁티는 우리가 객관적인 세계 이전의 근본적인 세계에서 어떠한 방식으로 감각하는지를 탐구하는 것이 보다 중요하다고 생각했다. 뮐러-라이어의 직선을 자로 재어보듯이 그것을 분석하고 객관적인 세계로 끌어들이는 것은 오직 우리의 근본적인 지각이 이루어진 뒤의 일이다.

이렇게 지각이 대상에 의해 주어지는 인상도, 대상의 성질도, 그에 대응하는 결과도 아니라면, 즉, 객관적인 세계에 대한 탐구를 통해 지각에 대해 접근해야 하는 것이 아니라면, 지각의 주체인 우리의 측면에서 이해할 수 있지 않을까? 메를로-퐁티는 이에 대해 경험주의자들이 접근하는 방식과 합리주의자들이 접근하는 방식 모두를 비판한다. 먼저 경험주의자들은 우리가 앞서 말한 심리학자들과 마찬가지로 세계로부터 독립적으로 주어진 인상들을 우리가 연합의 원리에 의해서 결합할 수 있다고 생각했다. 인접성의 원리나 유사성의 원리에 따라 파편적으로 주어지는 것들의 총체를 구성할 수 있다는 것이다. 그런데 "그것은 지각된 세계에 속할 뿐만 아니라 과학적 의식에 의해 구성된 이차적인 세계에 속하는 객관적인 자극들을, 심리학자가 직접적인 경험으로부터 기술해야 하는 지각적인 의식과 대면시키는" 것과 같다."[95] 심리학자들과 마찬가지로 그들은 결국 인상이나 성질과 같이 총체적인 세계와 분리되어 주어질 수 있는 것을 전제하고 있다는 점에서 객관적인

94 Maurice Merleau-Ponty, *Phénoménologie de la perception*, 12.

95 Maurice Merleau-Ponty, "Le Cinéma et la Nouvelle Psychologie", 23~24.

세계 위에 우리의 지각을 세우고 있다.

합리론자들의 생각 역시 근본적으로는 이와 다르지 않다. 합리론자들은 우리가 지각하는 것이 객관적인 성질과 일치하지 않을 수 있다는 것을 인지하고 있지만, 그들 역시 '정상적인 감각'이라는 것이 있다고 전제하기 때문이다. 우리는 데카르트의 밀랍의 예에서 이를 잘 파악할 수 있다. 데카르트는『성찰』에서 밀랍에 대해 다음과 같이 이야기했다.

> 이 밀랍은 방금 벌집에서 꺼낸 것이기에 아직도 꿀맛을 간직하고 있고, 꽃 향기도 약간은 지니고 있다. 빛깔, 모양, 크기도 뚜렷하다. 단단하고, 차갑고, 쉽게 쥘 수 있으며, 두드리면 소리를 낸다. 요컨대 어떤 물체가 가능한 한 판명하게 인식되기 위해 요구되는 모든 것을 이 밀랍은 모두 갖고 있는 셈이다. 그런데 내가 이렇게 말하면서 밀랍을 불 가까이로 가져갔더니, 남아 있던 맛은 사라지고, 향기는 날아가고, 빛깔은 변하고, 형체는 사라지고 더 크게 액체로 되었으며, 따뜻해지고, 거의 잡을 수도 없으며, 때려도 소리를 낼 수가 없게 되었다. 그럼에도 여전히 동일한 밀랍으로 남아 있는가? 그렇다. 동일한 밀랍이다. 이것을 부정할 사람은 아무도 없다. 그렇다면 밀랍에 있어 그토록 판명하게 인식되었던 것은 과연 무엇일까? 그것이 감각에 의해 포착될 수 있는 것이 아님은 분명하다. 미각, 시각, 촉각, 청각에 의해 감지된 것은 모두 변했지만, 그럼에도 밀랍은 여전히 남아 있기에 말이다.[96]

데카르트에 따르면 밀랍은 맛, 향, 색, 모양이나 소리 등의 감각에 의해 우리에게 밀랍으로 인식되는 것이 아니다. 그것들은 처음부터 녹아서 맛부터 소리까지 모든 것이 변할 수 있는 가변적인 것일 뿐이다.

---

96 르네 데카르트, 이현복 옮김,『성찰』, 문예출판사, 1997, 50~51.

그럼에도 불구하고 밀랍이라는 동일성을 잃지 않는 것으로 우리의 정신에 의해 통찰된다. 즉, 데카르트는 밀랍의 예를 통해 우리의 눈앞에 있는 것을 '지각'하는 일은 정신의 통찰 아래에서만 일어난다는 것을 이야기하고자 한다. 이러한 정신의 통찰 아래에서 밀랍에 대한 '정상적인 감각'이라는 것이 규정된다. "어둠 속에서 이미 존재하는 대상들을 비춰주는 것 같은 조명처럼" 우리 안에 이미 정신으로부터 통찰된 정상적인 감각이라는 것이 있기 때문에, 그것을 비추어서 대상을 그 대상으로 인식할 수 있다.[97] 그러므로 어떤 부주의한 지각이나 혼동을 불러일으키는 지극히 개인적이기만 한 감각과 같은 것은 빛을 잘 비추어서 명료화되기만 한다면 사라질 수 있다. 우리가 앞서 살펴본 착시현상 같은 것들 말이다.

데카르트가 『성찰』에서 밀랍의 예에 뒤이어 말하고 있는 것은 메를로-퐁티가 『지각의 현상학』에서뿐만 아니라 「영화와 새로운 심리학」에서도 중요하게 다루고 있다.

> 내가 창밖 거리를 지나가는 사람을 보고 있다고 하자. 이때 밀랍의 경우와 마찬가지로 습관적으로 나는 사람들을 보고 있다고 말한다. 그렇지만 내가 지금 보고 있는 것은 단지 모자와 옷이며, 이 속에 어쩌면 자동기계가 숨겨져 있을 수도 있다. 그러나 그것은 사람이라고 나는 판단을 내린다.[98]

나의 시각은 모자와 옷만을 보고 있지만 사람을 보고 있다고 판단할 수 있는 것은 우리의 정신이 지각을 구성하기 때문이다. 우리는 우

97 Maurice Merleau-Ponty, *Phénoménologie de la perception*, 34.
98 르네 데카르트, 『성찰』, 53.

리 정신의 반성을 통해서만 모자와 옷만 보고 있는 나의 시각을 구성하여 사람이라고 판단할 수 있다. 그런데 이러한 것이 지각이라면 결국 지각은 자극에 대한 '해석'이자 '가설'에 불과하다. "이런 식으로 우리는 반성 밖으로 끌어내어지고, 지각의 고유한 작동을 드러내는 대신 지각을 구성하며, 감각적인 것에 의미를 스며들게 하고 모든 논리적 매개와 심리적 인과관계를 전제하는 원초적인 활동을 다시 한 번 놓친다."[99] 이는 우리가 우리의 지각을 통해서 대상의 존재함을 확신하는 것이 아니라 나의 판단이 대상들을 존재하게 한다는 것을 의미한다. 그래서 메를로-퐁티는 이렇게 말하기도 한다. "본래적으로 내 앞의 대상들도 보이는 것이 아니라 오직 사유된 것이라는 것이다."[100] 예를 들어 우리 앞에 육면체가 있다고 할 때 우리는 삼면밖에 보지 못한다. 그렇지만 우리는 그것이 육면체임을 확신할 수 있는데 우리의 정신이 우리에게 보여지는 것을 바로잡아 보이지 않는 면들을 회복시켜놓기 때문이다. 이러한 정신의 활동은 우리로 하여금 지각에 대해 설명할 수 있게 해줄 수는 있지만 그러는 사이에 우리는 진정한 지각의 의미는 잃어버리게 된다.

메를로-퐁티가 뮐러-라이어의 착시현상을 통해 강조하는 것은 두 직선이 동일한 길이이면서 동시에 다른 길이라는 것이다. 두 직선을 동일한 길이로 파악하지 못한다는 점에서 우리의 시각을 단순한 오류라고 여기는 것은 두 직선을 다른 길이로 파악하고 그것을 옳다고 여기는 것과 그렇게 다르지 않다. 이렇게 경험론과 합리론 양자 모두는 우리의 고유하고 구체적인 경험으로부터 떠나서 지각에 대해 설명하고자 하기

99 Maurice Merleau-Ponty, *Phénoménologie de la perception*, 43.

100 Maurice Merleau-Ponty, "Le Cinéma et la Nouvelle Psychologie", 89.

때문에, 대상으로부터 감각을 설명하고자 했던 앞선 시도와 다르지 않다는 것을 알 수 있다. 그렇다면 데카르트가 말한 것처럼 옷과 모자 안에 감춰져 있는 것이 사람이라는 것을 아는 것 또는 우리에게 보이는 삼면이 육면체를 구성하고 있는 일부에 불과하다는 것을 아는 것은 어떻게 설명될 수 있는가? 메를로-퐁티는 "내가 지각적인 외현(apparence)을 간파할 수 있고 입방체를 구성할 수 있게 하는 것은 나의 신체 자체를 하나의 움직이는 대상으로서 생각함으로써"라고 말한다.[101] 언제나 움직이고 있는 나의 신체적 경험이 나에게 감춰진 부분이 있다는 것을 알려주기 때문에, 우리는 우리에게 마름모꼴로 보이는 육면체의 옆면이 육면체의 전개도가 알려주는 것처럼 우리의 정면에 있는 사각형과 동일한 형태를 가지고 있다는 것을 알 수 있다.

이러한 방식으로 메를로-퐁티는 우리 신체의 고유한 경험이 있기 때문에 추상화된 전개도와 같은 것도 그려질 수 있다는 것을 강조하고 있다. 그리고 우리의 근본적인 신체의 경험의 층위는 감각에 대하여 정상과 비정상을 판단하는 층위가 아니다. 우리의 지각은 분명 옷과 모자만을 보는 동시에 그에 감춰진 것이 자동기계가 아님을 판단하며, 마름모꼴을 보는 동시에 사각형이라고 판단한다. 하나가 정상이면 다른 하나가 오류나 착각인 것이 아니라 우리 지각의 두 가지 파악 모두가 동시에 존재하는 그러한 근본적인 층위가 있는 것이다. 그래서 메를로-퐁티는 다음과 같은 예를 들기도 한다. "물의 두께를 통하여 수영장 바닥의 타일을 본다고 할 때, 나는 물과 반사광에도 불구하고 그것을 보

101 Maurice Merleau-Ponty, Phénoménologie de la perception, 235~236.

는 것이 아니라 물과 반사광을 통하여, 물과 반사광에 의해 그것을 보는 것이다."[102] 물이 만들어내는 왜곡이 없다면 우리는 수영장 타일을 그것이 존재하는 방식대로 볼 수 없다. 또한 우리는 물에 대해서도 단지 수영장 안에 담겨져 있는 것이 아니라 그 안에서 자신을 구체화시키고 있는 방식대로 있다고 말해야 한다. 우리의 세계에 대한 지각은 근본적으로는 오직 이러한 방식을 전제하고서만 이루어질 수 있다.

2. 영화가 지각에 대해 알려주는 것

이렇게 고전 심리학의 지각, 경험주의와 합리주의가 설명하는 지각을 비판하고 보다 근본적인 지각을 말함으로써 메를로-퐁티가 가리켜보이고자 하는 것은 우리가 세계와 맺고 있는 관계이다. 우리는 앞서 메를로-퐁티와 함께 우리의 지각적 구조가 늘 세계를 총체적으로 파악하도록 되어 있기 때문에, 파편적인 인상들로 이해해서는 안 된다는 점을 지적했다. 그리고 우리의 지각적 구조가 세계를 총체적으로 파악한다는 것은 우리의 감각들도 통일성을 이루고 있어야 한다는 것을 의미한다. 우리는 앞서 맹인의 경험이나 메스칼린 중독자의 경험을 예로 들었다. 이러한 생각이 단지 예외적인 현상이나 비유적인 표현들에 기대는 것이 아님을 보여주는 것은 다름 아닌 영화이다. 메를로-퐁티가 말하는 감각들의 통일성을 가장 잘 보여주는 것이 바로 영화인 것이다.

---

102 Maurice Merleau-Ponty, *L'oeil et l'esprit,* Paris: Gallimard, 1964, 70.

유성 영화가 장면에 부수적인 음향 효과를 첨가할 뿐만 아니라 장면 자체의 내용을 변화시킨다는 것은 잘 알려져 있다. 내가 프랑스어로 더빙된 필름이 상영되는 것을 보고 있을 때, 나는 말과 이미지의 불일치를 확인할 뿐만 아니라 갑자기 거기서 '다른 것'이 말해지는 것처럼 보이고, 영화관과 나의 귀는 더빙된 텍스트로 가득 채워지는데 그것은 나에 대하여 심지어 청각적인 실재조차 가지고 있지 않으며, 나는 오직 스크린에서 나오는 소리 없는 이 다른 말에 대해서만 귀를 가지고 있다. 소리가 중지되어 스크린에서는 제스처를 계속하는 인물이 갑자기 목소리를 잃었을 때, 나에게서 갑자기 빠져나가는 것은 담화의 의미뿐만이 아니다. 장면 역시 변화하는 것이다. 방금 전 생기 있던 얼굴은 어안이 벙벙한 사람처럼 둔해지고 굳어지며, 소리의 중단은 일종의 마비의 형태로 스크린을 뒤덮는다.[103]

우리의 시각에만 담기는 등장인물의 표정이 우리의 청각에만 담기는 더빙된 목소리에 의해서 변화된다. 이는 시각과 청각이 서로 소통하고 있다는 것을 잘 보여준다. 이 역시 우리가 앞서 이야기했던 것처럼 합리주의자들의 관점에서는 올바르게 감각들을 종합시키는 우리의 정신의 활동을 통해 '불일치를 확인'하는 방식으로 비정상적으로 혼동된 감각들을 정리해낼 수 있을 것이다. 그러나 이 역시 근본적으로 일어난 공감각이 있고 이후 반성을 통해 확인할 수 있는 것일 뿐이다.

그렇다면 공감각이 드러내는 우리 감각들의 통일성은 무엇에 의해 통일이 되는 것인가? 바로 우리의 신체이다. 메를로-퐁티에게 있어서 우리의 신체는 여러 가지 파편적인 감각들이 있는 것처럼 여러 감각기관들이 모여 있어서 우리의 정신에게 종합하도록 주어지는 하나의 '대

103 Maurice Merleau-Ponty, *Phénoménologie de la perception*, 271.

상'이 아니다. 신체는 그 자신이 감각들을 소통시키고 종합하는 역할을 하는 근본적인 주체이다. 메를로-퐁티가 이렇게 말하는 것은 세계와 근본적인 관계를 맺고 있는 것이 우리의 신체이기 때문이다. 그는 나라는 것이 진정으로 무엇인가 물으면 "어느 날 단번에 시작되었고 심지어 잠자는 동안에도 보거나 보지 않는 것을, 느끼거나 느끼지 않는 것을, 고통이나 즐거움을 겪는 것을, 사고하거나 쉬고 있는 것을, 요컨대 세계와의 '교섭'을 더 이상 멈출 수 없는 어떤 것"이라고 해야 한다고 말한다.[104] 우리의 의식은 육면체의 전개도를 그리듯이 세계로부터 잠시 떨어져서 추상적이고 기하학적인 사유를 할 수 있다. 그렇지만 보다 근본적으로 우리는 늘 세계와 관계를 맺고 있는 우리의 신체를 전제하고서만 그렇게 할 수 있다.

그렇다면 감각들을 소통시키고 종합하는 주체로서의 신체는 어떻게 그렇게 하는가? 신체가 하는 종합은 우리의 정신이 행하는 지적인 종합과 다른 지각적 종합이다. 메를로-퐁티는 이를 '시간적 종합(synthèse temporelle)'이라고 표현한다.[105] '이것은 탁자이다' 또는 '이것은 의자이다'라는 방식으로 개념적인 종합이 일어날 수 있는 것은 언제나 움직이고 있고 갱신되고 있는 지각적 종합, 시간의 흐름을 반드시 필요로 하는 먼저 존재하는 그러한 근본적인 종합을 전제하고서만이다. "그것이 수행하는 종합은 그 자체로 시간적 현상이고, 흘러가며, 그 자체 시간적인 새로운 행위에서 재파악될 때에만 존속할 수 있다."[106] 지각적

104 Maurice Merleau-Ponty, *Phénoménologie de la perception*, 465.

105 Maurice Merleau-Ponty, *Phénoménologie de la perception*, 276.

106 Maurice Merleau-Ponty, *Phénoménologie de la perception*, 277.

종합은 우리의 신체라는 지평 안에서 몇 겹씩 얽혀 있는 개개의 관점들이 다른 관점들로 넘어가면서 점차로 전개된다. 그러므로 늘 '시간적'이며, 늘 시간적인 이 종합은 '탁자' 또는 '의자'라는 개념적 종합처럼 한 번 종합을 하고나면 끝나는 것이 아니라 늘 새롭게 이 종합에서 다른 종합으로 넘어가면서만 존속할 수 있는 것이다.

영화는 이 점 역시 잘 보여준다. 메를로-퐁티는 '쿨레쇼프 효과'를 예로 든다. 쿨레쇼프 효과는 레프 블라디미로비치 쿨레쇼프(Lev Vladimirovich Kuleshov, 1899~1970) 감독이 배우의 무표정한 표정과 각각 다른 이미지들을 이어 붙인 실험을 통해 얻어진 결과를 말한다. 관객들은 동일한 배우의 표정을 그와 연결된 이미지들을 통해서 달리 받아들인다는 것이다. 예를 들어 스프 접시를 비춘 뒤 배우의 표정을 보여줄 때 관객들은 그가 스프 접시를 바라보고 있다고 느끼고, 관 속에 누워 있는 젊은 여인의 시체를 보여줄 때에는 동일한 배우의 동일한 표정임에도 불구하고 슬픈 표정을 짓는 것 같다고 느꼈으며, 장난감을 가지고 놀고 있는 어린 아이를 보여줄 때에는 미소를 띤 것처럼 느꼈다.

메를로-퐁티는 쿨레쇼프 효과에 대해 이렇게 말한다. "그러므로 이미지의 의미는 영화 안에서 선행하는 이미지에 의존하며, 그것들의 연속은 사용된 요소들의 단순한 합이 아닌 새로운 실재성을 창조하는 것이다."[107] 이러한 새롭게 창조된 실재성에서 메를로-퐁티는 배우의 시선이 가닿고 있는 세계가 그의 표정을 결정 짓는다는 것에 주목한다. 우리의 정신은 배우의 표정이 동일한 표정이며, 완전한 무표정이라는

107 Maurice Merleau-Ponty, "Le Cinéma et la Nouvelle Psychologie", 97.

것을 결국 알 수 있지만, 이미지들과 함께 우리의 지각은 그가 보는 세계를 통해 그가 완전히 다른 표정을 짓고 있다고 판단하게 된다. 이는 우리가 앞서 계속 강조했던 것처럼 오류나 착각이라기보다는 우리의 지각이 근본적으로 무표정이면서 동시에 표정을 짓고 있다고 판단하는 것이다. 이것이 바로 영화가 우리의 근본적인 지각에 대해 알려주고 있는 바이다.

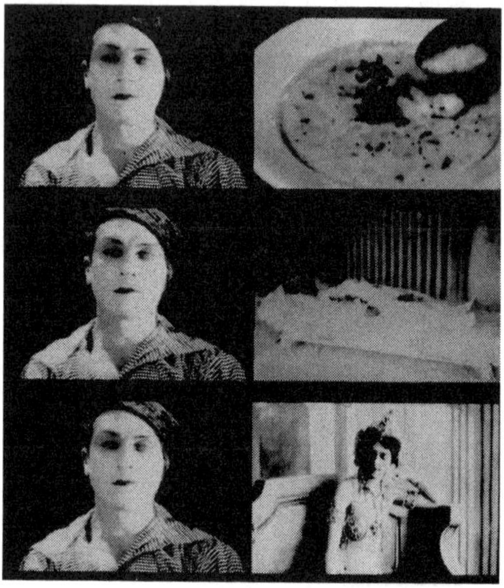

〈사진 13〉 쿨레쇼프의 실험

메를로-퐁티는 이러한 이미지의 몽타주뿐만 아니라 소리와 음향에도 몽타주가 있음을 강조한다. 그가 예로 들고 있는 것은 유성영화가 발명 된지 얼마 되지 않은 1929년 개봉한 최초의 뮤지컬 영화 「브로드웨이 멜로디(The Broadway Melody)」이다. 브로드웨이 쇼에 오르는 두 자매의 이야기를 담고 있는 이 영화에서는 무대를 향해 환호성을 보내는 관객들의 소리와 무대 안쪽에서의 두 자매의 속삭임이 교차되는 장면이 등장한다. 커튼콜 인사를 마치고 무대 안쪽으로 들어온 두 자매의 대화는 처음에는 들리지 않고 이후 다시 한 번 커튼콜 인사를 마치고 들어왔을 때에는 대화 내용이 관객들에게 전달된다.

〈사진 14〉「브로드웨이 멜로디」의 커튼콜 장면

메를로-퐁티는 배우들 사이의 대화가 우리에게 들리기도 하고 들리지 않기도 하는 이 장면에서 소리와 음향이라는 것이 영화에서 단지 녹음하여 재생되는 것이 아니라 선택되고 있음에 주목한다. 관객에게 들리고 들리지 않는 그 차이는 배우들이 '그들 자신으로' 있을 수 있고 또 '우리에 대해서' 있을 수도 있다는 것을 보여준다. 쿨레쇼프의 실험이 배우가 독자적으로 무언가를 표현하는 것이 아니라 그를 둘러싼 세계에 따라 그가 표현하고 있는 바가 결정되고 있음을 보여주는 것처럼, 이 장면에서도 배우들은 그들이 말하는 대로가 아니라 우리에게 들리는 대로 표현하는 바가 결정된다.

이러한 몽타주가 영화의 부분들을 종합해 나아가는 방식은 우리의 지각이 종합해 나아가는 방식과 유사하다. 우리가 늘 신체라는 지평 안에서 이 관점에서 저 관점으로 넘어가면서 종합해나가는 시간적 존재들인 것과 마찬가지로, 영화 역시 이 장면에서 다른 장면으로 넘어가면서 시간적 종합을 이룬다. 이때 핵심은 내가 나의 고정된 위치에서 전체를 조망하고 세계 전체에 대한 조감도를 단번에 그려내는 것이 아니라, 내가 끊임없이 움직이면서 나의 관점은 갱신되고 그에 따라 세계는 늘 새롭게 재파악된다는 점이다. "과거를 붙잡는 새로운 현재를 생산함으로써 단 한 번의 운동으로 모든 종합에 문제를 제기하기도 하고 확증하기도 하는 시간에 의해, 모든 종합은 동시에 확장되고 다시 형성된다."[108] 영화에서 동일한 장면이 어떤 장면들과 연결되는가에 따라 새롭게 의미가 창조되는 것도 이와 마찬가지이다. 우리는 영화를 한 장면 한 장면 따로 떼어서 보는 것이 아니라, 늘 새롭게 갱신되는 종합 자체를 본다. 앞서 이야기한 더빙의 예에서 우리는 동일한 배우의 표정이 더빙된 목소리에 의해서 변화된 것으로 느낀다고 이야기했다. 이것은 이미지와 음향의 조합이 "그 구성에 들어있는 요소들로 환원될 수 없는 전혀 새로운 전체를 다시 한 번 만든다"는 것을 의미한다.[109] 이것이 영화에서의 지각이 이루어지는 방식이며 우리 지각의 본 모습이기도 하다.

3. 영화는 사유되는 것이 아니라 지각되는 것이다

메를로-퐁티는 영화가 하나의 이야기를 가지고 있다는 점에서 어떤 사유를 담고 있는 예술이라고 보아야 하는 것이 아닐까 자문한다. "각 영화는 하나의 '이야기', 즉 인물들을 갈등으로 몰아넣는 여러 사건들을 이야기하며, 그것들이 실제로 영화가 그에 따라서 만들어지는 시

108 Maurice Merleau-Ponty, *Phénoménologie de la perception,* 278.

109 Maurice Merleau-Ponty, "Le Cinéma et la Nouvelle Psychologie", 99.

나리오 안에 있는 것처럼 산문으로 이야기될 수도 있다."[110] 이러한 생각을 뒷받침하는 것은 영화가 가진 사실성이다. 영화에서는 배우가 보여주는 연기나 움직임뿐만 아니라 영화 속 공간도 모두 사실적이어야 하고, 이것이 영화를 한 드라마의 시각적이고 청각적인 재현으로 간주하게 만든다. "그러나 영화의 기능은 우리로 하여금 사실이나 이념을 인식하게 만드는 것이 아니다."[111] 시가 산문으로 대치될 수 있는 것이 아니고, 소설이 몇 마디의 말로 요약될 수 있는 것이 아닌 것처럼, 영화 역시 어떤 이념을 분명히 담고 있기는 하지만 영화가 담고 있는 사유로 모두 환원되는 것이 아니다. "하나의 제스처로부터 제스처의 의미를 즉시 이해할 수 있듯이, 영화의 의미는 그것의 리듬과 통합되어 있으며, 영화는 오직 영화 자체만을 의미한다. 여기서 이념은 발생적 상태에서 주어지며, 부분들이 공존하는 회화에서와 같이 영화의 시간적 구조로부터 나타난다."[112] 영화에서 기존에 있는 어떤 이념을 발견하여 그것을 영화의 의미라고 말하면 되는 것이 아니다. 언제나 리듬과 결합되어 있는 영화 그 자체로부터만 영화의 의미는 발생한다. 그러므로 이념은 우리가 앞서 이야기한 지각적 종합과 같이 시간적 종합으로부터만 주어지며, 영화와 분리될 수 있는 것이 아니다. 그래서 메를로-퐁티는 "영화는 사유되는 것이 아니라 지각되는 것이다"라고 말한다.[113]

메를로-퐁티는 폴 세잔(Paul Cézanne, 1839~1906)을 생각하면서 이

110 Maurice Merleau-Ponty, "Le Cinéma et la Nouvelle Psychologie", 101.

111 Maurice Merleau-Ponty, "Le Cinéma et la Nouvelle Psychologie", 103.

112 Maurice Merleau-Ponty, "Le Cinéma et la Nouvelle Psychologie", 103.

113 Maurice Merleau-Ponty, "Le Cinéma et la Nouvelle Psychologie", 104.

를 영화에 비유하고 있다. 메를로-퐁티는 그의 세잔에 대한 글, 「세잔의 회의」를 이렇게 시작한 바 있다.

> 그는 하나의 정물화를 위해 100번의 작업 시간을 필요로 했고, 하나의 초상화를 위해 150번의 자세를 필요로 했다. 우리가 세잔의 작품이라고 부르고 있는 것이 그에게는 그림을 위한 하나의 접근이며 습작일 뿐이다.[114]

세잔은 움직이는 신체의 관점들을 중첩시키는 방식으로 세계를 표현하고자 했고, 그 과정은 그의 작품의 한 부분에서부터 모든 작품 전체에 이르기까지 계속되었다. 이러한 점에서 메를로-퐁티가 우리의 관점들이 절대적인 하나의 지점이 아니라 상대적인 지점들에서만 출현하며, 그 때문에 우리는 움직이지 않으면 전망을 마련할 수 없고, 우리 신체가 하는 종합은 이동하면서 이 관점에서 저 관점으로 옮겨가는 것임을 말할 때, 이를 가장 잘 보여주는 것이 세잔의 회화이다. "회화는 언제나 신체적인 것 안에 있기 때문에, 결코 완전히 시간의 바깥에 있을 수 없다."[115] 그렇기 때문에 세잔은 그의 수많은 생트 빅투아르산에서 알 수 있는 것처럼 움직이면서 개별적인 관점을 체험하는 방식으로만 그림을 완성했다. 세잔의 생트 빅투아르산이 이 관점에서 저 관점으로 이행하는 부분들을 공존하게 하는 것처럼, 그래서 지각적 종합을 드러내는 것처럼 영화는 그 시간적 구조를 통해서 우리로 하여금 영화를 '지각'하게 만든다. 세잔의 작품을 보면서 실재하고 있는 생트 빅투아르

114 M. MerleauPonty, "Le doute de Cézanne", *Sens et nonsens*, Paris: Éd. Nagel, 1966, 15.

115 M. Merleau-Ponty, *L'oeil et l'esprit*, 81.

산을 알아보고 그것이 본래의 생트 빅투아르산과 얼마나 닮았는지 재인식하는 것은 부차적인 일이다. 그것은 마치 쿨레쇼프 효과에서 보았던 것처럼 배우의 무표정이 무표정이었음을 다시 확인하는 일과 다르지 않다.

〈사진 15〉 세잔의 생트 빅투아르산

세잔의 생트 빅투아르산과 영화는 우리에게 우리의 근본적인 지각이 무엇인지 알려오며, 그러한 근본적인 지각을 체험하게 한다. "시간의 '종합'은 전이(transition)의 종합이고, 펼쳐지는 하나의 삶의 운동이다. 이 삶을 사는 것 외에 그것을 행할 다른 방법이란 없고, 시간을 위한 자리는 없으며 시간은 그 스스로를 지탱하고 재개하는 것이다."[116] 지각적 종합은 이 관점에서 저 관점으로 이동하는 전이의 종합이고 이러한 종합은 우리의 삶 그 자체이다. 영화는 사유되는 것이 아니라 지각되는 것이라는 점에서 이러한 삶을 현실화하고 있다. 그래서 메를

116 Maurice Merleau-Ponty, *Phénoménologie de la perception*, 484.

로-퐁티는 "이것이 바로 영화에서의 인간의 표현이 그토록 놀라울 수 있는 이유이다"라고 말한다.[117]

메를로-퐁티는 우리가 세계 안에서 지각하고 사유하면서 살아가는 방식에 대하여 신체가 그 속에서 취하고 있는 위치와 따로 떼어놓고는 근본적으로 이야기될 수 없음을 강조한다. 우리의 신체는 우리가 우리의 정신의 활동을 통해 세계를 구성하기 이전에 이미 근본적으로 세계와 관계를 맺고 있기 때문이다. 데카르트가 의도한 바와 달리 그의 예가 실제로 알려주는 것은, 창밖으로 보이는 옷과 모자 안에 자동기계가 아니라 인간이 감춰져 있다는 것을 아는 것이 우리의 정신이기 이전에 언제나 움직임을 통해 고유한 관점을 가지는 우리의 신체라는 점이다. "유기체 안에 있는 심장처럼 고유한 신체는 세계 안에 있다."[118] 이렇게 세계를 우리 정신의 대상으로 삼기 이전에 늘 세계 안에 이미 존재하고 있는 우리 자신에 대해 말할 때 중요한 것은 우리가 타인에 대해서 지각하는 방식에 대한 사유에도 변화가 필요하다는 점이다. 우리가 앞서 이야기한 것처럼 메를로-퐁티가 자신의 영화에 관한 글의 제목을 영화와 함께 '새로운 심리학'에 대해 말하고자 하는 것도 궁극적으로 이것을 가리키게 된다. 고전적인 심리학에서는 분노나 공포 등 인간의 심적 사실들은 그것을 체험한 사람만이 알 수 있는 것이었다. 즉, 한 사람의 인간 내부로부터만 알 수 있는 것이기 때문에, 다른 사람이 그에 대해 알기 위해서는 또 그 자신이 내부로부터 알 수 있는 바에 의존해야만 했다. 그러나 새로운 심리학에서는 오히려 우리가 내부로부터

117 Maurice Merleau-Ponty, "Le Cinéma et la Nouvelle Psychologie", 104.

118 Maurice Merleau-Ponty, *Phénoménologie de la perception*, 235.

는 아무것도 설명할 수 없다고 말한다. 예를 들어 사랑은 무엇이고, 증오는 무엇인가 물을 때 우리 내부를 관찰하는 것으로 답하고자 한다면, 우리는 약간의 괴로움과 심장의 떨림 같은 것만을 말할 수 있고, 이는 실제로 사랑과 증오가 무엇인지 그 본질에 대해 말해주지 않는다. 오히려 우리가 사랑이나 증오의 본질에 대해 조금이라도 의미 있는 말을 하게 되는 것은 내 감정과 완전히 일치하는 데에서 만족하지 않고 나 자신의 행위에 대하여 타인의 행위를 바라보고 생각하는 것처럼 생각할 때이다.

> 15개월 된 아기는 내가 그의 손가락을 나의 이 사이에 넣고 무는 척 장난을 하면 입을 벌린다. 아기는 거울 안의 자기 얼굴을 거의 본 적이 없는데도, 아기의 이는 나의 것과 닮지 않았는데도 말이다. 이것은 그 자신의 입과 이는 그가 내부에서 느끼는 바대로 곧바로 그에게 무는 기관이고, 나의 턱은 그가 외부로부터 보는 바대로 곧바로 그에게 동일한 의도를 수행할 수 있는 것이라는 것이다. '무는 것'은 그에게 즉시 상호주관적인 의미를 가진다. 그는 자신의 의도들을 자신의 신체 안에서 지각하고, 나의 신체를 그의 것과 함께 지각하며, 그렇게 함으로써 나의 의도들을 그의 신체 안에서 지각한다.[119]

메를로-퐁티는 어린 아이가 자신의 얼굴과 자신의 눈앞에 있는 얼굴이 닮았다는 사실도 모르고, 치아가 '무는 기관'라는 것도 모름에도 불구하고 동일한 행위를 한다는 점을 예로 들고 있다. 이는 우리가 타인과 맺는 관계가 타인을 대상으로 파악하기 이전에 이미 신체가 맺고

119 Maurice Merleau-Ponty, *Phénoménologie de la perception*, 404.

있는 근본적인 관계라는 것을 잘 알려준다. 타인은 우리와 공동의 지평으로서의 신체를 가진 자이다. 이것이 메를로-퐁티가 하이데거의 용어로 표현한 '세계-내-존재(être au monde)'로서의 우리 자신을 이해하는 방식이다. 우리의 신체는 심장이 유기체 안에 있는 것처럼 늘 세계 안에 있고, 마찬가지로 타인들의 신체 역시 그러하며, 그러한 신체라는 공동의 지평을 통해 세계 역시 공동의 것이 된다. "이 세계는 나의 지각과 타인의 지각 사이에서 분리되지 않는 것으로 남아 있을 것이다."[120] 유기체 안에 있는 심장의 비유에서 중요한 것은 단순히 그 안에 있음이 아니라 늘 분리될 수 없는 관계를 맺고 있다는 것을 의미한다.

그렇지만 여전히 의문은 남는다. 우리는 나 자신의 행위에 대하여 타인의 행위를 바라보고 생각하는 것처럼 생각할 때 사랑이나 증오의 본질을 알게 된다고 말했다. 그럼에도 불구하고 타인의 감정이 타인과 나에게 완전히 동일한 의미를 가질 수는 없지 않은가? 메를로-퐁티 역시 이 사실을 잘 알고 있다.

> 타인의 애도하는 마음과 분노하는 마음은 그와 나에게 정확히 동일한 의미를 가지는 것이 결코 아니다. 그에게는 이것이 그가 겪고 있는 상황이고, 나에게는 이것이 간접제시 되어 있는 상황이다. 또 내가 그 애도와 분노에 우정의 움직임으로 인해 참여할 수 있다고 하더라도, 그것들은 나의 친구 폴의 애도와 분노로 남아있다. 폴은 그의 아내를 잃었기 때문에 고통 받고, 시계를 도둑맞았기 때문에 분노하며, 나는 폴의 마음이 아프기 때문에 고통 받고 폴이 화났기 때문에 화를 낸다. 이 상황들은 포개어 놓을 수 없는 것이다.[121]

---

120 Maurice Merleau-Ponty, *Phénoménologie de la perception*, 405.

121 Maurice Merleau-Ponty, *Phénoménologie de la perception*, 409.

메를로-퐁티가 이를 통해 강조하는 것은 나의 감정과 타인의 감정이 완전히 포개어놓을 수 있는 동일한 의미를 가진다는 것이 아니라, 나의 행위를 타인의 행위처럼 생각하듯이 타인의 행위 역시 '행위'로서 지각한다는 점이다.

> 나는 어떠한 고통이나 분노의 '내적' 경험을 끌어오지 않고도 타인의 애도하는 마음이나 분노를 그의 행동, 그의 얼굴, 그의 손으로부터 지각한다. 애도와 분노는 신체와 의식 사이에서 분리되지 않는 세계-내-존재의 변양들이기 때문이고, 나 자신의 행동이 나에게 나타나는 대로인 것과 마찬가지로 타인의 행동 역시 타인의 현상적 신체에서 가시적으로 제시되기 때문이다.[122]

나는 나의 내적 경험에 비추어 타인의 고통이나 분노를 이해하는 것이 아니라 내가 나 자신의 행위를 지각하듯이 타인을 행위를 통해 지각한다. 메를로-퐁티에 있어서 우리의 신체는 다른 모든 사물처럼 우리의 의식에 의해 대상이 되는 것이 아니다. 그것은 늘 부차적이고 이차적인 문제이다. 우리의 신체는 지각적 종합을 행하는 주체이고, 늘 세계로부터 분리될 수 없이 존재하는 주체이다. 타인의 신체 역시 마찬가지이며, 따라서 이 신체라는 공동지평을 통하여 우리는 타인의 행위를 나의 행위처럼 지각한다. 그래서 "분노, 수치심, 증오, 사랑은 타인의 의식 가장 깊은 곳에 숨겨져 있는 심적 사실이 아니라, 외부로부터 볼 수 있는 행동 유형 또는 행위 양식이다. 그것들은 얼굴 '위에' 또는 제스처 '안에' 존재하는 것이지 그것들 배후에 숨겨져 있는 것이 아니

122 Maurice Merleau-Ponty, *Phénoménologie de la perception,* 409.

다."[123] 신체라는 지평 위에 늘 드러나 있는 것이 표정이자 행위이며, 우리는 이를 통해 타인의 깊은 내면 안에 있는 심적 사실을 유추하는 것이 아니라 '지각한다.'

이러한 의미에서 우리의 내부로부터 감정을 설명하지 않고 드러나는 표정과 행위를 통해 감정의 의미를 밝히고자 하며, 그것이 인간의 삶 속에서 어떻게 작용하는지 탐구하는 새로운 심리학은 "인간을 세계를 구성하는 지성으로서가 아니라 세계에 던져진 존재로, 자연적인 관계에 의한 것처럼 세계와 관계 맺고 있는 존재로 보여준다"는 것을 알 수 있다.[124] 이것이 메를로-퐁티가 영화에서의 인간의 표현에 대해 놀라움을 표하는 이유이다. 앞서 이야기한 것처럼 영화는 이념을 전달하는 것이 아니라 인간의 행위를 지각하게끔 만든다. 그렇기 때문에 메를로-퐁티는 가령 주관적인 시점을 통해 표현되는 현기증을 가진 자의 내적 풍경을 그리는 일과 같은 것을 시도한다면, 그것은 전혀 영화적이지 않다고 말한다. 그는 앙드레 말로(André Malraux, 1901~1976)가 자신의 동명소설을 직접 영화화한 「희망(Espoir)」에서나 루이 다캥(Louis Daquin, 1908~1980)의 「수직의 도전자(Premier de cordée)」에서 표현된 현기증을 예로 든다.

현기증을 느끼는 사람의 시점을 묘사하는 것보다, "우리는 현기증을 외부로부터 보면서, 바위 위에서 비틀거리며 균형을 잃은 신체나 알 수 없는 공간의 흔들림에 적응하려고 비틀대는 걸음을 바라보면서 훨

123 Maurice Merleau-Ponty, "Le Cinéma et la Nouvelle Psychologie", 94

124 Maurice Merleau-Ponty, "Le Cinéma et la Nouvelle Psychologie", 96.

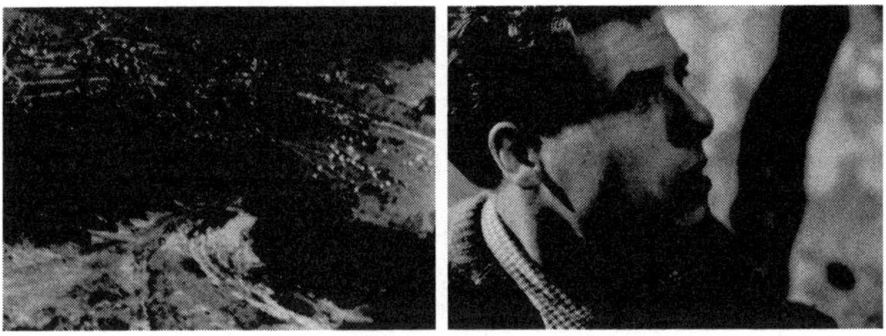

〈사진 16〉「수직의 도전자」에서 표현된 현기증

씬 더 잘 느낄 수 있다."[125] 이러한 방식으로 메를로-퐁티는 인물의 심적 사실을 그대로 관객에게 전달하려고 애쓰는 것이 아니라, 타인의 시선으로 바라보는 나의 행위처럼 어디까지나 행위를 통해서 보여져야 한다고 말한다.

그렇기 때문에 "현대 심리학에서와 같이 영화에서는 현기증이나 즐거움, 괴로움, 사랑, 증오가 행위로 되어 있다."[126] 요컨대 현대 심리학과 영화는 우리가 세계-내-존재이며 우리의 정신이 세계를 대상으로 삼기 이전에 이미 세계와 관계 맺고 있다는 것을 알려준다. 그러한 우리 존재의 지각 방식은 세계에 위치 지어져 있는 신체라는 근본적인 지평을 통해서 이루어지기 때문에 늘 시간적이다. 더 나아가 우리는 우리 자신 안을 더 심층적으로 들여다본다고 해서 우리 자신에 대해 알 수 없고, 오히려 타인으로부터 우리 자신에 대해 알게 된다는 것 역시 알려준다. 이러한 의미에서 메를로-퐁티는 자신이 이야기하는 주체와 세계의 관계, 그리고 주체와 타인의 관계를 가장 잘 보여주는 것이 영화라고 말하고 있다.

125 Maurice Merleau-Ponty, "Le Cinéma et la Nouvelle Psychologie", 104.

126 Maurice Merleau-Ponty, "Le Cinéma et la Nouvelle Psychologie", 104.

4. 철학과 영화

마지막으로 우리는 어쩌면 우리의 맥락에서는 부수적일 수 있지만 아주 중요한 문제이기도 한 철학과 영화의 관계에 대해서 이야기해볼 수 있다. 메를로-퐁티가 말하는 것처럼 철학과 영화가 그토록 밀접한 관계를 맺고 있다면, 철학이 영화에 또는 영화가 철학에 지대한 영향을 미쳤다고 보아야 하는 것이 아닐까? 우리는 단지 밀접한 관계를 맺고 있다고만 말해서 되는 것이 아니라 어떻게 그것들이 그러한 관계 아래에 들어가게 되었는지 설명해야 한다. 이 문제는 현재도 늘 일어나고 있는 문제와 관련되어 있다. 철학의 용어로 영화를 말하는 것과 영화는 영화로만 말해져야 하는 것이지 다른 이론을 빌려와 이야기 되어서는 안 된다는 것 사이에서의 갈등 말이다. 예술은 그 자체로 이념을 담고 있는 것이기도 하지만 그 이념으로 완전히 환원될 수는 없는 것이기도 하다. 영화의 줄거리를 늘어놓는다고 해서 그 영화를 알 수 있는 것은 아니라는 데에서 잘 알 수 있다. 영화는 사유되는 것이 아니라 지각되는 것이다. 그러한 의미에서 "예술은 이념들을 전시하기 위해 만들어지는 것이 아니기 때문에" 철학 이론을 가져와 영화를 설명하는 것은 옳지 않은 측면이 있다.[127] 그러나 우리가 이제까지 살펴본 바와 같이 메를로-퐁티의 철학이 보여주는 것은 우리 자신이 세계와 늘 연루되어 있으며, 마찬가지로 타자와 공존하고 있고, 이로부터 벗어나서 개념적인 사유를 하는 것은 늘 이차적이고 부차적인 것이라는 점이다. 영화는

127 Maurice Merleau-Ponty, "Le Cinéma et la Nouvelle Psychologie", 105.

무엇보다도 이를 우리에게 알려오고 있는 예술이며, 이러한 점에서 영화와 함께 이를 말하지 않을 수 없는 것이다.

메를로-퐁티는 영화에 의해 철학이 성장했다고 말할 수도 없으며, 철학으로부터 영화가 나왔다고 말해서도 안 된다고 강조한다. 영화는 어디까지나 기술의 발전에 의해서 발명된 것이며, 그러한 기술의 발전에 철학의 역할이란 없다. 또한 영화에 의해 현대철학이 성장했다고도 말해서는 안 되는데, 모든 영화가 반드시 좋은 영화이며 '나쁜 영화는 없다'고 말해서는 안 되기 때문이다. 메를로-퐁티는 영화가 알려주는 우리의 지각에서 사유될 수 있는 근본적인 성찰을 발견하면서도 모든 영화가 그렇다고 해서 긍정되어서는 안 된다고 말하고 있다. "한 번 발명된 기술적인 도구는 예술적인 의지에 의해 되찾아져야 하며, 이는 마치 진정한 영화를 만드는 데 성공하기 전에 다시 발명되는 것과 같다."[128] 그렇기 때문에 어떤 특정한 철학을 바탕으로 영화를 만들거나 그것을 언급하며 영화를 비평하는 일이 분명 영화를 이념들의 전시장으로 만들어버리는 일일 수 있는 것처럼, 반대로 철학이 하는 일이 영화를 이념의 관점으로 번역하는 일이라고 말해서는 안 된다.

그렇다면 영화와 철학은 왜 그토록 밀접한 관계를 맺고 있고 함께 말해질 수밖에 없다는 것인가? "철학과 영화가 일치한다면, 반성과 기술적 작업이 동일한 방향으로 나아간다면, 그것은 철학자와 영화감독이 공통적으로 하나의 특정한 존재 방식, 한 세대에 속한 하나의 특정한 세계관을 가지기 때문이다."[129] 우리는 앞서 메를로-퐁티가 자신의

128 Maurice Merleau-Ponty, "Le Cinéma et la Nouvelle Psychologie", 106.

129 Maurice Merleau-Ponty, "Le Cinéma et la Nouvelle Psychologie", 106.

철학을 통해 이야기하고자 하는 바가 신체라는 공동의 지평을 통해서 나와 타인이 세계에 공존한다는 것임을 확인했다. 영화는 우리가 늘 타인과 공존하고 있다는 것을 알려주고 영화에서 발견하는 타인의 행위가 표현하는 감정은 내가 나 자신의 감정을 표현하는 것과 근본적으로 다르지 않다는 것을 알려준다. 이러한 삶의 공동 지평이 있다면, 우리는 우리 자신이 언제나 세계에 연루되어 있는 자들이고, 우리 안에 갇혀 있는 자들이 아니라 타인들을 향해 열려 있는 자들이다. 그래서 메를로-퐁티는 "그것은 또한 내가 겪지 않은 시간성으로 열릴 수 있고 사회적인 지평을 가질 수 있으며, 그래서 나의 세계는 나의 사적인 실존이 계승하고 받아들이는 집단적 역사에까지 확장되는 것으로 드러난다"라고 말한다.[130] 내가 세계를 향해 열려 있다는 것은 공간적으로뿐만 아니라 시간적으로도 공동의 사회적 지평과 집단적 역사를 가진다는 것을 의미한다. 나에 대해 안다는 것은 상호주관적으로 있는 나에 대해 안다는 것이고, 이를 시간적인 지평의 관점에서 이야기하면 집단적 역사를 타인들과 공동으로 공유하고 있다는 것을 의미한다. 이러한 의미에서 철학과 영화는, 또는 철학자와 영화감독은 서로 영향을 주고자 하는 어떤 의도에서가 아니라 근본적으로 특정한 존재 양식과 특정한 세계관을 공유하고 있다. 이점이 메를로-퐁티가 철학과 영화의 밀접한 관계에 대해 말하는 이유이며, 이것이 그의 세계에 대한 이해이기도 하다.

130 Maurice Merleau-Ponty, *Phénoménologie de la perception*, 495.

제5장

리오타르의 반(反)영화

제5장
리오타르의 반(反)영화

1. 영화와 반영화

우리는 이제까지 영화라는 새로운 예술이 가진 가능성을 이야기한 철학자들을 다루었다. 벤야민은 아우라 파괴의 의미를 함축하고 있는 복제기술과 분리하여 이야기할 수 없는 영화라는 예술이 가진 힘을 이야기했고, 사르트르는 끊임없이 운동하는 이미지가 가진 현실에 참여하게 하는 힘에 대해서 이야기했으며, 메를로-퐁티는 영화의 지각이 근본적인 우리의 지각에 대해 알려주며, 이 근본적인 지각이 알려주는 세계-내-존재로서의 우리는 늘 타인과 지각을 공유하고 있다는 것 역시 알려준다는 것을 보여주었다. 그들은 때때로 좋은 영화와 그렇지 않은 영화를 구분하고 있지만 전반적으로 영화라는 예술이 가지는 잠재적 가능성에 대해 주목했다. 그런데 리오타르는 본격적으로 '반(反)영화

(acinéma)'라는 이름으로 기존의 영화와 '다른' 영화의 가능성, 오히려 영화에 '반하는' 영화라고 불러야 할 영화의 가능성을 이야기한다.

리오타르는 먼저 영화를 만든다는 것은 가능한 무수한 운동(mouvement)들을 '배제'하는 일이라고 말한다. 영화는 운동을 필름에 기입(inscription)하는 것인데, 움직이는 모든 것들을 기입하는 것이 아니라 배제를 통해서 선별한다는 것이다. 왜냐하면 운동을 전혀 선별하지 않는다는 것은 "우연한 것, 지저분한 것, 흐린 것, 부정확한 것, 의심스러운 것, 잘못 배치한 것, 허술한 것, 잘못 인화된 것을 받아들인다"는 것이기 때문이다.[131] 영화는 언제나 필요하지 않은 장면, 의도하지 않은 장면, 가치 없는 장면을 제거함으로써만 성립한다. 영화의 모든 장면은 운동으로 이루어져 있기 때문에, 예를 들어 배우, 빛, 색채, 프레임, 초점 등 모든 운동들 가운데 선별하는 일을 하게 된다. 리오타르는 이 과정에서 이 잃어버린 장면들이 전해줄 수 있었던 어떤 강도(intensité, 강렬함)를 영화 전체의 질서를 위해 금지하고 있음을 지적한다. 무질서한 운동을 제거함을 통해 영화의 공간은 현실을 재현하는 규칙에 따르게 되고, 영화의 언어는 이야기 진행에 필수적인 것만을 남기는 방식으로 네러티브의 규칙에 따르게 되며, 영화의 음악은 자유로운 선율이 아니라 '영화음악'이라는 형식의 규칙에 따르게 된다. 영화가 현실적으로 느껴지는 것은 오직 이러한 질서를 통해서 이루어지는 억압에 의해서이다.

이 때문에 리오타르가 전체적인 질서를 위해 희생되는 모든 운동

131 Jean-François Lyotard, "L'acinéma", *Des dispositifs pulsionnels*, Paris: Galilée, 1994, 57~58.

들을 보존해야 한다는 결론이 이르는 것은 아니다. 그는 전체 질서에 의해 귀속되는 운동들이 어떠한 기준으로 그렇게 되는지에 대해 이야기해야만 한다고 말하고자 하는 것이다. 리오타르는 이를 모든 운동들이 "많든 적든 영화라는 장부에 기입"되는 것이라고 말한다.[132] 왜냐하면 이것은 결국 잠재적인 소득과 수익성이 전체 질서 아래에서 운동들의 가치를 결정하는 것과 마찬가지이기 때문이다. 교환될 수 있는 가치를 가지지 않는 운동들은 전체 질서 아래에서 제거된다. 위에서 말한 것과 같은 포커스가 맞지 않은 것이나 피사체가 프레임에서 이탈한 것과 같은 운동들은 가치의 생산의 관점에서 비생산적인 것이기 때문에 제거되어야만 하는 것이다.

이러한 생산적인 운동과 비생산적인 운동을 리오타르는 성냥불에 비유한다.

> 그어진 성냥은 태워진다. 만일 당신이 일하러 가기 전에 마시게 될 커피의 물을 데우고자 성냥으로 가스에 불을 붙인다면, 이 소비는 비생산적이지 않고, 자본의 순환에 속하는 하나의 운동일 것이다. 즉, 상품-성냥 → 상품-노동력 → 화폐-임금 → 상품-성냥이다. 그러나 아이가 쓸데없이 그저 보기 위해 그 성냥의 붉은 머리를 문지를 때 그는 운동을 좋아하는 것이며, 하나에서 다른 하나로 변하는 색채들을, 섬광의 정점을 스쳐지나가는 빛들을, 작은 나무 조각의 죽음을, 쉬익 하는 소리를 좋아하는 것이다.[133]

생산과 소비의 순환으로부터 벗어나 있는 아이의 성냥불은 비생산

---

132 Jean-François Lyotard, "L'acinéma", 58.

133 Jean-François Lyotard, "L'acinéma", 59.

적이며 오직 '즐거움(jouissance)'를 위해서만 타오른다. 리오타르는 단지 이러한 비유에 그치지 않고 무의식이라는 근본적인 차원에서도 이 순환과 순환으로부터의 벗어남을 이야기한다. 바로 프로이트가 말한 삶의 충동(Lebenstrieb)과 죽음 충동(Todestrieb) 사이의 순환이다. 프로이트는 「쾌락 원칙을 넘어서」에서 어린 아이의 포르트다(fortda) 놀이를 보고 우리에게 쾌감으로 감지될 수 없는 다른 종류의 쾌감이 있음을 발견한 바 있다. 어머니에 대해서 큰 애착을 가지고 있던 한 어린 아이가 나무 실패를 커튼 뒤로 사라지도록 던졌다가 다시 실을 잡아 당겨 끌어당기는 놀이를 하는 것을 보고, 그는 거기서 어머니에 대한 포기와 보상이 이루어지고 있음을 보았다.

> 이 착한 어린아이는 이따금씩 자기의 손에 잡히는 작은 물건은 아무 것이나 구석이나 침대 밑 등으로 집어던지는 당혹스런 습관을 갖고 있어서 그의 장난감을 찾거나 그것을 집어 올리는 것은 큰 일이 되는 경우가 자주 있었다. 이런 짓을 하면서 그 아이는 관심과 만족의 표현이 수반된 크고 오래 끄는 '오-오-오-오' 소리를 냈다. 그의 어머니와 나는 이것이 단순한 감탄사가 아니고 독일어로 fort(가버린)를 의미한다는 생각에 일치했다. 나는 궁극적으로 그것이 하나의 놀이라는 사실과 그가 그의 장난감에 대해서 할 수 있는 유일한 것은 그것을 '가게' 하는 놀이를 하는 것이라는 사실을 깨달았다. 어느 날 나는 나의 견해를 확인시켜주는 한 가지 사건을 관찰했다. 그 아이는 실이 감긴 나무 실패를 갖고 있었다. 그것을 뒤로 늘어뜨려서 마루 위를 끌고 다니는 일이나 그것을 마차 삼아 노는 일은 그에게 절대로 일어나지 않았다. 그가 한 일은 실패의 실을 잡고 대단히 익숙한 솜씨로 그것을 커튼이 쳐진 그의 침대 가장자리로 집어던지는 것이었다. 그래서 그 실패는 그 속으로 사라졌고

> 그와 동시에 그는 그 인상적인 '오-오-오-오' 소리를 냈던 것이다. 그러고 나서 그는 다시 실을 잡아당겨 그 실패를 침대 밖으로 끌어냈고 그것이 다시 나타나자 즐거운 듯 da(거기에)라고 소리쳤다. 그렇다면 그것은 사라짐과 돌아옴이라는 완벽한 놀이였다. [……] 그것은 하나의 놀이로 지칠 줄 모르고 반복되었다.[134]

프로이트는 이 어린아이의 '가게 하는 놀이'의 반복에서 떠나감의 행위가 그 자체로 놀이가 되었다는 사실에 주목한다. 어린 아이가 실패가 다시 눈앞에 나타났을 때 만족을 느끼는 것은 당연하지만, 어린 아이가 실패를 던지는 행위 자체를 반복하는 이유가 무엇인가가 중요한 문제가 된다. 그는 이에 대하여 반복이 불쾌함에도 불구하고 다른 종류의 쾌감이 들어있다는 가설을 통해 삶의 충동에 반대되는 죽음충동이라는 개념을 이끌어낸다.

프로이트는 유기적 생명체 속에는 어떤 관성이 있다고 말한다. 유기적 생명체는 이전의 상태를 복원하려는 어떤 충동을 가지고 있다. 그리고 유기적 생명체의 충동이 이전의 상태를 회복하려는 보수적인 성격을 가지고 있다면, 변화나 발전과 같은 것들은 오직 외부의 영향에 의해서만 이루어진다고 말할 수 있다. 그것이 아니라 생명체가 처음부터 변화에 대한 의지를 갖고 있다고 한다면, 모든 생명체가 같은 삶을 되풀이할 수밖에 없을 것이다. 이러한 사실로부터 살아 있는 모든 것이 죽는다는 것, 즉 무기물이 된다는 것이 예외 없는 진리라면 당연히 모든 생명체의 목직은 죽음일 수밖에 없다는 점을 도출할 수 있다. 그러

134 지그문트 프로이트, 윤희기·박찬부 옮김, 「쾌락 원칙을 넘어서」, 『정신분석학의 근본 개념』, 열린책들, 2003, 279~280.

므로 유기적 생명체는 무기물로 돌아가고자 하는 충동을 가지고 있으며, 프로이트는 이를 죽음충동이라고 부른다. 그렇다면 왜 우리가 아는 것처럼 생명체의 삶의 과정은 짧지 않고 쉽게 죽지 않는가? 유기체는 그 자신의 방식대로만 죽기를 바라기 때문이다. 외부의 자극에 의해서 복잡하게 변화하고 발전하기 이전의 생명체는 쉽게 죽었을 것이다. 그러나 더 복잡한 발전을 거듭한 고등 유기체는 바로 이전의 상태, 그리고 다시 그 이전의 상태로 계속해서 돌아가는 기나긴 우회로를 통해서만 죽음이라는 목표에 이를 수 있다.

리오타르는 프로이트가 이렇게 삶의 충동과 언제나 연관되어 있는 죽음 충동을 말한다는 것에 주목한다. 프로이트는 이렇게 말한다. "우리가 얻을 수 있는 가장 큰 즐거움인 성행위가 고도로 강화된 흥분의 순간적 소멸과 연관되어 있다는 것을 우리 모두는 경험한 바 있다."[135] 프로이트는 이러한 방식으로 우리의 삶의 충동과 가장 밀접하게 연관되어 있는 성행위도 죽음 충동과 뗄 수 없는 관계를 맺고 있다는 것을 보여준다. 그런데 리오타르는 프로이트가 이렇게 삶의 충동과 죽음 충동의 조합에 대해 말할 때 이를 오직 정상적인 생식능력의 경로를 통해 획득된 즐거움에 국한해서만 이야기했다는 점을 지적한다. 성행위로부터 분만까지의 순환이라는 정상적인 생식능력의 길에서 비생산적인 리비도적 힘은 감추어진다. 프로이트는 죽음 충동을 가장 잘 보여주는 것이 사디즘(Sadismus)이라고 말했다. "대상을 해치는 것을 목적으로 삼고 있는 사디즘적 충동이 어떻게 생명의 보존자인 에로스에서 나올 수 있

135 지그문트 프로이트, 「쾌락 원칙을 넘어서」, 341.

다는 말인가? 사디즘은 사실상, 자기애적 리비도의 영향을 받아 자아에서 강제적으로 분리되어 결과적으로 대상과의 관계 속에서 드러나는 죽음 충동이라고 생각해도 그럴듯하지 않을까?"[136] 사디즘적 충동이라는 것이 있다면 그것은 삶의 충동으로부터 나오는 것이 아니라 죽음 충동으로부터 나와야 한다.

프로이트는 이러한 정상적인 생식능력의 길에 있지 않은 성도착증에 대해서는 삶의 충동과 죽음 충동의 조합을 언급하지 않았지만, 리오타르는 프로이트가 말한 즐거움과 비생산성은 분명한 관계가 있음을 본다. "종의 번식의 운동으로부터 떨어져 나온 즐거움의 운동은 그 자체로 생식능력이 있든 없든, 성적이든 아니든, 돌아올 수 없는 지점을 넘어서는 리비도적인 힘을 전체 밖으로, 그리고 전체를 대가로(전체의 파손과 해체를 대가로) 방출하는 것이다."[137] 리오타르는 영화에서도 이 정상적인 그리고 생산적인 길에서 이탈하는 폭발적인 힘에 주목한다. 그렇게 함으로써 정상적인 순환에 영화의 운동을 가두어 놓아야만 하는 것이 아니라, 마치 아이가 성냥불을 켜듯이 비생산적인 즐거움, 종의 번식에서 벗어난 비생산적인 즐거움에서 발견할 수 있는 그러한 근본적인 즐거움이 있다는 것을 이야기하고자 한다. 그러한 의미에서 영화는 반영화가 되어야 한다. 생산적인 운동들로 이루어진 정상적인 즐거움 안에 가두어두는 것이 이제까지 '영화'라 불렸던 것이라면, 이러한 영화에 반대하는 영화가 오히려 진정한 영화가 될 수 있다. 리오타르가 영화에 반하는 영화라는 역설적인 표현을 사용하는 것은 바로 이러한

136 지그문트 프로이트, 「쾌락 원칙을 넘어서」, 341.

137 Jean-François Lyotard, "L'acinéma", 59.

이유에서이다.

2. 반영화와 새로운 예술

우리는 앞서 벤야민을 다루면서 그가 기술복제시대의 예술작품으로서 영화가 가진 대량보급이 강요되는 성격에 대해 이야기했다는 것을 보았다. 그리고 그러한 정치가 그러한 영화의 성격을 이용할 때 그것이 얼마나 선동적인 방식이 될 수 있는지도 보았다. 그런데 리오타르는 비생산적인 즐거움에 대해서 이야기하면서 보다 근본적인 순환으로부터의 이탈을 이야기하고자 한다. "만일 미장센(mise en scène)이 운동들을 질서 있게 배치하는(mise en ordre) 것이라면, 그것은 미장센이 (어떤 이들은 부르주아의 이익을 위한 것이라고 말할 것이고, 다른 이들은 관료층의 이익을 위한 것이라고 덧붙일 것인) 선전(propagande)이 아니라 번식(propagation)이기 때문이다."[138] 앞서 이야기한 것처럼 운동들을 선별하여 비생산적인 운동들을 전체 질서를 위해 제거하는 것은 보다 근본적으로 리비도와 관계되어 있다. '선전'이 아니라 '번식'이라고 말하면서 그가 뒤이어 하는 말은 이를 잘 표현해준다.

> 리비도가 정상적인 생식능력 안에서 종을 번식시키기 위해 도착적인 범람을 포기해야만 하고, 이 유일한 목적을 위해 '성을 가진 신체'로 구성되도록 해야 하는 것처럼, 예술가가 자본주의 산업 안

138 Jean-François Lyotard, "L'acinéma", 60.

에서 생산하는 영화도(그리고 지금까지 알려진 모든 산업이 그러하듯이) 마찬가지이다. 그것은 우리가 말했듯이 평균치를 벗어난 운동들, 무의미한 사용들, 순수소비의 차이들의 제거로부터 기인한 것이며, 운반하는 것을 잃지 않고 전달할 통일된 신체이자 번식시키는 자(propagateur)로, 다시 짜맞춰진 전체로, 번식력 강한 전체로 구성된다.[139]

장면의 구성과 배치를 뜻하는 '미장센'은 그야말로 프레임 안에 보이는 사물과 배우, 배우의 이동 등 모든 것들이 어떻게 놓여야하는가를 결정하는 연출의 총체를 가리키는 용어이다. 이는 우리가 앞서 이야기했던 몽타주와 쌍을 이루는 개념이다. 메를로-퐁티가 주목했던 쿨레쇼프 효과는 영화의 시간이 독립적인 장면과 장면이 더 해져서 구성되는 것을 넘어서서 특정한 장면 뒤에 이어진 동일한 장면이 그 영향 아래에서 새로운 의미를 부여받는 방식으로 구성된다는 것을 잘 알려주었다. 그리고 이러한 쿨레쇼프 효과를 바탕으로 발전한 것이 영화에서의 몽타주 기법이었다. 예를 들어 우리가 벤야민을 다루면서 이야기했던 에이젠슈테인의 「전함포템킨」은 몽타주 기법을 가장 잘 보여주는 영화이다. 이미 언급한 바 있듯이 「전함포템킨」은 학살당하는 민중들의 모습으로부터 그들이 그들 자신의 힘을 되찾아가는 과정을 잘 보여주고 있는데, 이를 표현하는 방식은 완전히 관계없어 보이는 이미지들을 이어붙이는 방식이었다. 앞서 본 것처럼 오데사 계단 장면은 총을 맞고 쓰러진 어머니에게서 흘러나온 유모차가 계단으로 굴러 떨이지는 장면과 쏟아지는 총탄으로부터 도망치는 민중들의 장면을 이어붙이면서 긴장

139 Jean-François Lyotard, "L'acinéma", 60~61.

감과 공포를 극대화시키기도 했고, 보다 더 나아가 분노한 함대의 개입과 전혀 무관해 보이는 사자상의 포효를 연속적으로 보여줌으로써 민중들의 봉기를 표현하기도 했다. 이는 영화에서 장면들의 연속이 새로운 현실성을 창조해낸다는 것을 잘 보여준다. 완전히 다른 장면들이 충돌하여 새로운 의미를 만들어내는 것이다.

〈사진 17〉「전함포템킨」의 포효하는 사자상

그런데 이는 달리 말하면 그것이 담고 있는 주제가 아무리 리얼리즘적인 것이라고 해도 영화가 가지는 실재성이라는 특성을 손상시킨다는 것을 의미하기도 한다. 그래서 앙드레 바쟁(Andre Bazin, 1918~1958)은 다음과 같이 말한다. "상상의 세계는 스크린 상에서는 현실의 공간적 밀도를 지니지 않으면 안 된다. 그래서 몽타주는 일정한 한도 내에서밖엔 이용할 수가 없다. 그렇지 않으면 이런 영화에 의한 이야기의 존재성 그 자체를 침해할 위험이 있는 것이다."[140] 진정한 리얼리즘을 위해서는 파편적인 장면들을 충돌시키고 이어붙이는 것보다 한 장면에서 현실의 밀도 또는 깊이를 표현하는 것이 더 중요하다.

앙드레 바쟁이 영화에서 몽타주를 최소화하는 미장센을 위해 제시하는 가장 좋은 기법은 딥 포커스(Deep focus)이다. 이는 전경부터 후경

140 앙드레 바쟁, 박상규 옮김, 『영화란 무엇인가』, 시각과언어, 2001, 79

까지 동시에 포착될 수 있도록 포커스를 맞추어 공간의 깊이감을 창출하는 기법을 말한다. 가장 좋은 예는 바쟁이 주목하듯이 장 르누아르(Jean Renoir, 1894~1979)의 「게임의 규칙(La Règle du jeu)」과 오손 웰즈의 「시민 케인」이다. 그들은 딥 포커스 기법을 통해 공간의 깊이를 표현하고 그러한 기법이 영화 전체에 실재성을 부여한다는 것을 잘 보여주었다. 에이젠슈테인이 몽타주를 통해 민중들의 봉기를 잠 들어 있던 사자상의 포효와 연결시킴으로써 영화에서 은유와 상징이 가지는 효과를 보여주었다면, 그것이 가지는 추상성에 대한 반성으로 등장한 것이 딥 포커스 기법이라고 할 수 있다.

〈사진 18〉「게임의 규칙」과 「시민케인」의 딥 포커스

그런데 리오타르는 몽타주가 장면들의 이어붙임을 통해 이미지를 시간의 질서 속에 가두는 것과 마찬가지로 이러한 미장센 역시 공간의 질서 속에 가두는 것임을 지적한다. "소위 좋다고 말하는 모든 형식은 동일한 것의 회귀와, 다양성의 동일한 통일성으로의 전환을 내포한다."[141] 균형과 화음, 비례 등의 질서로 돌아가는 모든 일들은 운동을 제

141 Jean-François Lyotard, "L'acinéma", 61.

한하고 통제하는 방식으로만 이루어질 수 있기 때문이다. 그가 보기에 영화가 대단원을 가진 플롯인 한에서는 음악의 형식이 불협화음을 지배음의 화음으로 용해하듯이 언제나 동일한 것으로 다시 돌아오고야 마는 운동이라는 데에서 벗어날 수 없다. 영화를 구성하고 있는 두 축인 몽타주와 미장센 모두는 모두 그러한 운동에 동일성이라는 질서를 부여하는 것이라는 점에서 다르지 않다.

우리는 앞서도 영화적 활동의 모든 것이 운동의 배제와 삭제로 이루어진다고 말하면서 이것이 단지 배우의 행위나 등장해서는 안 되는 사물들을 제거하는 일에 그치는 것이 아니라고 말했다. 근본적으로 영화의 촬영은 조명을 통해 빛의 운동을 배제하거나 그림자의 운동을 삭제하는 일이기도 하다. 이는 "눈에 의해 재인식될 수 있도록 만든다는 신성한 과업"을 표현하고 있다.[142] 이미지는 눈이 기억에 호소하여 스크린 속의 대상들 전체를 '재인식하고' 현실적이라고 여기게끔 해야 하는 책무를 부여받는다. 그렇기 때문에 이러한 눈의 식별은 동일성이라는 척도에 기대고 있다. 눈이 기억하고 있는 것을 다시 확인함으로써 이미지는 다시 현시하는 것(re-présentation), 즉 재현(représentation)이 될 수 있다. 이러한 방식으로 동일성이라는 기준에 의해 운동은 다시 늘 질서 속으로 돌아온다. 허구적인 것들을 구성하고 배치하여 얼마나 더 현실과 닮았는가라는 기준 아래에서 더욱더 현실적으로 보이게끔 하고자 하는 목표가 영화의 질서를 이룬다. 그리고 우리가 계속해서 살펴 본 것처럼 "좋은 운동들의 종합으로 이해되는 영화적 형식이 자본의 순환

142 Jean-François Lyotard, "L'acinéma", 62.

적 조직으로 연결되는 것은 동일시를 목적으로 하는 바로 이 회귀의 지점에서이다."[143]

우리는 여기서 다시 한 번 벤야민이 말한 다다이즘과 영화의 차이점을 상기해볼 수 있다. 벤야민은 '정신분산'이라는 관점에서 다다이즘과 영화가 공통적인 면모를 가지고 있지만 다다이즘은 '상품적 가치'를 포기했다는 점에서 차이를 가진다고 이야기했다. 그런데 리오타르는 동일성으로 늘 회귀하는 이러한 운동들을 거부함으로써 자본의 질서 안으로 들어가는 일을 거부하는 반영화에 대해서 말하고 있다. 리오타르는 사진이나 영화가 회화나 서사보다 훨씬 더 재현의 질서에 충실하다는 점을 분명 알고 있다. "지시대상을 안정시키는 것, 지시대상을 인식 가능한 것으로 보이도록 정돈하는 것, 그리고 수신자들로 하여금 이미지와 전후 문맥관계를 재빨리 판독하게 하여 타인의 동의뿐 아니라 자신의 정체성 인식에도 쉽게 이를 수 있게 해주는 그런 구문과 어휘를 반복하는 것이 중요하다면, 산업적 사진과 영화는 이 점에서 회화와 소설보다 항상 탁월한 효과를 가진다."[144] 그렇기 때문에 리오타르는 화가와 소설가들에게 기존의 예술에서 추구하던 규칙들을 거부하고 그것들에 의문을 제기하기를 요구한다. 그렇지만 이것은 영화에게도 마찬가지이다. 영화 역시 기존의 규칙들, 예를 들면 우리가 앞서 말한 것과 같은 미장센과 몽타주라는 질서로 돌아가는 것을 거부하고 의문을 제기해야 한다.

143 Jean-François Lyotard, "L'acinéma", 62.

144 장-프랑수아 리오타르, 이현복 옮김, 「질문에 대한 답변: 포스트모던이란 무엇인가」, 『지식인의 종언』, 문예출판사, 1993, 24~25.

리오타르는 언제나 이렇게 자본으로 회귀하는 예술이 아닌 예술들에 대한 지지를 계속해서 해왔다. 보다 구체적으로는 칸트의 숭고(sublime) 개념을 통해서 그렇게 해왔다. 칸트는 아름다움에 대한 판단과 달리 숭고 판단에서는 마음의 동요가 일어난다고 말했다. "자연의 미적인 것에 관한 미감적 판단에서 마음은 평정한 관조에 잠겨 있으나, 자연에서 숭고한 것을 표상할 때는 동요함을 느낀다."[145] 왜냐하면 이 판단에 있어서는 상상력과 이성의 싸움(Widerstreit)이 일어나기 때문이다. 칸트에서 이성은 절대적인 전체성을 요구하는 능력인데, 절대적인 전체성이라는 그 무한한 것을 현시한다는 것은 불가능하다. 리오타르는 이렇게 요약한다.

> 우리는 세계(존재하는 것의 총체)에 대한 이념을 가지고 있지만, 그 실례를 보여줄 수 있는 능력은 없다. 우리는 (더 이상 분해될 수 없는) 단순성에 대한 이념을 갖고 있으나, 그것의 경우인 감각적 대상을 통해 그것을 예증할 수는 없다. 우리는 절대적으로 큰 것, 절대적으로 강력한 것을 생각할 수 있지만, 이런 절대적인 크기와 절대적 힘이 '눈에 보이도록' 어떤 대상을 현시하는 것은 고통스럽게도 우리에게 주어져 있지 않다.[146]

그럼에도 불구하고 이성은 우리의 감성의 한계를 넘어서서 상상력에게 그 절대적 전체성을 현시할 것을 요구한다. 그리고 이때 숭고의 감정은 일깨워진다. "우리의 이성에는 실재적 이념으로서의 절대적 전체성에 대한 요구가 놓여 있기 때문에, 감성세계의 사물들의 크기를 평

145 임마누엘 칸트, 『판단력비판』, B98; 백종현 옮김, 아카넷, 2009, 266~267.

146 장-프랑수아 리오타르, 「질문에 대한 답변: 포스트모던이란 무엇인가」, 33.

가하는 우리의 능력이 이 이념에 대해 저처럼 알맞지 않다는 것 자체가 우리 안에 하나의 초감성적 능력의 감정을 일깨우는 것이다."[147] 이것이 칸트의 숭고에 대한 설명이다.

리오타르는 이 '현시될 수 없는 것'이 존재한다는 것을 표현하는 것이 현대예술이라고 말한다. 현시될 수 없는 것을 어떻게 현시하는가? '그것은 현시될 수 없다'라는 방식으로 현시된다. 칸트에서 상상력과 이성은 근본적으로 불일치의 관계에 있기 때문에 우리는 현시할 수 없는 것을 마주했을 때 불쾌를 느끼게 된다. 그렇지만 이념의 요구에 따라 상상력은 무한한 것을 향해 그 자신을 넘어섬으로써 이성과 일치하게 되는데, 이 때문에 불쾌는 쾌로 변한다. 이것이 칸트의 숭고 개념이 가진 독특함이다. "상상력은 감성적인 것 너머에서는 자기가 의지할 수 있는 아무런 것도 발견하지 못하지만, 그럼에도 불구하고 바로 자기의 경계를 이렇게 제거함으로써 자기가 무제한적임을 느끼기 때문이다."[148] 이념은 상상력에게 현시할 수 없는 것을 현시하도록 요구하고, 상상력은 그것을 이념의 요구에 부응할 수 없다는 소극적인 방식으로만 현시한다. 그럼에도 불구하고 이 쾌로 변한 감정은 사라지지 않는다. "이 현시는 바로 그 때문에 결코 한낱 소극적인 현시 이외의 것일 수 없지만, 그럼에도 그것은 영혼을 확장키는 것이다."[149] 그렇기 때문에 상상력은 이성의 이념 아래에서 소극적인 방식이기는 하지만 무한한 것의 현시로 나아갈 수 있다. 리오타르가 현시할 수 없는 것의 현시

147 임마누엘 칸트, 『판단력비판』, B85; 256.
148 임마누엘 칸트, 『판단력비판』, B124; 289.
149 임마누엘 칸트, 『판단력비판』, B124; 289.

를 말하는 방식은 이러한 칸트의 숭고개념으로부터 가능해진다. 형상화하거나 재현하지 않고 오로지 소극적으로 표현하는 것이 바로 숭고의 미학이다.

〈사진 19〉 말레비치의 「흰색 위의 흰색

카지미르 세베리노비치 말레비치(Kasimir Severinovich Malevich, 1878~1935)의 「흰색 위의 흰색」은 리오타르가 말하는 숭고회화가 무엇인지 잘 보여준다. 말레비치의 흰 정사각형은 볼 수 없도록 되어 있음으로써 볼 수 있는 방식으로 구현되어 있다. 이러한 방식으로 실재성을 계속해서 공급하는 것이 예술이 아니라 표현될 수 없지만 그림으로써 생각될 수 있는 어떤 암시들을 계속해서 창조하는 것이 예술에서 가장 중요하다. 그렇지만 이때 중요한 것은 '현시될 수 없는 것'을 현시하는 숭고의 방식이 절대적이고 무한한 것에 대한 향수를 표현하는 데 불과한 것이어서는 안 된다는 점이다. 그것은 더 이상 마음에 동요를 일으키는 새로운 숭고함일 수 없고, 어디까지나 소통되는 코드들 안에서 공유될 수 있는 어떤 위안을 제공할 뿐이기 때문이다. 이 때문에 리오타르는 현대의 새로운 숭고의 예술에 있어서 끊임없는 혁신의 중요성에 대해 강조하면서 말레비치를 여전히 우리의 사유의 무능력을 드러내는 그런 향수의 층위에 머물러 있는 작가로 분류하기도 한다.

리오타르가 현대의 새로운 예술이 형상화하거나 재현하지 않는다고 말할 때 중요한 것은 거기에서 '무엇이' 일어나고 있는가, 즉 어떤 대상이 거기에 있고 어떤 사건이 거기에서 일어나고 있고 등등이 아니라, 단지 '일어나고 있는' 그 사건 자체이다. '무엇'이 일어나고 있다고 그 정체성을 규정할 수 없는 어떤 사건이 오직 발생하고 있다는 그 자체만이 중요하다. 무언가가 끊임없이 무엇이라고 규정할 수 없는 방식으로 일어나고 있다는 것은 그 일어남이 멈추지 않는다는 것이다. 끊임없이 새로운 현시가 일어나고 있는 것, 그래서 완결된 형태로 그것의 정체성을 규정할 수 없는 것이어야 한다. 이러한 의미에서 우리는 리오타르가 '그것은 사각형이다', '그것은 흰색이다' 등등 끊임없이 정체성을 부여하는 우리의 고전적인 사고로부터 달아나는 새로운 예술에 대해서 주목하고 있다는 것을 확인할 수 있다. 그는 늘 이러한 방식으로 기존의 규칙들, 질서들로 환원되지 않는 예술작품에 주목해왔으며, 그의 반영화 역시 이러한 맥락에서 그가 주목하고 있는 새로운 예술이다. 그는 「반영화」에서 잭슨 폴록(Paul Jackson Pollock, 1912~1956)이나 마크 로스코(Mark Rothko, 1903~1970), 게르하르트 리히터(Gerhard Richter, 1932~) 등의 추상 화가들을 함께 언급하며 반영화에 대해 탐구해나가기도 한다. 그렇다면 리오타르는 영화에서의 진정한 새로움에 대해서는 어떻게 이야기하고 있는가? 이제 살펴보겠지만 그는 영화들에서 새로운 시도를 찾기도 하고 그 스스로 직접 영화의 새로운 실험에 뛰어들기도 했다.

3. 부동성과 운동성의 초과

우리가 계속해서 강조하고 있듯이, 미장센이라는, 빛의 운동에 이르기까지 영화를 구성하는 세세한 운동들마저 하나의 질서로 포섭하는 이러한 방식으로부터 과연 어떻게 비생산적인 운동을 만들 수 있을 것인가? 우리는 앞서 이미 리오타르가 전체적인 질서를 위해 배제되고 제거되는 모든 운동들을 보존해야 한다고 말하고 있지는 않다는 것을 이야기했다. 리오타르는 비생산적인 운동이 가지고 있는 어떤 강도를 전달하는 방식으로 두 가지 현대적 영화의 경향을 발견한다. 바로 부동성(immobilisation)과 운동성의 초과(excès des mobilité)이다. 리오타르는 존 G. 아빌드센(John G. Avildsen, 1935~2017)의 「조(joe)」에서 이 두 가지 예를 모두 발견한다. 한 장면은 아버지가 자신의 딸과 살고 있는 소년을 죽이는 장면인데, 벽을 향해 소년의 머리를 내리치는 장면은 실제 일어나고 있는 운동을 초과하는 방식으로 표현된다. 또 한 장면은 마지막에 히피들을 '청소하면서' 딸을 향해 총을 쏘는 장면이다. 정지된 딸의 얼굴 위로 아버지를 부추기는 남자의 목소리와 딸이 절규하는 소리가 겹쳐진다.

리오타르는 이 두 가지 방식에 대해 다음과 같이 말한다. "하나는 부동성, 다른 하나는 운동성의 초과라는 이 두 효과는 초당 24개의 이미지로 필름에 새겨진 실재 운동이 동일한 속도로 영사에서 재생되는

〈사진 20〉「조」의 두 장면

재현의 규칙을 위반하면서 얻게 되는 것이다."[150] 그래서 리오타르는 이를 반(反)리듬이라고 부른다. 그렇지만 이 두 장면은 어디까지나 영화적 전체적 질서에 포섭되는 장면으로서만 있기도 하다. 영화 속 비극의 정점에서 이루어지고 있는 이 두 장면은 결과적으로 네러티브적 질서에 포섭되는 방향으로 나아가게 된다.

리오타르는 1973년의 글 「반영화」 이후 1995년 「주권적 영화의 이념」에서 다시 이 부동성과 운동성의 초과를 이야기하는데, 이때는 오즈 야스지로(Ozu Yasujiro, 1903~1963)와 로베르 브레송(Robert Bresson, 1901~1999), 그리고 우리가 앞서 다룬 오손 웰즈 등이 그 예가 된다. 이

150 Jean-François Lyotard, "L'acinéma", 63.

는 각각 1983년과 1985년에 발간된 들뢰즈의 두 권의 영화에 관한 책의 영향을 받은 것이다. 들뢰즈는 이렇게 말한다. "「만춘(Banshun)」의 꽃병은 딸의 엷은 미소와 복받쳐오르는 눈물 사이에 삽입된다. 그 사이 무엇인가가 생성되고 변화하고 지나갔다. [……] 각각은 시간 속에서 변화하는 것이 갖는 이러저러한 조건들 속에서, 매순간 시간으로서 존재한다. 시간, 그것은 충만함, 즉 변화로 충만한 변화하지 않는 형태이다."[151] 오즈 야스지로는 모든 사건이 일어난 뒤에도 여전히 그대로 있는 정물들, 공간들을 보여줌으로써 공간을 시간화한다. 이후 보게 되겠지만 들뢰즈가 오즈 야스지로의 영화에서 주목하는 것은 일상적인 정물들, 공간들을 보여줌으로써 그곳에 누적되어 있는 항구적인 과거, 현재의 배후에 있으면서 현재와 늘 함께 공존하고 있는 과거를 시각화했다는 점이다. 우리는 시간 안에 있는 존재들이기 때문에 끊임없이 움직이고 변화하지만 그러한 끊임없이 변화하는 현재와 공존하고 있는 과거가 영화에서 드러난다. 리오타르는 들뢰즈가 말하는 이러한 시간의 부동성과 자신이 「반영화」에서 발견하고 있는 부동성을 겹쳐놓는다.

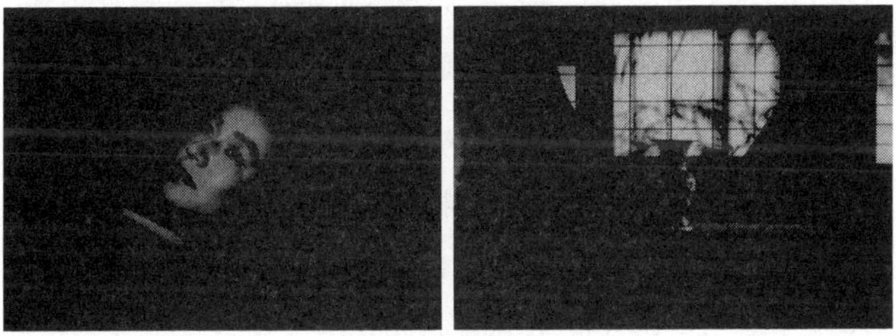

〈사진 21〉 「만춘」의 장면

151 질 들뢰즈, 이정하 옮김, 『시네마 Ⅱ : 시간-이미지』, 시각과언어, 2005, 39~40.

또한 리오타르는 운동성의 초과에 대해서는 오손 웰즈의 「시민케인」의 특정한 장면들에서 드러난다고 말한다. 예를 들어 케인의 과거 장면들 가운데 부인과의 아침식사가 여러 번 반복되는 장면이 있는데, 이들의 대화는 기차가 지나가는 듯한 빠른 이미지로 연결되고, 이를 통해 그들의 대화가 점차 변하면서 그들이 왜 헤어질 수밖에 없었는지가 속도감 있게 표현된다. 리오타르는 이러한 이미지가 영화의 주제인 로즈버드 찾기의 불가능성만큼이나 대상의 정체성과 기억에 반하는 운동을 표현하고 있다고 본다.

〈사진 22〉 「시민 케인」의 장면

리오타르는 이렇게 운동의 관점에서 비생산성을 구현하고 있는 영화의 이미지를 부동성과 극도의 동화(mobilisation extrême)로 파악한다. 그리고 그는 이를 각각 활인화(tableau vivant)와 서정적 추상(abstraction lyrique)에 비유한다. 활인화는 한 명 이상의 배우나 모델이 의상을 입고 움직이지 않은 채로 포즈를 취하고서 하나의 장면처럼 또는 회화처럼 있는 것을 말한다. 리오타르는 활인화에 대응하는 영화에 대해서 예시를 들고 있지는 않지만, 장 미셸 뒤라푸르(Jean-Michel Durafour)는 앤디 워홀(Andy Warhol, 1928~1987)의 영화가 적당한 예가 될 수 있을 것이라고 말한다.[152] 앤디 워홀은 뉴욕 엠파이어 스테이트 빌딩을 여덟 시간 동안 고정된 화면으로 찍기도 했고, 자신의 연인이 잠을 자는 모습을 다섯 시간 넘게 촬영하기도 했기 때문이다. 이러한 생각은 우리가 앞서 이야기했던 리오타르가 부동화로 제시한 오즈 야스지로의 영화와 비교해볼 때 적절한 예시가 되어준다는 것을 알 수 있다.

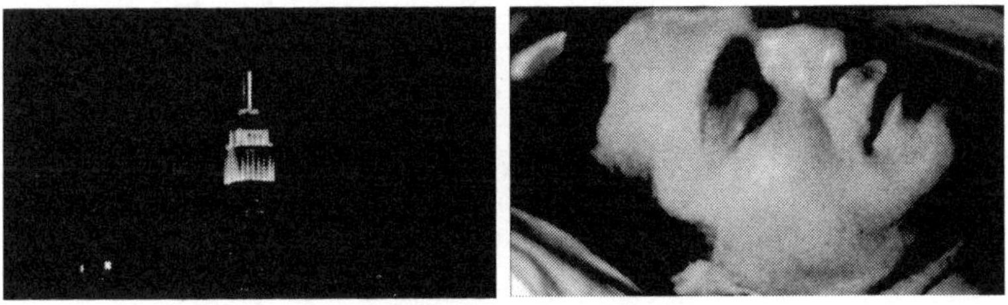

〈사진 23〉 앤디 워홀의 「엠파이어(Empire)」와 「잠(Sleep)」

리오타르는 「반영화」에서 부동성에 대해 오해되어서는 안 되는 지점만을 제시한다. 그는 다음과 같은 예를 들고 있다.

> 현재 스웨덴에는 초상사진가에 의해 요청되는 '포즈(pose)'에서 용어를 차용하여 '포즈 취하기(posering)'라고 불리는 기관이 있다. 이는 젊은 여성들이 그들의 서비스를 위해 특수화된 집을 빌린 것인데, 이 서비스는 옷을 입거나 벗은 채로 고객이 원하는 포즈를 취하는 것으로 구성되는 반면, 매춘은 하지 않는 이 집들의 규정으로 인하여 고객들이 어떤 방법으로든 모델을 만지는 것은 금지된다.[153]

'포즈 취하기'에는 부동성이 나타나고 있으며 직접적으로 육체적 접촉을 하지 않는다는 점에서 부동성의 영화와도 유사한 측면을 가지

152 Jean-Michel Durafour, "Cinema Lyotard: An Introduction", Acinemas: Lyotard's Philosophy of Film, eds. Graham Jones·Ashley Woodward, Edinburgh: Edinburgh University Press, 2017, 21.

153 Jean-François Lyotard, "L'acinéma", 66.

고 있다. 그렇지만 이 서비스는 어디까지나 재현의 질서로 다시 돌아와야만 하는데, 근본적으로 고객이 자신이 바라보고 있는 여인의 정체성을 확인할 수 있는 심급으로 이루어지는 것이기 때문이다. 포즈를 취하는 여인들은 다시 알아볼 수 있는 형식으로, 기억의 질료를 제공하는 방식으로만 나타난다. 이는 우리가 앞서 이야기한 것과 같은 비생산적인 리비도적 힘의 방출이 아니라 종의 번식의 운동으로 되돌아가는 부동화만 있는 것이다. 이와 반대로 영화의 진정한 부동화는 "동일시를 제안하는 통일적이고 합리적인 좋은 형식들 대신, 매혹적인 마비를 통해 가장 강렬한(intense) 동요의 질료를 제공하는 이미지를 위하여, 모든 영화의 운동이 그것과 함께 확산되는 진부한 종합을 끊임없이 해체해야 한다."[154] 활인화가 오직 경제적 질서와의 소통을 위해서만 존재한다면 우리가 앞서 이야기한 것처럼 영화의 진정한 부동성은 오히려 그로부터 벗어남에 있다고 말해야 한다.

리오타르는 활인화와 달리 서정적 추상에 대해서는 여러 작가들을 예시로 들고 있다. 먼저 회화에 있어서는 앞서 이야기 했던 잭슨 폴록이나 마크 로스코 등을 이야기할 수 있다. 그들은 화폭에 '눈이 알아볼 수 있는' 그러한 이미지들을 만들어내기를 거부하고, 운동들의 충동적인 방출이나 동요를 담아내었다. 전체적인 질서에 속해 있는 영화의 운동은 이들이 표현하고 있는 운동과는 다르다. 이는 비킹 에겔링(Viking Eggeling, 1880~1925)이나 프란시스 톰슨(Francis Thompson, 1859~1907)의 영화와 비교해 보면 더 잘 알 수 있다.

154 Jean-François Lyotard, "L'acinéma", 67.

〈사진 24〉 비킹 에겔링의 「대각선 교향곡(Symphonie Diagonale)」

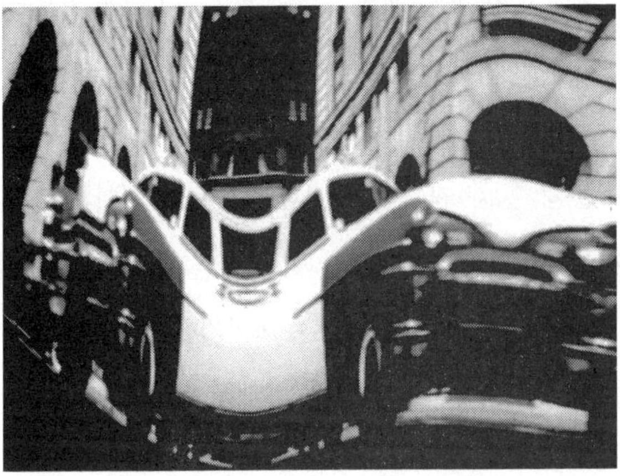

〈사진 25〉 프란시스 톰슨의 「뉴욕, 뉴욕(NY, NY)」

이들의 영화는 '눈으로 알아볼 수 있는' 이미지들을 거부하고 전체적인 질서로부터 빠져나가는 운동들로 이루어져 있다. 앞서 '포즈 취하기'의 예에서 포즈를 취하는 여인은 정체성을 확인할 수 있는 심급에서 고객의 눈의 대상이 되었다. 반면 추상 영화에서의 관객은 고객과 같이 '보는 자'임에도 불구하고 어떤 정체성도 확인할 수 없고 재인식하고자 하는 기억의 시도 역시 가로막힐 뿐이다. 그래서 고객 또는 관객이 그들의 대상과 맺는 관계는 여기에서 완전히 무화되며, 더 나아가 보는 자인 주체 또는 관객이 그 식별불가능성 또는 사유불가능성으로 인해 마비되는 일이 일어난다.

4. 장면 '밖' 배치(mise 'hors' scène)

리오타르는 미장센이라는 전체적인 질서 안으로 영화의 이미지들을 배치하는 것이 장면 밖 배치(mise hors scène)와 함께 작동하고 있음을 지적한다. 미장센에 대해 그는 다음과 같이 이야기한 바 있다. "먼저 미장센이라는 말이 의미하는 바를 명확히 해야 한다. (무대에) '장면을 배치하다(mettre en scène)'라는 것은 '최초의' 공간에서 극장, 영화 혹은 이와 관련된 예술에서의 객석을 의미하는 다른 공간으로 의미를 전달하는 것이다."[155] 미장센은 우리가 앞서 이야기한 바 있듯이 배제와 삭제를 통해 한계와 틀을 정하는 것이다. 그래서 장면에 배치하기로 결정하는 것은 책임져야 할 전체를 상정하는 것이고 동시에 책임지지 않아도 되는 것과 경계를 긋는 일이다. 이는 동시에 장면 밖의 공간으로 의미를 전달하는 일이다. 다시 말해, 미장센을 통해 정해놓은 틀의 안과 밖에서 일어나는 모든 운동을 통합하는 작업이고, 안과 밖의 충동들을 모두 동일한 심급에 놓는 작업이다. 그래서 "결과적으로 장면 안에서뿐만 아니라 '장면 밖에서도' 배제하고 삭제하는 작업이다."[156] 미장센은 프레

155 Jean-François Lyotard, "The Unconscious as Mise-en-scène", *Acinemas: Lyotard's Philosophy of Film*, 43.

156 Jean-François Lyotard, "L'acinéma", 64.

임 안에 있는 대상을 식별하기 위한 동일성이라는 기준을 바깥의 대상들에게도 부과하는 작업이라고 말해야 한다. 이러한 질서 아래에서 영화의 안과 바깥의 리비도들은 모두 생산적으로 정상화된다. 이러한 의미에서 장면을 배치하는 것은 장면 밖 역시 배치하는 것이다. 이를 표현하기 위해 리오타르는 'mise-en-scène'을 변형시켜 'mise hors scène'이라는 말을 만들어냈다.

이러한 의미에서 리오타르는 영화의 모든 운동들이 전체적인 질서에 귀속되는 것과 우리의 리비도가 근본적으로 종적 번식을 위한 정상적인 운동들이 되는 방식으로만 있는 것을 연결시킨다. 장면 '안'의 영화와 장면 '밖'의 사회는 이러한 방식으로 만난다. 비생산적인 리비도의 방출이 아니라 "부분적이고 발산적이며 비생산적인 모든 충동적 운동들을 유기체의 통일성에 종속시키는 것"이 사회에서의 정상적이고 합리적인 일이며, 영화 역시 마찬가지이다.[157] 리오타르는 이렇게 영화의 미장센의 문제는 동시에 장면 밖에서 사회를 만드는 문제이기 때문에 이를 사유하는 것은 우리 시대의 근본적인 문제에 가닿고 있는 것이라고 강조한다. 그가 우리 시대의 문제로 제시하고 있는 것들은 그의 영화에 대한 사유를 넘어서서 중대한 것들이다. 예를 들어 우리는 앞서 '포즈 취하기'에서 여성이 대상화되고 경제적인 질서로 귀속되는 일을 확인했다. 리오타르는 이것이 경제적인 질서에 포섭되어 있는 영화들에 제기해야 하는 문제가 아닌가 묻고 있다. "즐거움이 강렬해지기 위해서는 희생자가 장면 안에 있어야만 하는가?"[158] 영화로부터 즐거움을

157 Jean-François Lyotard, "L'acinéma", 64.

158 Jean-François Lyotard, "L'acinéma", 69.

얻기 위해서는 보는 자 또는 관객이 영화로 인하여 마비되는 것이 아니라, 보여지는 자 또는 포즈 취하기의 여성과 같은 영화 속 인물들을 대상화함을 통해 그들을 마비시키는 것이 반드시 필요한가 묻는 것이다.

리오타르가 영화와 반영화를 통해 궁극적으로 묻고자 하는 것이 바로 이러한 것들이다. 영화가 늘 자본의 질서 아래에서 머물 때 잃어버리게 되는 리비도의 비생산적 방출은 단지 영화 안에서의 즐거움을 잃어버리는 문제가 아니라 영화 밖에서 끊임없이 대상화하고 우리의 욕망의 질서를 정상적인 것과 그렇지 않은 것이라는 방식으로 규정하는 문제에 가닿고 있다는 것이다. 이러한 문제의식 아래에서 리오타르는 그 자신이 끊임없이 영화를 실천하기도 했다. 그는 1969년 이후 실험 영화와 아방가르드 영화를 위한 시도들을 해왔는데, 그 가운데 「다른 장면(L'Autre scène)」은 광고의 기능에 대해 비판적으로 접근하고자 했던 프로젝트였다. 그는 질레트 면도날 광고의 문구, '이 날은 당신의 피부와 사랑에 빠졌다(cette lame est amoureuse de votre peau)'를 선택하여, 광고가 어떻게 작동하고 우리의 무의식에 어떠한 영향을 끼치는지 탐구하고자 했다. 그는 또한 이후 「마오 질레트(Mao Gillette)」를 통해 개인의 숭배 메커니즘과 광고의 숭배 메커니즘 사이의 근접성을 보여주고자 시도하기도 했다.

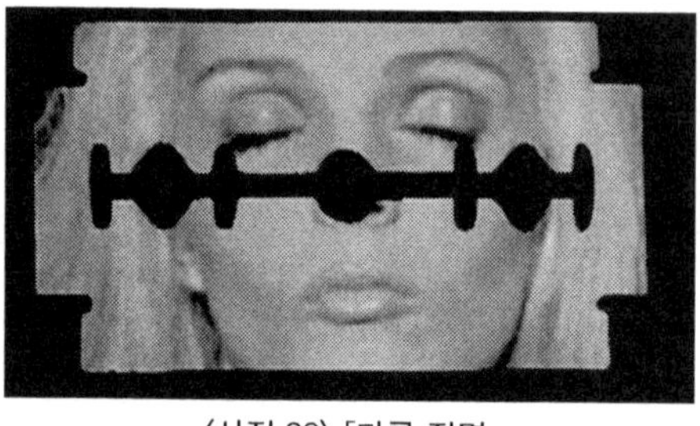

〈사진 26〉 「다른 장면」

이러한 그의 실천적인 작업들을 볼 때 리오타르는 들뢰즈와 네오-리얼리즘을 비롯한 여러 영화 작가들을 통해 자신의 부동성과 운동성의 초과에 대한 생각을 조금씩 수정해 나가기는 하지만 그럼에도 불구하고 그의 항구적인 문제의식은 유지된다는 것을 알 수 있다. 그는 자본의 질서와 밀접하게 연결되어 있는 전체화에 반대하고, 동일성이라는 기준에 맞추어 정상적인 운동들과 비정상적인 운동들을 구분하여 후자를 배제하고 제거하는 방식으로 이루어진 영화에 반대한다. 그러한 의미에서 리오타르의 시도들은 반(反)영화이며, 또한 진정한 영화라고 말해야 할 것이다.

제6장

들뢰즈의 시간-이미지

제6장
들뢰즈의 시간-이미지

1. 창조로서의 철학과 영화

들뢰즈는 다른 어떤 철학자들보다도 영화를 사랑했던 사람이자 영화에 대한 체계적인 저서를 남긴 유일한 철학자라고 해도 과언이 아닌 사람이다. 들뢰즈의 두 권의 저서, 『시네마 I : 운동-이미지』와 『시네마 II : 시간-이미지』는 영화사 전반을 아우르면서 전개되는데, 이 책에 등장하는 영화의 목록만 보더라도 그가 얼마나 영화광이었는지 알 수 있다. 뿐만 아니라 들뢰즈에게 영화를 비롯한 모든 예술은 단지 그가 향유하고 자신의 이론을 뒷받침하는 예시로 활용하는 지위에 있지 않고, 언제나 철학과 동등한 위치에 있다. 그는 자신의 영화론을 시작하며 명확히 말하기도 한다. "우리는 여기서 우리의 글을 위해 삽화가 될 어떠한 복제품도 제시하고 있지 않다. 왜냐하면 우리들 각자 많든 적든

회상, 감동, 또는 지각을 가지고 있는 위대한 영화들의 삽화가 되고자 하는 것은 오히려 우리의 글이기 때문이다."[159] 자신의 글을 위한 삽화가 아니라 오히려 자신의 글이 영화들에 대한 삽화가 되고자 한다는 것이다. 이러한 들뢰즈의 태도는 그의 철학에 대한 태도와 연결시켜 사유해볼 때 더 잘 이해할 수 있다. 그는 「창조 행위란 무엇인가?」에서 "철학은 무엇이든 반성할 준비가 되어 있으니 영화를 반성하지 않을 이유가 있겠냐고 말하는 것은 너무 안이한 것입니다. 이는 어리석은 것입니다"라고 말한다.[160] 들뢰즈는 영화를 철학의 삽화로 여기지 않았을 뿐만 아니라 철학 자체를 반성하는 행위로 보지 않았다는 것을 알 수 있다.

그렇다면 들뢰즈에게 철학이란 무엇인가? 들뢰즈는 철학에 대하여 모든 것을 반성하고 성찰하는 학문이 아니라 '개념'을 창조하는 학문이라고 말한다. 그리고 이 창조되는 개념이라는 것은 모든 개별적인 개들을 가리켜 보일 수 있는 '개'라는 개념과 같이 어떤 표상이나 인식을 말하지 않는다. "철학자들은 개념이라는 것을 형식화할 수 있고(추상화 혹은 일반화) 사용할 수 있는(판단) 능력들을 통해 설명될 수 있는 주어진 표상이나 인식으로 여기기를 선호했다. 그러나 개념은 주어지는 것이 아니다. 그것은 창조되는 것이며, 창조되도록 있는 것이다."[161] 이런 의미에서 들뢰즈에게 철학은 오히려 철학 그 자신보다 예술에 닮아있다. 그래서 그는 프루스트와 카프카의 소설, 베이컨의 회화, 그리고 여러

159 Gilles Deleuze, *CinémaI : L'imagemovement,* Paris: Minuit, 1983, 8.

160 Gilles Deleuze, "Qu'estce que l'acte de création?", *Deux régimes de fous: Textes et entretiens 19751995*, ed. David Lapoujade, Paris: Minuit, 2003, 293.

161 Gilles Deleuze·Félix Guattari, *Qu'estce que la philosophie?*, Paris: Minuit, 1991, 16.

영화들 등을 연구하면서 그들의 작품을 '철학적으로' 성찰하는 것이 아니라 하나의 창조된 사유로서 마주한다.

들뢰즈에 따르면 철학자들이 개념을 창조하여 사유하는 것처럼 영화작가들은 운동-이미지와 시간-이미지를 창조하여 사유한다. 그런데 이렇게 영화를 하나의 사유로서 마주한다고 할 때 이는 우리가 메를로-퐁티와 함께 지적했듯이 영화를 그것이 담지하고 있는 이념으로 환원시키는 것은 아닌가? 메를로-퐁티는 '영화는 사유되는 것이 아니라 지각되는 것'이라고 분명히 강조했다. 그러나 들뢰즈가 말하는 사유는 추상화되고 일반화될 수 있는 그러한 사유가 아니다. 개념을 창조하는 학문으로서의 철학이 추상화에 머물지 않는 것처럼 이미지를 창조하는 영화의 사유 역시 추상적인 것에 머물지 않는다. 들뢰즈는 『대담: 19721990』에서 다음과 같이 말한다. "영화와 철학의 관계는 이미지와 개념의 관계이다. 하지만 개념 안에는 이미지와의 관계가 담겨 있고, 이미지 안에는 개념과의 관계가 담겨 있다. 가령 영화는 언제나 사유의 이미지, 즉 사유의 메커니즘을 구성하기를 원했다. 그러나 그런 이유로 영화가 추상적인 것이 되는 것은 전혀 아니다. 그 반대이다."[162]

그렇다면 이 추상적이지 않은 사유는 어떻게 이해되어야 하는가? 들뢰즈가 철학과 영화의 사유를 '창조'로서 이야기할 때, 이는 단순히 어느 날 누군가가 개념을 창조하겠다고 마음먹거나 영화를 찍겠다고 선언하는 문제임을 말하는 것이 아니다. "사유하도록 강요하고 사유에 폭력을 행사하는 어떤 것이 없다면 사유란 아무것도 아니다. 사유보다

162 Gilles Deleuze, *Pourparlers: 19721990*, Paris: Minuit, 1990, 91.

더 중요한 것이 있으니 '사유할 거리를 주는' 어떤 것이다."[163] 들뢰즈는 우리에게 사유하기를 강요하는 것을 기호(signe)라고 부른다. 기호와의 마주침(rencontre)은 늘 우연적으로 일어나기 때문에, 창조로서의 사유는 우리가 능동적으로 어느 날 사유하기로 마음먹는 문제가 아니다. 사유는 오직 기호와의 마주침을 통해서만 발생할 수 있다. 이는 철학에게서나 영화에게서나 마찬가지이다. "이념을 실행하는 것, 그것은 기호이다. 영화에서는 이미지가 기호이다."[164] 이렇게 기호와의 마주침을 통해 영화의 사유가 창조된다고 할 때, 우리가 영화에서 마주치는 것은 더 구체적으로는 시간기호(chronosigne)이다. 우리는 앞서 리오타르를 다루면서 오즈 야스지로가 공간을 시간화하는 방식에 들뢰즈가 주목했음을 보았다. 거기서 알 수 있는 것처럼 들뢰즈가 영화를 사유하지 않을 수 없었던 이유는 바로 '시간'에 있다. 이제 우리는 어떠한 방식으로 그가 '운동'으로부터 시작하여 '시간'으로 나아가는지 함께 볼 것이다.

2. 운동으로서의 영화 이미지

앞서 사르트르를 다루면서 이야기한 바 있듯이 베르그손은 영화를 이미지와 운동을 분리시키는 근대적인 발명품으로 취급했다. 들뢰즈가 베르그손의 이러한 비판을 요약한 바에 따르면, 영화는 '부동적 단면 + 추상적 운동'이다. "영화는 사실상 두 개의 상보적 소여물과 함께 작동

163 Gilles Deleuze, *Proust et les signes*, Paris: P.U.F., 1964, 117.

164 Gilles Deleuze, *Pourparlers: 19721990*, 92.

한다. 하나는 우리가 이미지라 부르는 즉각적 단면들(coupes)이며, 또 다른 하나는 기구 '안에서' 그와 '더불어' 이미지들을 차례로 지나가게 하는 비인격적이고 단일하며 추상적이고 비가시적인 또는 지각되지 않는 운동 혹은 시간이다."[165] 이는 우리가 마이브리지의 사진과 함께 이미 이야기한 바 있듯이 사진들이 잇따라 대치되면서 운동이 만들어진다는 것이다. 그리고 실제로 이 사진들 안에는 움직이는 동체의 정지만이 재현되고 있기 때문에, 카메라 또는 영사 기계 안에서 만들어지는 운동은 실제 운동이 아니라 추상적인 운동이라고 해야 한다. 베르그손은 이러한 영화 메커니즘의 추상성을 지적하면서 우리의 일상적인 인식도 끊임없이 이루어지고 있는 운동을 외면하고 완성된 운동의 예상된 이미지만을 본다고 말한다. 그러한 방식으로 A에서 B로 가는 운동이 있다고 할 때 그 외관만을 취하는 것이 아니라, 우리에게 본래적으로 주어지는 변화하는 실재를 파악해야 한다.

그런데 사르트르처럼 들뢰즈 역시 베르그손이 증명하고자 하는 변화하는 실재로서의 이미지를 영화의 이미지로 파악하고자 한다. "영화는 우리에게 운동이 부가된 이미지를 주는 것이 아니라, 즉각 운동-이미지를 준다."[166] 영화의 단면들은 추상적인 운동과 분리된 부동적인 단면이 아니라 '동적인 단면'이다. "쇼트(plan), 그것은 운동-이미지이다. 운동을 변화하는 전체에 연결시키는 한에서, 그것은 지속의 동적인 단면이다."[167] 우리가 '쇼트'라고 부르는 장면의 단위를 들뢰즈는 운동-이

---

165 Gilles Deleuze, *Cinéma I : L'imagemovement*, 10.

166 Gilles Deleuze, *Cinéma I : L'imagemovement*, 11.

167 Gilles Deleuze, *Cinéma I : L'imagemovement*, 36.

미지라고 부른다. 그것은 운동과 분리되지 않는 이미지이고, 그렇기 때문에 정지되어 있는 것이 아니라 늘 변화하는 실재로서의 이미지이다.

들뢰즈는 초창기에는 영화가 베르그손이 생각하는 것처럼 기계에 의한 운동과 이미지의 분리로 생각될 수 있었다고 본다.

> 한편으로 카메라의 시점은 고정되어 있었고, 따라서 쇼트는 공간적이며 전적으로 부동적이었다. 다른 한편으로 촬영장비는 영사장비와 합치되었고, 그것에 일정하고 추상적인 시간이 부여되었다. 영화의 진화, 즉 영화의 고유한 본질 혹은 새로움을 쟁취하는 일은 몽타주, 이동하는 카메라, 그리고 영사에서 분리된 촬영의 해방에 의해 이루어지게 된다.[168]

마이브리지로부터 영화의 메커니즘을 생각해보면, 실제 일어나고 있는 운동으로부터 그 단면들을 추출해내어 가짜 운동을 만들어내는 것이라고 여길 수 있다. 그러나 몽타주가 쇼트들을 연결하고, 카메라가 스스로 이동하게 됨으로써 이미지는 즉자성을 가지게 된다. 그래서 들뢰즈는 르누아르의「랑주씨의 범죄(Le crime de Monsieur Lange)」에서 카메라가 인물을 떠나면서 완전히 독자적인 운동을 드러내고서는 다시 인물을 만나는 장면과 같은 것이 영화에서의 위대한 순간이라고 말하기도 한다. 이러한 장면은 이후 알프레드 알프레드 히치콕(Alfred Hitchcock, 1899~1980)이 범죄를 감추면서 범죄를 드러내는 방식이 되기도 한다. 히치콕은「프렌지(Frenzy)」에서 두 남녀를 두고 카메라가 뒷걸음치면서 건물의 전경을 비추는 데까지 나아가는 장면을 통해 그 안에서 일어나고 있는 범죄를 직접적으로 보여주지 않으면서 긴장감을 유발하게 만든다.

168 Gilles Deleuze, *Cinéma I : L'imagemovement*, 12.

〈사진 27〉「랑주씨의 범죄」 장면

〈사진 28〉「프렌지」의 장면

이러한 방식으로 즉자적으로 된 이미지는 단지 A지점에서 B지점으로의 이동을 표현하는 것이 아니라 운동과 분리되지 않는 이미지로서, 늘 변화하고 있는 실재로서 있을 수 있다.

이러한 운동-이미지를 배치하여 영화 전체를 구성하는 것을 우리는 몽타주라고 부른다. "몽타주는 구성, 즉 시간의 간접적 이미지를 구성하는 운동-이미지들의 배치이다."[169] 운동-이미지들을 배치하여 그로부터 시간을 끌어내는 것이 몽타주이다. "전체를 구성하고 우리에게

169 Gilles Deleuze, *Cinéma I : L'imagemovement*, 47.

시간에 '대한' 이미지를 주는 것은 바로 몽타주 그 자체이다."[170] 그런데 이렇게 운동-이미지를 배치하는 몽타주가 운동-이미지를 과거, 현재, 미래로 연결하는 것이라면, 이 몽타주의 매개에 의해 표현되는 시간은 어디까지나 운동에 종속되어 있는 시간이라고 해야 한다. "시간은 몽타주의 매개를 통해 운동에 의존하며, 운동에 종속된 것으로서 몽타주로부터 흘러나온다."[171] 몽타주의 매개 없이 운동-이미지는 시간을 표현할 수 없다. 그렇지만 이것이 몽타주가 운동-이미지들의 내재적인 속성을 떠나서 조작을 행할 수 있다는 것을 의미하지는 않는다. 몽타주는 운동-이미지들의 관계들에 따라서 결정된다. 즉자적인 각각의 운동-이미지는 변화하는 전체를 표현하며, 이미 잠재적인 몽타주여야만 하는 것이다. 이러한 방식으로 운동-이미지는 운동을 늘 변화하는 전체에 연결시키며, 이러한 방식으로 과거, 현재, 미래라는 시간 전체를 표현한다.

3. 운동-이미지에서 시간-이미지로

들뢰즈는 『시네마 I : 운동-이미지』에서 『시네마 II : 시간-이미지』로 넘어가면서, 몽타주의 매개를 통해서 전체로서의 시간을 간접적으로 표현할 수밖에 없었던 운동-이미지가 시간을 직접적으로 드러내는 이미지로 나아가는 국면을 이야기한다. 이 변화의 국면은 분명 영화사

170 Gilles Deleuze, *CinémaII*: L'imagetemps, Paris: Minuit, 1985, 51.

171 Gilles Deleuze, *CinémaII*: L'imagetemps, 52.

적인 배경을 가지고 있는 것이지만 보다 더 근본적으로 영화 내적으로 변화할 수밖에 없었던 이유 역시 존재한다. 바로 우리가 계속 이야기하고 있는 이 이미지의 즉자성이다. 즉자적으로 운동하고 있는 이미지는 고전적인 의미에서의 운동과 다를 수밖에 없다. 운동은 본래 동체라는 중심을 가지고 있어야 하는 것인데, 우리가 앞서 본 르누아르나 히치콕의 영화에서처럼 이제 카메라는 인물을 두고 떠나면서 운동하기도 한다. 마이브리지가 찍었던 말이라는 중심이나 관찰자라는 중심과 같은 것들은 더 이상 운동-이미지에 남아 있지 않다. 들뢰즈는 "도주자가 전력을 다해 달리고 있는데도 우리와는 얼굴을 마주본 채로 남아있는" 장면 같은 것을 예로 든다.[172] 운동의 중심이라는 것은 도주하고 있는 사람에게도, 관객들에게도 더 이상 존재하지 않는다. 그러므로 "운동-이미지는 그 자체 본질적으로 일탈된, 비정상적 운동"이다.[173]

이러한 방식으로 운동-이미지는 동체라는 중심으로부터 이탈되어 본질적으로 자율성을 얻게 되기 때문에, 영화의 이미지는 필연적으로 운동으로부터 벗어나는 방향으로 나아갈 수밖에 없다. 그리고 들뢰즈는 이 운동으로부터 해방된 이미지를 '시간-이미지'이라고 부른다. 왜 운동으로부터 해방된 이미지는 시간-이미지인가? 들뢰즈는 아리스토텔레스 이래로 항구적으로 유지되어온 관점, 즉 '운동의 수'로서의 시간을 염두에 두고 운동과 시간의 관계의 전복을 말하고 있다. 아리스토텔레스는 『자연학』에서 시간이 변화 혹은 운동 없이 존재할 수 없다고 말한다. 예를 들어 우리가 잠에서 막 깨었을 때를 생각해보면 우리는 우

172 Gilles Deleuze, *CinémaⅡ: L'imagetemps*, 53.

173 Gilles Deleuze, *CinémaⅡ: L'imagetemps*, 53.

리가 잠든 때로부터 얼마나 시간이 경과했는지 모른다. 그렇지만 시간은 경과했다. 단지 우리가 잠에서 깨었을 때 비몽사몽으로 변화를 눈치채지 못했을 뿐이다. 그러므로 시간이라는 것이 존재하지 않는 것은 아니지만 우리가 시간이 경과했다는 것을 알 수 있는 것은 오직 운동이나 변화를 지각했을 때라는 것을 알 수 있다. 시간은 존재하지 않는 것도 아니고 운동이나 변화와 동일한 것도 아니지만 그로부터 독립되어 있지 않다. 시간은 언제나 운동과 변화에 동반되는 것이다.

이렇게 하나의 운동을 기준으로 그 이전과 이후를 지각했을 때에만 우리는 시간이 경과했다고 말할 수 있기 때문에, 시간의 크기는 운동의 크기와 동일하다. 이로부터 '시간은 이전과 이후의 관점에서 본 운동의 수'라는 아리스토텔레스의 시간에 대한 정의가 나온다. 이러한 방식으로 아리스토텔레스에서 운동과 시간은 뗄 수 없는 관계에 있고, 이 때문에 운동으로 시간을 셀 수 있을 뿐 아니라 시간으로 운동을 셀 수도 있다. 그래서 그는 '시간은 운동과 변화의 척도이다'라고 말하기도 한다.[174] 들뢰즈가 끊어놓고자 하는 것이 이러한 아리스토텔레스적인 운동과 시간의 관계이다. 그는 영화를 통해서 운동에 언제나 종속되어 있고 그것으로 운동을 셀 수 있는 것으로서의 시간이 아니라 운동과의 관계로부터 해방된 시간을 이야기하고자 한다. 들뢰즈는 이러한 운동과의 전복하는 시간을 햄릿의 표현을 빌려 '시간이 경첩에서 빠져나간다(the time is out of joint)'고 말하기도 한다. 이는 "시간이 그 자신이 아닌 다른 어떤 것의 계산에 종속되는 방식으로 감겨 있지 않다는 것"이

174 아리스토텔레스, 『자연학』, 220b33; *Physics*, trans. Edward Hussay, Oxford: Clarendon Press, 1983, 47.

다.[175] 그리고 이 해방은 앞서 이야기한 것처럼 영화의 내적인 필연성에 의해서 반드시 이루어지게 되어 있었던 일이다. 현재는 더욱 빈번하게 이루어지고 있는 고속촬영이나 저속촬영, 슬로 모션 등을 생각해보면, 우리는 즉자성을 획득한 영화의 이미지가 근본적으로 일탈된 운동을 가능하게 하고, 이것이 언제나 정상적인 운동의 흐름에 갇혀 있던 시간을 그 구속으로부터 벗어나게 할 수 있다는 점을 잘 이해할 수 있다. 그래서 들뢰즈는 이렇게 말한다. "어떻게 보면 영화는 끊임없이 이를 행해왔다. 그러나 달리 보면 영화는 운동-이미지의 위기에 힘입은 자신의 진화를 통해서만 이를 인식할 수 있었다."[176]

앞서 이야기한 것처럼 운동-이미지가 시간-이미지로 나아가게 되는 것은 분명 역사적인 배경을 가지고 있다. 들뢰즈가 열거하는 운동 이미지의 위기의 다양한 이유들은 "전쟁과 그 여파들, '아메리칸 드림'의 모든 측면에서의 명멸, 소수자들의 새로운 의식, 외부세계와 사람들의 머릿속에서 동시에 벌어진 이미지들의 부상과 팽창, 문학이 실험하는 새로운 이야기 방식들이 영화에 미친 영향, 할리우드와 낡은 장르들의 위기" 같은 것들이다. 운동의 필연적인 일탈성을 봉합하고 있었던 운동-이미지의 영화에 대해 잠재적으로 있던 시간-이미지가 도래하게 된 것은 바로 이러한 위기로부터 생겨난 요구들 때문이다. 운동-이미지는 점차 판에 박힌(cliché) 이미지로서 경제적인 이해관계나 이데올로기적 믿음, 그리고 심리적 욕구에 봉사하게 되었고, 그로부터 내적으

175 Gilles Deleuze, "Cours vincennes: Synthèse et temps 14/03/1978", Les cours de Gilles Deleuze, www.webdeleuze.com.

176 Gilles Deleuze, *CinémaⅡ: L'imagetemps*, 61.

로 위기를 맞으면서 새로운 이미지의 출현에 대한 요구로 인해 필연적으로 직접적인 시간-이미지가 나타나게 된다. 그리고 그러한 시간-이미지의 첫 출현을 알린 것은 네오리얼리즘 영화들에서이다. 우리가 맨 처음 들뢰즈를 소개하며 이야기했던 「유럽 51년」을 만든 로셀리니를 포함하여 비토리오 데 시카, 루키노 비스콘티(Luchino Visconti, 1906~1976) 등이 네오리얼리즘 작가로 분류되는 작가들이다. 이 작가들은 전후 이탈리아의 검열과 억압에 대항하여 할리우드 문법에서 벗어나 새로운 리얼리즘 영화를 만들고자 했던 사람들이었다.

앞서 이야기했던 「유럽 51년」을 떠올려 보면 우리는 이 시간-이미지의 영화의 특징을 잘 알 수 있다. 주인공을 압도하면서 변화시키지만 그 이유를 설명할 수 없는 공장 이미지와 같은 것은 운동-이미지의 흐름에 종속되지 않기 때문에 그 전체로부터 돌출된 이미지로 존재한다. 들뢰즈는 이러한 이미지를 '순수한 시지각적-음향적 이미지(image optique-sonore pure)'라고 부르기도 한다. 이 돌연히 출현하고 마주치게 되는 이미지는 우리가 앞서 이야기했던 기호와의 마주침처럼 우리에게 해석될 수 없이 주어지면서도 사유하도록 강요한다. "인간을 세계 안의 어떤 참을 수 없는 것에 의해 충격을 받은, 그리고 사유 안에 존재하는 어떤 사유할 수 없는 것에 직면하게 된 견자(voyant)로 만든다."[177] 이러한 방식으로 운동-이미지는 그 내적인 필연성에 의해서, 그리고 위기의 역사에 의해서 사유에 충격을 가하는 시간-이미지로 이행한다.

운동-이미지를 연결하는 몽타주에 의해 시간이 간접적으로 구성

177 Gilles Deleuze, *Cinéma I : L'imagemovement,* 278.

되는 것이 아니라 시간이 직접적으로 이미지화될 때, 그러한 영화에서 몽타주는 더 이상 운동–이미지와 전체를 연결하는 것이 아니라 시간–이미지의 깊은 심도에 종속되기도 하고 아예 보이지 않게 되기도 한다. 그리고 운동–이미지로서 쇼트는 더 이상 잠재적 몽타주가 아니라 시간의 압축이 된다. "시간의 힘 혹은 시간의 압축은 쇼트의 한계를 벗어나는 것이며, 몽타주 그 자체는 시간 속에서 작동하고 시간 속에서 사는 것이기 때문이다."[178] 하나의 쇼트는 더 이상 다른 운동–이미지들과 유기적으로 연결되는 방식으로 있는 것이 아니라, 그 자체가 운동의 종속으로부터 벗어난 시간을 압축적으로 드러내는 것이 된다. 우리가 앞서 리오타르를 다루면서 먼저 언급했던 오즈 야스지로의 「만춘」 같은 것이 이러한 좋은 예가 되어준다. 「만춘」에서 보여지는 꽃병이라는 정물은 결혼하기를 거부하던 딸이 결혼을 결심하게 되는 그 사이의 시간을 드러낸다. 분명히 무언가가 변화하였지만, 우리는 그것을 설명해낼 수 없다. 정지되어 있는 그 꽃병은 그러한 방식으로 압축되어 있는 시간을 드러낸다. 이것이 우리가 앞서 이야기했던 공간의 시간화이다.

들뢰즈는 이러한 것을 '시간의 프루스트적 차원'이라고 말하기도 한다. "프루스트가 육체 위에 자신의 환등을 비추고 있는 시간, 깊이를 주는 몇몇 면(plan)을 공존하도록 하는 시간에 대해 말할 때, 그는 영화의 용어로 얘기하고 있다 할 수 있다."[179] 프루스트는 실제로 다음과 같이 쓰고 있다.

178 Gilles Deleuze, *CinémaⅡ : L'imagetemps*, 220~221.

179 Gilles Deleuze, *CinémaⅡ : L'imagetemps*, 56.

여러 인형들, 하지만 그들을 우리가 알았던 사람으로 알아보려면, 그 뒤에서 인형에 깊이를 주고 있는 몇몇 면(plan)을 동시에 읽어 내야 했고, 정신을 일하도록 강제하지 않을 수 없었다. 이런 늙은 꼭두각시를 눈앞에 두는 경우 육안으로 바라보는 동시에 기억의 눈으로 보아야 했기 때문이다. 인형들은 지나간 세월의 비물질화된 빛깔에 잠겨 시간을 겉으로 나타낸다. 평소에는 눈에 띄지 않던 시간이 육체를 찾다가, 어디서고 육체를 마주치기만 하면 그것을 붙잡아 거기에 '시간'의 환등을 비추는 것이다.[180]

주인공이 오랜 시간이 지난 뒤 다시 만난 사교계의 사람들의 얼굴에 마치 시간이 환등을 비추고 있는 것처럼 느끼는 이 장면에서 들뢰즈는 시간의 가시화하는 영화의 이미지와의 유사성을 발견한다. "지난 날 콩브레의 내 방문 손잡이에 비치던 골로(Golo)처럼 비물질화되어, 알아보지 못할 만큼 새로운 아르장쿠르씨가 마치 시간의 계시처럼, 시간의 편린을 눈에 보이면서 떠돌고 있었다."[181] 이것이 시간의 압축으로서 가시화된 쇼트의 모습이라고 할 수 있다.

---

180 Marcel Proust, *À la recherche du temps perdu*, vol. Ⅲ, Paris: Gallimard, 1954, 924.

181 Marcel Proust, *À la recherche du temps perdu*, vol. Ⅲ, 924. 여기서 인용된 골로(Golo)는 어린 시절 주인공이 잠들기 전에 어른들이 비춰준 환등기에서 나오던 이야기의 인물이다. 환등기에 의해 비추어진 비물질화된 골로는 다음과 같이 묘사된다. "환등기를 움직이기만 하면, 골로의 말이 창문 커튼 위 주름이 불룩한 부분에서는 올라가기도 하고, 주름이 파인 곳에서는 내려가면서 계속 나아가는 것이 보였다. 골로의 몸은 그가 탄 말 만큼이나 초자연적 본질이어서, 모든 물질적인 장애물이나, 길을 방해하는 것은 모두 뼈로 간주하고 자신의 몸속에 흡수했다. 그것이 설령 방문 손잡이라 할지라도 그는 즉시 거기에 적응하여 자신의 붉은 옷과 창백한 얼굴, 언제나 고귀하면서도 우수에 찬 얼굴, 이런 골격 변화에도 어떤 동요의 기색도 보이지 않는 얼굴을 떠돌게 하였다."(Marcel Proust, *À la recherche du temps perdu*, vol. Ⅰ, Paris: Gallimard, 1954, 10)

4. 영화의 '거짓의 역량'

이렇게 운동의 종속으로부터 풀려나 그 자체로 시간을 가시화하는 시간-이미지는 운동-이미지들이 그들의 관계를 통해서 형성했던 유기적인 흐름을 파괴하기 때문에, 분열적이고 비연대기적인 서사를 구성하게 된다. 들뢰즈는 이를 '거짓을 만들어내는 서사(narration falsifiante)'라고 부른다. 그런데 영화라는 것은 근본적으로 '허구'라는 의미에서 거짓이 아닌가? 들뢰즈가 '거짓을 만들어내는 서사'와 반대되는 서사로 이해하는 것은 사실을 있는 그대로 드러내는 서사가 아니라 '진리언표적 서사(narration véridique)'이다. 영화는 허구임에도 불구하고 언제나 상황에 반응하거나 상황을 드러내는 인물들의 행동을 구현함으로써 그 자신이 진실임을 '주장'하기 때문이다. 들뢰즈는 그러한 방식으로 단지 허구라는 의미에서의 거짓이 아니라 진리 개념 자체를 와해시키는 '거짓'을 만들어내는 서사가 시간-이미지로부터 가능해진다고 말한다. "시간은 항상 진리 개념을 위기에 놓았다."[182] 그것은 영화에서도, 철학에서도 마찬가지이다.

들뢰즈가 철학에서 늘 문제 삼는 것은 그것이 모든 사람들에게 보편적으로 있다고 가정되는 것으로부터 진리를 세워 올리고자 한다는 점이다. 예를 들어 데카르트는 『성찰』에서 모든 참된 것으로 간주해왔던 것들을 의심하고 '최초의 토대'로부터 다시 시작하고자 하는데, 그 최초의 토대가 '사유하는 것(res cogitans)'으로서의 나이다. 모든 것을 의

182 Gilles Deleuze, *Cinéma II : L'imagetemps*, 170.

심하는 동안에도 그 사유하는 나 자신이 존재한다는 사실만큼은 확실하다. 데카르트는 '나'라고 여겨졌던 모든 개념들, '인간', '이성적인 동물' 등 모든 사람들이 알고 있다고 가정되었지만 사실은 다시 물어져야 하는 개념들을 물리치고 확고 불변한 사유를 발견했다. 그런데 들뢰즈는 데카르트 역시 전제들에서 벗어나지 못했다고 말한다. 데카르트는 개념들에 의존하고 있지는 않지만 모든 사람들이 이미 자아나 사유, 존재가 무엇을 의미하는지 알고 있다고 가정하고 있다. 들뢰즈는 이러한 문제 의식 아래에서 진정으로 데카르트가 목표로 했던 바, 그리고 모든 철학이 목표로 했던 바대로 어떤 전제도 없는 사유로부터 출발하고자 한다. 그리고 그가 문제를 제기하는 전제 가운데 하나가 바로 사유와 참 사이의 관계이다. "사유는 참과 친근하고 형상적으로 참을 소유하며 질료상으로 참을 원한다"라는 것 역시 하나의 전제에 불과하다는 것이다.[183]

이러한 사유와 참의 근친성을 보장하는 것은 선(善)이다. 가령 아리스토텔레스가 '모든 사람은 본성상 알기를 좋아한다'고 할 때 가정되는 것은 사유하는 주체의 선한 의지와 사유의 선한 본성 사이의 근친성이다. 니체는 이미 이러한 선의 매개에 의한 사유와 참의 관계에 대해 비판한 바 있다. 그는 소크라테스주의에 대해 다음과 같이 요약한다. "아무도 자기 자신에게 해를 입히고자 하지 않는다. 따라서 모든 악은 의도하지 않고 일어나게 된다. 왜냐하면 악인은 자기 자신에게 해를 가하는 자이기 때문이다. 만일 악이 좋지 않은 것임을 그가 알았다면 그것

183 Gilles Deleuze, *Différence et répétition*, Paris: P.U.F., 1968, 172.

을 하지 않았을 것이다.”[184]이러한 ‘악이라는 것을 알았다면 그것을 행했을 리 없다’라는 가정으로부터 선과 앎, 악과 무지는 곧바로 동일시된다. 이렇게 될 때 참과 거짓이라는 진리의 문제는 언제나 선과 악이라는 언제나 앞서 결정되어 있는 전제 뒤에 따르는 부차적인 것이 된다. “우리는 언제나 우리가 생각하는 것의 의미와 우리가 믿는 것의 가치에 따라 우리에게 받아들여질 만한 진리들만을 소유한다.”[185]

이렇게 미리 결정되어 있는 참과 거짓을 와해시키는 것, 들뢰즈는 그러한 역량을 시간-이미지에서 발견하고 있다. 그리고 이를 ‘거짓의 역량(puissance du faux)’이라고 부른다. 참이 아닌 것으로서의 거짓, 사실이 아닌 것으로서의 오류가 가지는 상대적인 힘이 아니라, 참과 거짓의 판단체계 자체를 와해시키는 힘을 그렇게 부르고 있다. 우리는 앞서 우리를 사유하도록 강제하는 힘은 ‘기호’에 있음을 이야기했다. 들뢰즈는『프루스트와 기호들』에서 다음과 같이 말한 바 있다. “로고스와 반대로 기호들로 된 언어에서는, 오로지 속이기 위해 꾸며낸 것 속에서만, 진리를 감추는 굴곡들 속에서만, 거짓말과 불행의 조각들 속에만 진리가 있다.”[186] 참과 거짓이 분명하게 고정되어 있으며 그에 따라 구분 가능하고 설명 가능한 것이라면 이는 우리에게 더 이상 사유를 강제하는 하나의 기호가 될 수 없다. 들뢰즈가 영화의 이미지를 기호라고 말했을 때, 이는 우리를 그러한 기존의 질서로부터 떠나서 사유할 수 있게 하기 때문이다. 이렇게 예술이 가진 힘은 그러한 참과 거짓의 견고한 체

184 프리드리히 니체,『선악의 저편·도덕의 계보』, 김정현 옮김, 책세상, 2002, 144.

185 Gilles Deleuze, *Nietzsche et la philosophie*, Paris: P.U.F., 1962, 118.

186 Gilles Deleuze, *Proust et les signes*, 135.

계를 와해시키는 '거짓의 역량'이며, 이는 곧 진리는 고정되어 있는 것이 아니라 끊임없이 창조되는 것임을 의미한다. "예술가는 '진리의 창조자'이다. 왜냐하면 진리란 도달되어야하는 것이거나 탐구되어야하는 것 혹은 재생산되어야하는 것이 아니라 창조되어야하는 것이기 때문이다."[187]

들뢰즈는 거짓을 만들어내는 서사는 "함께 가능하지 않은 현재들의 동시성, 혹은 비필연적으로 참인 과거들의 공존성을 제시한다는 점에서 진리의 형태를 박탈하고 대체하는 거짓의 역량이다"라고 말한다.[188] 이러한 설명 불가능한 현재들의 동시성으로서 시간-이미지는 알랭 로브-그리예(Alain Robbe-Grillet, 1922~2008)의 「지난 해 마리앵바드에서(L'année dernière à Marienbad Last Year At Marienbad)」에서 잘 나타난다. 바로크풍의 호텔을 배경으로 남녀가 서로 다른 과거의 기억을 이야기하는 이 영화는 과거와 현재로 오가며 여러 가지 장면들을 보여주지만 남녀 중 누가 거짓말을 하고 있는지에 대한 답은 주지 않는다. 남자는 여자에게 둘이 지난 해 만나 서로 사랑했고, 그녀가 1년 뒤 남편을 떠날 테니 돌아와 달라는 말에 약속을 지키기 위해 자신이 왔다고 말한다. 그러나 여자는 기억나지 않는다고 말하고 그녀가 남자와 함께 가고 싶은지 남편 곁에 남고 싶은지도 알 수 없다. 영화의 끝에서 여자는 남자와 떠나기도 하고 남편의 총에 맞기도 하는데 이 역시도 어떤 것이 진실인지 알 수는 없다. 그리고 영화는 '당신은 길을 잃어버렸다, 영원히'라는 말과 함께 끝난다. 이러한 방식으로 영화에서 현재들은 "서

187 Gilles Deleuze, *CinémaⅡ: L'imagetemps*, 191.

188 Gilles Deleuze, *CinémaⅡ: L'imagetemps*, 171.

로 부인하고 지우고 대체하며 재창조되고 두 갈래로 갈라졌다가 다시 되돌아오기를 언제나 되풀이한다."[189] 남자가 진실을 말하고 있다면 여자는 기억하지 못하거나 거짓말을 하고 있는 것이어야 하며, 여자가 진실을 말하고 있다면 남자는 틀렸거나 속이고 있는 것이어야 하는데, 이 함께 가능하지 않은 시간들이 함께 공존한다. 또한 「지난 해 마리앵바드에서」에서는 현재뿐만 아니라 누구의 플래시백인지 모를 과거들 역시 공존한다. 그래서 이 과거들은 필연적으로 참인 과거들이 아니라 비필연적으로만 참인 과거들이 된다.

〈사진 29〉 「지난 해 마리앵바드에서」에서 공존하고 있는 공존할 수 없는 시간들

189 Gilles Deleuze, *CinémaⅡ: L'imagetemps*, 133.

이러한 방식으로 시간은 진리 개념을 와해시킨다. 참과 거짓의 차이를 설명할 수 없는 것으로 만드는 과거와 현재들로 인하여 진리의 판단체계 자체가 와해된다. 그러므로 이러한 거짓을 만들어내는 서사는 진리언표적 서사가 항상 되돌아가는 참과 거짓의 판단체계로부터 빠져나와 이 판단체계를 완전히 부수는 역량을 가진 것이 된다.

또 한 가지 이 영화의 거짓의 역량과 관련하여 말해야 하는 것은 이 영화 내부에서 일어난 '서사'의 문제의 바깥의 차원이다. 영화의 허구성과 별개로 그 배후에 있는 작가의 시선에는 진실성이 있다고 믿는 것에 대해서도 문제를 제기한다. 이 작가의 진실성의 문제는 카메라의 시선과 작가의 시선의 일치를 가정하는 문제이다. 한 카메라가 어떤 인물의 표정을 보여준 뒤 그 인물이 서 있는 위치에서 그 인물의 시선이 가닿고 있는 사물을 비추는 장면을 떠올려보자. 이때 사물을 비추는 카메라의 시선은 인물의 주관적인 것이라면, 인물을 비추는 카메라의 시선은 객관적인 것으로 여겨진다. 그리고 인물과 사물을 동시에 비추는 시선이 있다면 그것은 카메라 배후에 있는 작가의 시선이 될 것이며, 이러한 시선은 인물이 보는 것이 사물이고 사물은 인물에게 보이고 있다는 것을 보증하는 것이 된다. 이러한 장면을 떠올려보면 우리는 카메라 배후에서 진실성을 보증하는 것이 바로 영화 작가라는 것을 잘 알 수 있다. 우리는 종종, 특히 다큐멘터리에서 작가가 직접 화면 속에 개입하는 장면을 본다. 이때 작가는 자기 스스로 프레임 안으로 들어감으로써 자신을 객관적으로 만들고, 자신이 카메라를 통해서 보여주고 있는 상황은 어디까지나 자신의 주관적인 관점이 들어가 있다는 것을 폭로함으로써 오히려 진실성에 다가가고자 하는 것이다. 그런데 들뢰즈는 영화 외부의 현실에서 진실을 추구하는 것 또한 서사의 차원에서 영화 내부적으로 진실을 추구하는 것과 다르지 않다고 본다. 즉, 이 또한 여전히 '진리언표적인 것'이다. "선재하는 현실에 호소하는 것이지만, 어떤 의미로 이야기(récit)의 조건 속에서는 변한 것이 아무것도 없다. [……] 이야기는 여전히 진실의 이야기로, 즉 허구적으로 진실이라기보다는 현실적으로 진실인 것으로 남은 것이다."[190]

들뢰즈는 이러한 진리언표적인 영화에 반대하기 위해서는 주관적인 것과 객관적인 것에 대해서 어떤 방식으로든 동일성을 보증하는 것을 거부해야 한다고 말한다. 이는 '자유간접화법(discour indirect libre)'의 형태로 나타난다. 영화에서 직접화법, 가령 '그는 말했다. "나쁘지 않네요."'라는 타자의 말을 직접적으로 인용하는 화법은 주관적인 이미지, 즉 앞선 예에서 인물의 시선에 비춰진 사물의 이미지에 해당한다. '나쁘지 않네요'라는 말이 인물에 귀속되는 것처럼, 주관적 이미지는 그것을 바라보는 인물에 귀속되기 때문이다. 반면 간접화법, '그는 그때 그것이 나쁘지 않다고 말했다.'라고 서술자가 개입한 화법은 인물을 비추는 객관적 이미지에 해당한다. 간접화법에서 인물의 말이 서술자의 말을 통해 변형되어 전해지는 것처럼, 관객들은 카메라를 든 작가에 의해 비춰진 인물을 바라봄으로써 조만간 그가 무엇을 보는지 알게 되기 때문이다. 자유간접화법은 이런 것이다. "그녀는 자신의 힘을 한 데 모은다. 그녀는 처녀성을 잃어버리느니 차라리 고문을 참기를 택할 것이다." [191]이 문장에서 인물의 생각은 인물의 말이 아니라 서술자의 말에

190 Gilles Deleuze, *CinémaⅡ : L'imagetemps*, 195.

191 들뢰즈는 바흐찐의 『마르크스주의와 언어철학』에서 이 예를 취한다.(미하일 바

의존하여 표현된다. 인물과 서술자의 생각이 서로 분리되지 않은 채로 있다. 그런 의미에서 바흐찐은 자유간접화법을 단순히 직접화법과 간접화법의 혼합으로 정의할 수 없다고 한다. "두 가지 화법을 단순히 기계적으로 혼합시키거나 산술적으로 결합시키는 것이 아니라 타자의 발화를 능동적으로 수용하는, 완전히 새롭고 적극적인 경향이며, 인용자의 말과 타자의 말 사이의 상호관계의 역동성이 움직이는 특정한 방향이기 때문이다."[192]

자유간접화법의 영화에서 인물이 주관적으로 바라본 것과 카메라가 객관적으로 본 것 사이의 구별은 사라진다. 가령 "카메라는 인물이 프레임 안으로 들어와서 무언가를 하거나 말하기를 기다리며, 인물이 나간 뒤에도 다시 텅 비어버린 공간을 계속 잡는다."[193] 이러한 고집스럽고 강박적인 프레임은 이미지를 주관적인 것에도 객관적인 것에도 귀속되지 않는 하나의 자율적인 관점을 가진 것으로 만든다. 이를 피에르 파올로 파졸리니(Pier Paolo Pasolini, 1922~1975)는 '카메라를 느끼도록 하는 것'이라고 표현했다. 이는 카메라 배후에 있는 작가의 관점에 이미지들을 최종적으로 귀속시킨다는 것을 의미하지 않는다. 바흐찐은 소설의 작가에 대해 다음과 같이 말한 바 있다.

> 산문작가는 말들에 낯선 지향들과 음조들을 갖고 말들을 정화하지 않으며, 말 속에 맹아적으로 존재하는 사회적인 담화 다양성을 말살하지 않으며 말들과 언어의 형식들 뒤에 숨어있는 작어적인

흐찐, 『마르크스주의와 언어철학』, 송기한 옮김, 한겨레, 1990, 211)

192 미하일 바흐찐, 『마르크스주의와 언어철학』, 197.

193 Gilles Deleuze, *CinémaⅠ: L'imagemovement*, 108.

모습들과 담화 방식들(잠재적인 이야기꾼 형상들)을 멀리하는 것이 아니라 자신의 작품이 지닌 궁극적인 의미 중심, 자신의 고유한 지향적인 중심으로부터 여러 갈래로 떨어져 있는 곳에 이 모든 말들과 형식들을 배열한다. [……] 다른 언어 계기들은 작가의 궁극적인 의미 단계에서 완전히 떨어져 나와 그의 지향들을 보다 선명하게 파괴한다. 그리하여 결국 남는 것은 작가의 지향들로부터 자유로운 것뿐이다.[194]

파졸리니와 들뢰즈가 영화에서의 자유간접화법을 이야기하면서 말하고 싶은 바도 마찬가지이다. 영화의 작가는 인물을 그 자신으로 남아 있지 않게 만들고, 그 자신도 그들과 더불어 타자가 되어야 한다. 카메라는 주관적이거나 객관적으로 머물러 있는 것이 아니라 카메라의 시각이 인물의 시각을 표현하고 인물의 시각이 카메라의 시각을 표현하도록 만듦으로써 이야기를 진리의 이상으로부터 해방된 하나의 '가짜이야기(pseudorécit)'로 만든다. 영화 전체를 거짓의 역량으로까지 끌어올리는 것이다.

장 뤽 고다르(Jean-Luc Godard, 1930~)의 영화는 영화 전체를 자유간접적 시각으로 구성한 가장 좋은 예가 된다. 고다르는 뮤지컬 코미디, 만화, 소설, 연극, 춤 등 영화 밖의 장르들을 영화 안으로 끌어들인다. 그러나 영화가 하나의 중심적인 장르로서 하위의 장르들을 유기적으로 포섭하는 것이 아니라, 장르들이 탈연쇄된(désenchaîné) 항들로서 불협화음의 계열을 이루도록 한다. 가령 「여자는 여자다(Une Femme Est Une Femme)」에서 여주인공은 '왜냐하면 나는 뮤지컬 코미디에 출현하고 싶

194 미하일 바흐찐, 『바흐찐의 소설미학』, 이득재 옮김, 열린책들, 1988, 141.

거든. 출연 시드 챠리시, 진 켈리, 안무는 밥 포시'라고 말하면서 뮤지컬 코미디 장르를 소환하지만, 그들은 관객들에게 특정한 영화의 특정한 장면을 연상시키고자 하지 않는다. 그들은 오히려 우스꽝스럽게 정지된 동작만을 보여줄 뿐이다.

〈사진 30〉「여자는 여자다」의 장면들

뮤지컬 코미디 장르에서 춤의 리듬은 얼마간의 상상적인 시간성을 가지고 있다. 「사랑은 비를 타고(Singin' in the Rain)」에서 진 켈리(Gene Kelly, 1912~1996)는 빗속에서 춤을 추고 경찰이 끼어들면 그 상상적 시간에서 현실로 돌아온다. 그러나 「여자는 여자다」에서 주인공들의 춤은 현실로부터 떼어진 상상적 시간이 아니다. 그들이 무대로 삼는 골목길에서 연인들은 키스를 나누며 주인공 자신도 언제라도 옆에서 춤을 추는 사람을 발로 찰 수 있다. 이렇게 그들이 표현하는 뮤지컬 코미디 장르는 주인공의 상상이 되는 것을 거부함으로써 영화의 유기적 흐름 속으로 포섭되는 것이 아니라 유기적 흐름 자체의 외부적인 것으로 순수하게 남아있다. 이러한 방식으로 자유간접화법으로서 영화는 그 자신과 이질적인 것으로 남아있는 것들과 더불어 그 역시 그 자신의 타자가 된다.

5. 들뢰즈와 '소수영화'

들뢰즈는 영화 내부의 서사에서든 서사의 바깥에서든 진실성이라는 목표 아래에서 참과 거짓의 체계에 종속되어 있지 않는 것에서 영화의 진정한 역량을 찾았다. 영화의 힘은 서사의 진실성이나 시선들의 동일성을 통해 말하는 자의 진실성을 보증함으로써 얻게 되는 것이 아니라, 인물이 그 자신과 더 이상 동일하지 않고 작가 역시 그 자신으로 남아있지 않은 방식으로 영화는 자신의 역량을 가질 수 있게 된다. 고다르는 영화 자체가 더 이상 영화가 아닌 것이 되는 국면을 드러냄으로써 이 진실성을 판단하는 체계를 와해시킨 한 사람의 작가라고 할 수 있다. 우리는 앞서 들뢰즈가 영화의 이미지를 하나의 기호로서 여긴다는 점을 보았다. 참과 거짓이 미리 결정되어 있는 체계 아래에서 사유하는 것이 아니라 우리에게 해독을 강요하는 기호와의 마주침을 통해서 발생하는 것이 사유이며, 영화의 이미지는 바로 우리가 그렇게 기호와 같이 마주치는 것이다. 미리 결정되어 있는 진실성이 아니라 거짓을 만들어내고, 우리가 영화라고 늘 말해오는 그러한 동일성의 질서 속에서가 아니라 영화의 타자들과 함께 타자가 되는 것이 중요한 것은 이 때문이다. "영화가 그 자체 이미지와 기호의 새로운 실천"인 것이다.[195]

이러한 의미에서 들뢰즈는 하나의 실천적 사유로서 영화는 "히틀러에 대항할 뿐만 아니라, 헐리우드, 재현되는 폭력, 포르노그라피와 영화산업"에 대항하기 위하여 총체화할 수 없는 새로운 이미지를 창조해야 한다고 말한다.[196] 그는 이렇게 말하면서 벤야민을 염두에 두고 있다. 벤야민은 "어떻게 자동기계적 운동의 예술이(혹은 벤야민이 모호하게 말하고 있는 것처럼, 기술복제의 예술이) 그 자체로 대중의 자동기계화, 국가의 미장센, '예술'이 된 정치와 일치될 수밖에 없었는지"를 이미 보여주었다.[197] 그러나 우리가 이미 살펴 본 것처럼 동시에 벤야민은 예술의 정치화를 말하기도 했다. 들뢰즈는 이러한 영화의 정치적인 힘을 운동이미지와의 관계를 전복시킨 시간-이미지에서 찾는다. 운동-이미지의 영화는 언제든지 히틀러로, 그리고 나치즘이 끝까지 자신의 경쟁상대로 생각했던 할리우드로 귀결되는 위험성에 놓여있는 것이지만, 시간-이미지는 늘 총체화하고자 하는 운동-이미지로부터 해방되어 새로운 영화의 역량을 드러낸다.

들뢰즈는 시간-이미지를 통하여 벤야민처럼 예술의 정치화에 대

---

195 Gilles Deleuze, *Cinéma* Ⅱ v: *L'imagetemps*, 366.

196 Gilles Deleuze, *Cinéma* Ⅱ: *L'imagetemps*, 345.

197 Gilles Deleuze, *Cinéma* Ⅱ: *L'imagetemps*, 344.

해서 이야기하고자 한다. 소수영화(cinéma de minorités)가 되는 것, 그것이 제3세계 영화가 나치즘과 할리우드에 맞서 취해야 하는 전략이다. 들뢰즈는 카프카의 소설을 다루면서 소수문학(littérature mineure)에 대해 정의한 바 있다. "소수 문학이란 소수 언어의 문학이 아니라, 오히려 메이저 언어 속에서 소수가 수행하는 문학이다."[198] 카프카는 프라하에 살면서 독일어로 글을 쓰는 유대인이었다. 그는 체코어로 글을 쓸 수 없었고, 그렇다고 독일에 살고 있는 사람들이 사용하는 독일어로도 글을 쓸 수 없었다. 이 프라하에 사는 사람들이 사용하는 체코어와 독일에 사는 사람들이 사용하는 독일어가 메이저 언어라고 할 때, "메이저리티란 수적으로 보다 많은 쪽을 의미하는 것이 아니라, 그 수가 적든 다른 것들의 수가 어떠하든 그들과의 관계에서 우선적으로 판단의 척도가 된다는 것을 의미한다."[199] 그래서 방언이나 사투리는 표준어와 동일한 조건에 놓이면서 표준어 체계의 바깥의 것, 부대적이고 비본질적인 것으로 간주된다. 카프카의 언어는 메이저 언어로부터 유리된 인위적인 언어, 건조하며 간결한 '문서 언어'와 같은 빈곤한 언어이다. 그러나 카프카의 언어는 메이저 언어와 동일한 척도 아래 놓이는 방언이나 사투리와 달리 메이저 언어의 메이저리티에 구멍을 내는 언어이다. "프라하의 독일어는 이방인들의 마이너 쓰임새에 고유한 탈영토화된 언어이다."[200] 카프카는 탈영토화된 자신의 민중들을 위해 고유한 쓰임새를

198 Gilles Deleuze·Félix Guattari, *Kafka: Pour une littérature mineure*, Paris: Minuit, 1975, 29.

199 Gilles Deleuze·Carmelo Bene, *Superpositions*, Paris: Minuit, 1979, 124.

200 Gilles Deleuze·Félix Guattari, *Kafka: Pour une littérature mineure*, 30.

창조하여 메이저 언어의 쓰임새에 구멍을 낸다. "마이너 쓰임새에 의해 구멍 나지 않을 제국적 언어는 없다."[201]

카프카는 자신의 일기에서 "문학은 민중의 문제이다"라고 쓴 바 있다.[202] 카프카가 빈곤한 독일어를 쓸지언정 쓰지 않을 수는 없었던 것은 민중을 위해서이다. 소수영화의 작가들도 이와 마찬가지이다. 소수영화의 작가들은 결핍된 민중(peuple manque)을 위해 쓰지 않을 수 없으며, 지배적인 영화언어로 쓸 수 없고, 지배적인 영화언어와 다르게도 쓸 수 없는 상황에 놓여있다. 들뢰즈는 제3세계뿐만 아니라 서구에도 민중이 '어떻게 현존하는가'가 아니라 '어떻게 존재하지 않은가'를 보여주는 정치적 작가들이 있지만 많지 않다는 점을 지적하면서, "그것이 권력의 메커니즘 및 메이저리티가 만든 체계에 의해 감추어져 있기 때문"이라고 말한다.[203] 민중은 메이저 언어 안에서는 존재할 수 없다. 소비에트 영화작가들과 미국영화작가들에게 민중은 이상적인 것으로서 이미 존재한다고 전제된 것이다. 그래서 그들은 운동-이미지와 이상적인 주체라고 전제된 민중을 손쉽게 결합하고 그들을 위해 썼다. 그러나 "문제를 변화시키기 위해서는 민중을 단일화해서는 안 된다."[204]

들뢰즈는 한스위르겐 지버베르크(Hans-Jürgen Syberberg, 1935~)의 말을 빌려 다음과 같이 말한다. "운동-이미지의 귀결은 레니 리펜슈탈이다."[205] 이러한 통합된 대중으로서의 민중으로 인해 진정한 민중은 제

201 Gilles Deleuze·Carmelo Bene, *Superpositions*, 101.

202 Gilles Deleuze·Félix Guattari, *Kafka: Pour une littérature mineure*, 32.

203 Gilles Deleuze, *CinémaII : L'imagetemps*, 282.

204 Gilles Deleuze, *CinémaII : L'imagetemps*, 286.

205 Gilles Deleuze, *CinémaII : L'imagetemps*, 345.

거된다. 들뢰즈는 나치즘이 마지막까지 자신의 경쟁상대로 생각했던 것이 헐리우드였다는 점을 지적하면서, 운동-이미지와 대중의 결합은 나치즘 하에서만이 아니라 헐리우드에서도 동일하게 일어났다는 것을 강조한다. 그러므로 제3세계의 소수영화 작가들이 그들의 결핍된 민중을 위해 쓴다고 할 때, 그들은 반드시 진정한 민중의 도래를 막는 그들의 대중과 마주하게 된다. 제3세계의 대중들은 메이저 언어, 즉 대중예술로서의 영화에 길들여져 있는, "미국, 이집트 혹은 인도의 시리즈물과 가라데 영화에 빠져 있는 대체로 문맹상태인 대중"인 것이다.[206] 소수영화의 작가들은 이러한 문맹상태의 대중들 너머에 있는 진정한 민중을 위해 쓴다. 그리고 이들의 영화는 "고전적인 영화처럼 진화와 혁명의 가능성 위에 구성되는 것이 아니라, 카프카 식의 불가능성, 즉 참을 수 없음 위에 구성된다."[207]

이러한 소수문학과 소수영화에서 모든 사적인 문제들은 즉각적으로 정치적인 문제가 된다. 메이저문학에서 가족이나 부부의 문제, 혹은 개인의 문제는 그 원인으로 거슬러 올라가 그것이 표현하는 사회적 모순을 발견하는 데에서만 정치적인 문제가 될 수 있다. 그러나 소수문학과 영화에서 개인의 문제는 언제나 억압받는 민족에게 필연적이고 불가결한 문제로서 직접적으로 정치적인 것이 된다. 카프카는 다음과 같이 말한다.

> 거대한 문학 내부에서는 밑에서 행해지는 것, 즉 거대한 구조물

206 Gilles Deleuze, *CinémaⅡ: L'imagetemps*, 283.

207 Gilles Deleuze, *CinémaⅡ: L'imagetemps*, 286.

> 에 필수적이지는 않은 지하실을 만드는 것과 같은 것이 여기[소수문학]에서는 충만한 빛을 받는다. 거기에서는 지나가는 군중을 선동하는 문제가 여기에서는 한 사람의 생사가 걸린 문제가 된다.[208]

만약 소수문학과 영화의 작가가 사적인 '문제'를 다루는 것이 아니라 사적인 '허구'를 생산해낸다면, 즉 사적인 허구를 생산하기 위해 필연적으로 메이저 쓰임새를 모방하게 된다면, 그들은 언제나 메이저 쓰임새를 있는 그대로 흡수함으로써 이미 식민화되어 있는 민중을 위해 쓰는 것이다. 그것은 언제나 '주인'의 편으로 귀착된다. "독일어를 인위적으로 풍부하게 만드는 것, 상징주의, 몽환주의, 신비주의, 은폐된 기표와 같은 모든 수단을 늘리는 것 [……] 이는 민중과의 절단을 더욱 강화하고, '시온의 꿈'과 같은 시오니즘 안에서만 정치적인 문제를 발견하게 될 뿐이다."[209] 카프카의 빈곤한 '문서 언어'는 이와는 완전히 다른 것이었다. "프라하의 독일어를 있는 그대로, 그것의 빈곤함 그 자체로서 선택하는 것. 간결함을 통해 언제나 탈영토화로 더 멀리 나아가는 것……."[210] 이렇게 소수문학과 영화에서 "발화 행위는 정확히 지배하에 있는 삶의 불가능성을 표현하기 위해 지배적인 언어 안의 이방의 언어로서 창조되어야 한다."[211]

제3세계 영화의 작가들은 메이저 쓰임새에 구멍을 내는 이러한 이방의 언어를 통해 이미 존재한다고 전제된 민중에 말을 거는 것이 아니라 도래할 민중을 창조하고자 한다. 도래할 민중은 언제나 결핍된 상태

---

208 Gilles Deleuze·Félix Guattari, *Kafka: Pour une littérature mineure*, 31.

209 Gilles Deleuze·Félix Guattari, *Kafka: Pour une littérature mineure*, 34.

210 Gilles Deleuze·Félix Guattari, Kafka: *Pour une littérature mineure*, 34.

211 Gilles Deleuze, *CinémaⅡ: L'imagetemps*, 290.

로 있기 때문에 그들을 의식화하고 계몽하는 혁명은 이루어질 수 없다. 그래서 소수영화는 다양한 사적 관계들을 공존하도록 하고 그러한 사적인 것들이 직접적으로 정치적인 것이 되도록 한다. 들뢰즈는 특히나 다수적인 체계에 의존할 수밖에 없는 영화라는 매체의 특성 안에서 정치적인 힘을 되찾을 수 있는 가능성을 이러한 소수영화에서 찾고 있다. 그런데 이러한 소수의 생성이 어떻게 소수로서 다수를 전복하는 힘을 얻을 수 있는가? 과연 그러한 힘을 얻을 수 있는 것인가? 들뢰즈는 이렇게 말한다.

> 소수는 전형화되지 않습니다. 그것은 생성이고 과정일 뿐입니다. 우리는 다수에 대하여 그 누구도 아니라고 말할 수 있습니다. 모든 사람은 어떤 관점에서든지 스스로 결정하기만 한다면 미지의 길로 이끄는 소수의 생성에 포함될 수 있는 것입니다. 소수가 전형을 만들어낸다면, 그것은 다수가 되고자 하기 때문입니다. 물론 그것이 스스로의 생존 혹은 구제를 위해 피할 수 없는 것임은 분명하지만 말입니다(가령 국가를 가지고, 인정을 받고, 권리를 내세우는 경우가 그러합니다). 그러나 소수의 역량은 스스로 창조할 줄 아는 것, 다소간 전형화되더라도 그 전형에 종속되지 않는 것에 달려 있습니다.[212]

시간-이미지가 운동-이미지에 종속되지 않음으로써 그것을 전복하는 힘을 가진 것처럼 소수의 역량 역시 그러한 다수가 되고자 하지 않는 방식으로 종속되지 않고 남아있는 데 있다. 들뢰즈는 이러한 방식으로 벤야민이 이야기한 예술의 정치화를 시간-이미지에서 발견하고

212 Gilles Deleuze, *Pourparlers: 19721990*, 235.

있다. 궁극적으로 영화의 역량은 자신을 둘러싼 세계를 전복시키는 데에 있는 것이다.

제7장

영화, 유령의 예술

제7장
영화, 유령의 예술

1. 유령 춤

데리다는 켄 맥멀렌(Ken McMullen, 1948~)의 1983년 영화「유령 춤(Ghost Dance)」에서 배우 파스칼 오지에(Pascale Ogier, 1958~1984)로부터 '유령을 믿는가'라는 질문을 받는다. 프레임 속 데리다는 지금 여기서 유령은 자기 자신이라고 답한다. 그는「유령 춤」에서 그 자신을 연기하고 있기 때문에 유령이 그 자신을 대신하여 말하는 것처럼 느낀다고 말하는 것이다. 데리다 자신의 말들을 일종의 복화술로 말하는 자, '데리다'라는 역할을 하는 자가 바로 유령이라고 불리는 자이다. 프레임 속 데리다는 데리다 그 자신과 같지 않다. 데리다는 그 사실을 지적하고 있다. 데리다는 분명 그 스스로 말하고 있으면서도 계속해서 우리가「유령 춤」을 통해 마주하는 것이 데리다의 역할을 하고 있는 유령이며,

그로부터 흘러나오는 목소리는 유령의 목소리에 점령당한 데리다의 목소리라는 점을 강조한다. 이어서 영화에서 갑작스럽게 전화벨이 울리고 데리다는 울리는 전화벨을 가리키며 '이제 전화가 유령'이라고 말한다. 이러한 방식으로 데리다는 카메라 앞에 선 자신과 마주하는 것과 카메라 뒤에서 자신과 마주하게 될 것을 계속해서 구분 짓는다. 카메라 뒤에서 프레임 안의 자신을 마주할 사람들에게 데리다는 오직 그 자신의 유령으로서만 있다. 그래서 데리다는 영화를 '유령들의 예술'이며, '환영들의 싸움'이라고 정의한다. 영화는 끊임없이 유령들을 소환하는 예술이며, 환영들의 난립을 위해 있는 것이다.

〈사진 31〉「유령 춤」의 데리다

데리다는 자신의 유령에게 자기 역할을 내어주는 이러한 경험에 대해 다음과 같이 표현한다.

> 그 장면을 파스칼 오지에와 함께 만들었는데, 그녀는 제 사무실에서 제 앞에 있었고, 촬영의 막간을 이용해서 영화 용어로 시선-맞추기(eye-line)라 부르는 것, 즉 [상대방의] 눈에 비친 [자기] 눈을

바라보는 행동을 저에게 가르쳐 주었지요. [……] 이 시선은 비대칭적이었습니다. 모든 가능한 [시선의] 교환을 넘어서 교환되는, 시선–맞추기 없는 시선–맞추기, 즉 무한한 밤의 어둠 속에서 타자, 자신의 타자, 자신의 상대자, 교차되는 다른 시선을 찾고 고정시키는 어떤 시선의 시선–맞추기로 말이지요.[213]

데리다와 오지에는 서로 상대방의 눈에 비친 자신의 눈을 바라보는 행위를 하고 있지만, 데리다의 유령과 오지에의 유령 사이의 시선–맞추기는 '시선–맞추기 없는 시선–맞추기'이다. 왜냐하면 그들의 유령은 그들이 사라지고 난 뒤에도 늘 되돌아와 시선을 맞추고 있을 것이며, 이는 곧 우리가 언제든 다시 「유령 춤」을 마주할 때 그들이 늘 되돌아와 서로 시선을 맞추고 있을 것임을 의미하기 때문이다. 데리다는 『에코그라피』에서 이 함께 시선을 맞추었던 오지에가 얼마 뒤 사망을 했고, 2~3년 뒤 영화를 다시 마주하게 되면서 겪었던 아연함에 대해 고백한 바 있다. 그렇지만 데리다가 그 자신의 유령에 대해서, 그리고 오지에라는 유령에 대해서 말할 때 그것은 실제 그녀의 죽음과는 무관하다. '나는 죽어 있다'라고 말하는 것은 그녀가 실제로 죽었기 때문이 아니라 우리가 영화를 통해 마주하는 얼굴들이 늘 이미 그렇게 말하고 있다는 것을 의미한다.

그러므로 데리다에게 있어서 유령이라는 것은, 영화 속 질문이기도 하고, 또 우리 자신들이 늘 유령이라고 할 때 떠올리는 보통의 질문이기도 한 것, 즉 누군가는 그 존재를 믿고 누군가는 믿지 않는 그러한

213 자크 데리다·베르나르 스티글레르, 김재희·진태원 옮김, 『에코그라피』, 민음사, 2014, 189~191.

존재가 아니다. 데리다는 「유령 춤」에서 오지에게 말한다. "저는 겨우 오늘 아침에 당신을 만났지만, 당신은 저에게 이미 모든 종류의 환영의 형태로 침투했습니다. 제가 환영들을 믿거나 믿지 않거나 저는 말합니다. '환영들이여, 영원하라.'"[214] 데리다는 유령을 보이지 않는 것을 믿는 어떤 특정한 사람들에게 의미 있는 것이 아니라, 사진, 영화, 텔레비전 등에서 등장하는 이미지들과 이미지화되는 존재들에 대해서 유령으로 규정하고 있다. 그렇기 때문에 유령은 가시적이다. 무엇보다도 데리다가 강조하고 있는 것은 유령이 "비가시적인 가시적인 것, 즉 살과 뼈로 현존하지 않는 어떤 육체의 가시성"이라는 점이다.[215] 살과 뼈를 가진 육체, 즉 시·공간을 차지하고 있는 존재가 아니기 때문에 비가시적이지만, 우리를 사로잡히게 만드는 가시적인 것이다. 데리다는 롤랑 바르트(Roland Gérard Barthes, 1915년~1980년)의 다음과 같은 말이 표현하고 있는 바가 이것이라고 강조한다.

> 어떤 별에서 출발하여 그 별이 소멸된 다음에야 뒤늦게 지구에 도착하는 광선들처럼 죽은 사람의 사진은 나에게 와서 닿는다. 일종의 탯줄과 같은 끈이 사진 찍힌 대상의 몸과 나의 시선을 연결한다. 비록 감촉할 수는 없다 하더라도, 빛은 여기에서 어떤 물리적 매개물, 사진 찍혔던 대상과 내가 분유하는 어떤 살갗이다.[216]

회화 작품과 다르게 사진과 영상 이미지에는 거기에 있었던 현실적인 물체를 담고 있다. 바르트는 그 물체가 분명히 우리의 시선과 연

214 켄 맥멀렌, 「유령춤」, 1983.

215 자크 데리다·베르나르 스티글레르, 『에코그라피』, 186.

216 자크 데리다·베르나르 스티글레르, 『에코그라피』, 184 재인용.

결되어 있음을 강조하고 있다. 더 나아가 바르트는 우리의 시선에 머물지 않고 우리가 만질 수 없는 존재임에도 불구하고 빛이라는 물리적인 매개물을 통해 나에게 와서 '닿는 것'이며 '살갗'이라고 말한다. 데리다는 이로부터 촉각적 감각이 박탈되었음에도 불구하고 접촉하고 싶은 욕망, 촉각적인 효과나 정서를 계속해서 되돌아오게 하는 것이 유령성에 있어서 중요하다는 점을 강조한다. 그가 유령이라고 호명함으로써 주목하는 것은 한 인물이 단지 현재는 부재하더라도 과거에 렌즈 앞에 존재했던 자라는 것이 아니라, 그 존재가 계속해서 우리를 사로잡는다는 점이다. 데리다는 카메라 앞에 있는 자기 자신에 대해서도 그렇게 말한다. "우리가 '이미' 그것을 알고 있듯이 우리는 우리의 죽음을 품고 있는 이 장래에 이미 사로잡혀[귀신 들려] 있습니다. 우리의 사라짐[죽음]이 이미 거기에 있습니다. 우리는 이 사라짐 때문에 이미 두려움에 사로잡혀 있습니다."[217] 앞서 오지에에게 데리다가 자신의 유령에게 역할을 내어주고 목소리를 점령당했다고 말한 것도 이와 마찬가지이다. 데리다는 렌즈 앞에서 '이미' 자신의 유령에게 사로잡혀 있다는 것이다.

이 유령이라는 존재를 이해하는 데 있어서 중요한 것은 시간의 문제이다. 데리다는 자신의 현재가 이미 자신이 사라진 미래에 이미 사로잡혀 있다고 말했다. 유령이라는 것은 데리다가 렌즈 앞에 있던 그 현재를 이미 부재하는 현재로 만드는 존재이다. "현재를 현재의 부재로 미리 표시하는 흔적인 것"이다.[218] 데리다가 이렇게 현재를 현재의 부재로 표시한다고 말할 때, 이는 현재가 지나가버릴 현재, 즉 과거가 될 현

217 자크 데리다·베르나르 스티글레르, 『에코그라피』, 187.

218 자크 데리다·베르나르 스티글레르, 『에코그라피』, 188.

재이기 때문에 부재할 것임을 표시한다는 것을 의미하지 않는다. 유령은 양태화된 현재들, 즉 지나간 현재, '지금'이라는 현행적인 현재, 그리고 다가올 현재라는 방식으로 현재화된 순간들의 연결로 이해된 시간에 속하는 존재가 아니다. 유령이 부재로 만드는 것은 이 모든 현재들이다. "은밀하고 때맞지 않는 유령의 출현은 이러한 시간에 속하지 않으며, 시간을 부여하지도 않는다."[219] 데리다에게 있어서 볼 수 없으면서도 볼 수 있는 유령이라는 존재가 중요한 것은 이러한 이유에서이다. 감각을 초과하고 우리가 시간이라고 여기는 과거, 현재, 미래를 연결하는 지금들을 초과하는 존재, 그러한 존재로부터 그는 일종의 비존재론이자 존재론(ontologie)이라고 할 수 있는 유령론(hantologie)을 전개한다.

2. 유령론과 영화

데리다는 『마르크스의 유령들』에서 '면갑 효과(l'effet de visière)'라는 말을 사용하여 유령이라는 존재를 설명하는데, 이를 영화의 유령들에 대해서 말할 때에도 강조한다. "환영이 우리를 바라본다는 것이지요. 유령이란 단지 그 되돌아옴을 우리가 보게 되는 어떤 것이 아니라, 우리를 보고 관찰하고 감시한다고 우리 스스로가 느끼는 그런 것입니다."[220] 데리다는 『햄릿』의 아버지 유령이 갑옷 안에서 출현한다는 것으

219 자크 데리다, 진태원 옮김, 『마르크스의 유령들』, 그린비, 2014, 15.

220 자크 데리다·베르나르 스티글레르, 『에코그라피』, 192.

로부터 이 유령의 면갑효과를 설명한다. 햄릿의 아버지의 유령은 투구를 쓰고 나타나기 때문에 그 자신은 보고 있으면서도 그 시선은 보이지 않는 존재이다. 데리다는 이렇게 말한다. "면갑이 있다는 사실 자체가, 나를 바라보는 그 누군가를 나는 보지 못한다는, 내가 타자의 시선 아래에 있지만 그 시선과 마주칠 수 없다는 바로 그런 상황을 상징하고 있습니다. 유령이란 단순히 내가 볼 수 있는 비가시적인 가시적인 것이 아니라, 일체의 상호성 없이 나를 바라보는 누군가인 것입니다."[221] 유령이라는 존재는 우리가 그것이 정말로 실존하는지조차 알 수 없는 존재이다. 그는 우리의 지식의 범위로 포섭되지 않고, 또 살과 뼈를 가진 존재로 출현하지도 않는다. 그러나 그러한 존재는 우리가 보지 못하는 데도 늘 우리를 응시한다. 이를 데리다는 『햄릿』으로부터 가져와 '면갑효과'라고 이름 붙이고 있다.

우리는 볼 수 없는 환영이 우리를 바라본다는 것이 중요한 것은 우리가 타자와 비대칭적인 관계를 맺고 있다는 점을 알려주기 때문이다. 데리다가 오지에의 시선으로부터 경험한 비대칭적인 관계가 알려주는 것처럼 우리는 늘 우리의 지식 안으로 포섭되지 않는 타자인 유령과 비대칭적인 관계를 맺고 있고, 이것이 우리의 존재론적 조건이다. 유령의 출현으로부터 모든 것이 시작되는 『햄릿』이 알려주는 것은 존재가 처한 이러한 상황이다. "좀더 정확히 말하면 이러한 출현에 대한 기다림과 함께 시작한다."[222] 유령은 그가 출현하기 이전에도 이미 기다림 속에서 존재들로 하여금 사로잡혀 있게 만드는 이기 때문에 이미 그의 출현이

221 자크 데리다·베르나르 스티글레르, 『에코그라피』, 193.

222 자크 데리다, 『마르크스의 유령들』, 20.

우리의 조건을 이루는 것이며, 또 그것은 아무리 늦더라도 도래하게 되어 있는 존재이기 때문에 피할 수 없는 조건이다. 이러한 점에서 데리다는 '법'과 이 유령의 존재를 연결시켜 사유한다. 그에 따르면 우리가 법과 맺고 있는 관계는 균형적이고 상호적인 관계가 아니라 유령과 맺는 관계처럼 비대칭적이고 타율적이다. 유령이 우리를 바라보고 있지만 우리는 그 시선을 볼 수 없듯이 법은 우리 '앞에' 있지만, 단지 있을 뿐만 아니라 우리에게 끝없이 부탁하고 명령하고 질문하며 있지만, 우리 앞의 법의 시선을 볼 수 없으며 법은 우리의 말에 대답하지 않는다.

데리다는 이러한 타자로서의 유령과의 관계와 같은 우리 앞에 있는 법을 다음과 같이 시작하는 카프카의 「법 앞에서」를 통해 설명한다.

> 법 앞에 문지기 한 명이 서 있다. 이 문지기한테 시골에서 온 한 남자가 찾아와서 법 안으로 들어가게 해달라고 간청한다. 그러나 문지기는 지금은 들어가게 해줄 수 없다고 말한다. 그 남자는 곰곰이 생각하다가 그럼 나중에는 들여보내 줄 수 있는지 물어본다. '그건 가능하오.' 문지기가 말한다. '그러나 지금은 안 되오.'[223]

열린 문 앞에서 들어가는 것이 '가능하지만 지금은 안 되는' 이 상황이 우리를 둘러 싼 법과 우리의 관계이다. 법의 접근 가능성은 누구에게나 열려 있어야만 한다. "법은 바로 그 접근 가능성으로 정의되지 않는가? '누구에게나 언제나' 접근 가능하고, 가능해야 하지 않는가?"[224] 그렇지만 그 접근 가능성은 '지금은 안 된다'는 방식으로 무한히

223 프란츠 카프카, 홍성광 옮김, 『소송』, 펭귄클래식코리아, 2009, 283.

224 자크 데리다, 정승훈·진주영 옮김, 「법 앞에서」, 『문학의 행위』, 문학과지성사, 2013, 259.

지연된다. 왜냐하면 '법 그 자체'라는 것은 법을 둘러싼 법 외부의 상황들이나 사건들, 법의 발현 양식들을 다룸으로써 접근되는 것이 아니기 때문이다. 법이라는 것이 예외를 허용하지 않는 무조건적인 법칙이라면 어떤 허구적인 기원을 가지거나 내러티브를 가지는 것일 수는 없다. "카프카 이야기의 시골남자처럼, 내러티브적 진술은 법에 다가가려 하고, 법이 현전하도록 하고, 법과 관계를 맺고, 실로 법 안으로 들어가서는 법에 내재적인 것이 되고자 시도할지도 모르지만, 아무것도 되는 것은 없다."[225] 법을 따르기 위해서는 또는 법에 따르게 하기 위해서는 법의 근원을 추적하여 그로부터 당위를 발견해야만 한다. 이것이 우리가 시골남자처럼 계속해서 법 안으로 또는 법이 보존되어 있는 장소 안으로 들어가기를 시도하고 있는 모습이다. "우리는 법이 원래 어디서 발생하고 어디서 비롯하는지 묻지 않고는 가깝게든 멀게든 법과 법들의 법에 관련을 맺을 수 없다."[226] 그런데 이러한 접근은 늘 실패한다. 데리다는 프로이트의 도덕의 근원에 대해 밝히고자 하는 시도가 바로 이러한 실패를 보여주고 있다고 본다. 프로이트는 『토템과 터부』에서 인류 최초의 기념 축제에 대해 설명한 바 있다.

> 어느 날 문득 추방당했던 형제들이 힘을 합하여 아버지를 죽이고, 그 고기를 먹어 버림으로써 부군을 결딴낸다. [……] 폭력적인 원초적 아버지는, 이들 형제들에게는 누구에게든 선망과 공포의 대상이자 전범이었다. 이들 형제들은 먹는 행위를 통해 아버지와의 일체화를 성취시키고, 각자 아버지가 휘두르던 힘의 일부를 자기

225 자크 데리다, 「법 앞에서」, 254.

226 자크 데리다, 「법 앞에서」, 254.

것으로 동화시켰다. 아마도 인류 최초의 제사였을 토템 향연은 이 기억할 만한 범죄 행위의 반복이며 기념 축제였을 것이다. 그리고 이 범죄 행위로부터 사회 조직, 도덕적 제약, 종교 같은 것들이 비롯되었을 것이다.[227]

프로이트는 이 형제들의 아버지에 대한 양가감정을 어린아이들이나 신경증 환자에게서 쉽게 발견할 수 있다고 말하면서, 그것이 이 결론에 신빙성을 부여한다고 말한다. 형제는 선망과 공포의 대상인 아버지를 원망하면서도 사랑하고 찬미하기 때문에, 아버지를 죽임으로써 증오를 해소하고, 그의 힘을 자기 것으로 동화시키고 나면, 동시에 존재하고 있던 애정이 강하게 수면 위로 올라오게 된다. 그렇기 때문에 자책과 죄의식이 생겨나고 이것이 무리 전체의 자책과 죄의식과 일치하게 된다. "이로써 죽은 아버지는 살아 있을 때보다 더욱 강력한 아버지가 된다."[228]

그런데 여기에서 데리다가 주목하는 것은 이 기원의 자리에 있는 사건이 실패하는 방식으로만 그 자리에 있다는 점이다. 프로이트는 아버지를 죽이는 사건 뒤 형제에게 드는 새로운 자책이라는 감정이 자신들의 행위가 그들이 아버지를 죽이고자 했을 때 가졌던 원초적인 욕망을 달성시켜주지 않았다는 사실에 대해 깨닫게 되었기 때문이라고 말한다. 그들은 아버지를 죽이고 아버지의 자리에 앉고자 했고, 그들의 행위는 분명 성공했지만, 그들에게 남은 것은 자책과 죄의식, 그리고

227 지그문트 프로이트, 이윤기 옮김, 「토템과 터부」, 『종교의 기원』, 열린책들, 2020, 223.

228 지그문트 프로이트, 「토템과 터부」, 225.

'더욱 강력한 아버지'의 금지이다. "죽은 아버지가 살아 있을 때보다 더 강력한 존재가 되면 아들들은 이전에는 아버지라는 존재가 방해하던 일들을 스스로 금한다."[229] 데리다는 프로이트가 이 최초의 범죄의 무용성에 대해 말함으로써 사실상 범죄라는 것이 아무것도 개시하지 않음을 말하고 있다는 점을 지적한다. "프로이트는 어떤 사건의 리얼리티에 집착하는 것 같지만, 이 사건은 일종의 비사건, 아무것도 아닌 것의 사건, 내러티브적 진술을 요청하는 동시에 취소하는 준사건이다."[230] 아버지 살해라는 사건을 통해서 도덕의 기원을 추적했지만 발견하는 것은 아버지의 힘을 더 강하게 만드는 무효한 사건이다. 더 나아가 데리다는 실제로 범죄라는 것이 가능하기 위해서는 그것이 자책과 죄의식을 불러일으키는 범죄라는 것을 알게 하는 도덕이 먼저 있어야 하는 것이 아닌가 묻는다. 그렇기 때문에 실제로 이 도덕의 기원으로서 최초의 범죄는 허구적으로 구조화된 것에 불과하다. "아무도 그것의 정확한 발생 장소를 접하지 못했을 것이며, 아무도 그 발생에서 그것과 대면하지 못했을 것이다."[231]

이러한 프로이트의 접근 방식이 법 앞에 서 있는 시골남자, 곧 우리 자신의 상황을 잘 보여준다. 법의 기원의 장소와 발생은 허구적인 것이고, 우리가 늘 그것을 통해서 법 그 자체에 접근하려고 한다면, 법은 본질적으로 우리에게 늘 접근 불가능한 것으로 남아 있다. 법을 존중하고자 하고 또 법에 복종하고자 할 때 우리는 언제나 이러한 접근불

229 지그문트 프로이트, 「토템과 터부」, 225.

230 자크 데리다, 「법 앞에서」, 262.

231 자크 데리다, 「법 앞에서」, 262~263.

가능성에 마주하게 된다. 카프카의 「법 앞에서」에서 법 앞에 있는 자는 시골남자만이 아니다. 문지기 역시 법 '앞에' 있는 자이다. 그 역시 법을 존중하고 법에 복종하는 자이다. 그렇지만 그 역시 법 그 자체와 대면하고 있지 않다. 그는 법을 등지고 서서 시골남자와 마찬가지로 법과 비관계의 관계를 맺고 있을 뿐이다. 그의 상황은 법의 정면에 서 있지만 결코 마주치지 않으며 법을 등지고 서 있는 자기 자신과만 마주하는 시골남자의 상황과 전혀 다르지 않다. 열려 있는 문에서 알 수 있는 것처럼 문지기는 직접 금지하는 자가 아니라 그 경계에서 계속해서 허가를 지연시키고 보류하는 자이다. 이 또한 시골남자와 마찬가지이다. 시골남자는 문지기와 마주하여 이렇게 결심한다. "하지만 지금 그는 털외투를 입은 문지기의 얼굴, 그의 큼지막하고 뾰족한 코, 듬성듬성하게 길게 자란 타타르인의 시커먼 수염을 보다 찬찬히 들여다보며 들어가도 좋다는 허락이 내려질 때까지 차라리 마냥 기다리기로 마음먹는다."[232] 법 '앞에서' 계속해서 입장을 지연시키는 자들은 바로 그들 자신이다.

데리다는 이들이 법과 맺고 있는 이 관계를 우리가 유령과 맺고 있는 관계와 동일하다고 말하고 있다. 데리다는 이를 "대칭적인 균형도 잡을 수 없고 상호성조차도 없는 관계"라고 표현한다.[233] 법 '앞에서' 법을 마주하지 못하는 자들이 법과 맺고 있는 관계가 이러한 관계이며, 우리를 지켜보고 있지만 그의 시선을 마주할 수 없는 타자와의 관계도 이러한 관계이다. 법은 우리에게 해야 한다는 또는 하지 말아야 한다

232 프란츠 카프카, 『소송』, 284.

233 자크 데리다, 『에코그라피』, 192.

는 방식으로 명령하고 질문하고 의무를 부과하지만, 우리가 그것에 대해 알 수 있는 것은 없는 것과 같이, 타자는 우리로부터 절대적인 자율성을 빼앗고 타율적으로 만든다. 그리고 데리다는 이 타율성이 자유의 조건이 된다고 강조한다. "나의 자유는 타자의 시선 아래, 타자의 감독 아래 있는 타율성에서 생기는 이러한 책임의 조건에서 비롯됩니다."[234] 이렇게 데리다는 카프카의 「법 앞에서」에서의 법과 우리의 관계를 유령으로서의 타자와의 비대칭적 관계와 연결시켜 놓는다. 우리 존재는 그 시선을 볼 수 없지만 우리를 응시하고 있는 타자라는 유령에 대한 책임 '앞에' 이미 있다. 그것이 우리의 존재론적 상황이다.

3. 타자론과 영화

데리다가 영화에 대해서, 또 영화뿐만 아니라 텔레비전 화면들, 영상기록들 등의 이미지들, 베르나르 스티글레르(Bernard Stiegler, 1952~2020)와 함께 대담을 했던 1996년보다 현재 더욱 발전된 원격 기술(télétecnologie)에 대해서 이야기할 때 지적하는 것은, 우리가 그것들이 우리의 통제 아래에서 펼쳐지고 있다고 여긴다는 점이다. 유령론을 통하여 데리다가 말하고자 하는 것은 우리가 아무리 그렇게 생각하더라도 그것들은 우리의 통제를 벗어나 있을 뿐만 아니라 오히려 우리를 장악하고 있는 존재들이라는 사실이다. 데리다는 앞서 우리가 이야기한

234 자크 데리다, 『에코그라피』, 194.

「유령 춤」이라는 영화에서도 이 사실을 이야기한 바 있다. "어떤 과학적이거나 기술적인 생각들이 그렇게 하듯이 기술과 전기통신에 있어서 현대적 발전이 유령들의 영역을 줄이기보다는 [……] 영화와 전기통신 같은 이미지에 대한 현대기술이 유령들의 힘을, 그리고 그들의 우리를 따라다니는 능력을 강화시킨다."[235] 기술이 발전할수록 우리가 통제할 수 있는 영역이 늘어나는 것이 아니라 우리의 통제 바깥에 있는 존재, 즉 유령으로서의 타자의 존재가 더욱 강해진다.

이러한 데리다의 유령론에 다가가기 위해서는 시간의 문제가 핵심적이라는 것을 먼저 이해해야 한다. 데리다는 현대의 정보통신기술이 만들어내는 시간을 인공적 현재성(artefactualité)이라는 합성어로 부르면서, 이것이 만들어내는 현재성의 효과가 그 시간이 하나의 인공물(artefact)이라는 점을 감추고 있다고 지적한다. 현재성이라는 것은 실제로 허구적인 공정을 통해서 만들어진다. "어떤 기자나 정치가가 우리의 눈을 똑바로 쳐다보면서 우리에게 말을 건네고 있는 것처럼 보일 때, 그(또는 그녀)는 다른 시간에, 때로는 다른 사람들에 의해, 그리고 심지어는 일군의 익명적인 문안 작성자들에 의해 다른 곳에서 만들어진 텍스트를 '프롬프터'가 화면에 비춰 주는 대로 읽고 있는 것입니다."[236] 이러한 예로부터 우리는 만들어진 현재성이 실제로는 전달할 내용이 언제나 선별과 검열의 과정을 거치고 있음을 감추고 있다는 점을 알 수 있다. 데리다는 더 나아가 "방송 중인 기자들이 한 문장 한 문장을 읽을 때마다 매순간 시청률의 변화를 알려 주는 기계들이 존재한다는 것을

235 켄 맥멀렌, 「유령춤」, 1983.

236 자크 데리다, 『에코그라피』, 21.

알아야" 한다고 말하기도 한다.[237] 그렇지만 이미지들은 "'보여줄 것'이 무엇이든 '보여주는 자들'이 누구이든 간에, 선택과 사전 계획에 대해서는 아무런 말도 없이" 생생하고 온전하게 전달되고 있는 것처럼 늘 전달된다.[238]

데리다는 우리가 마주하는 이러한 인공현재적 이미지들을 단지 뉴스 보도에 국한해서 이야기하는 것이 아니다. 데리다는 '대담'이라는 것도 실은 연극적인 장르임을 지적하고 있다. "'대담'이라는 연극적인 장르는 이와 같은 '직접적'이고 생생한 현존(présence)이라는 우상을 적어도 허구적으로는 추종하고 있습니다. 신문은 독서와 가치 평가 및 교육에 대한 책임을 다하는 글보다는 저자의 사진이 곁들여진 대담을 싣는 것을 항상 선호합니다."[239] 우리는 대담이나 토론 등을 포착하고 담아내는 생생한 사진 또는 영상 이미지를 통해 그 인물을 직접적으로 마주하고 있다고 생각하지만, 실제로 그 인물의 현재성은 '만들어진다.' 틀을 짜고 맥락을 구성하는 모든 조작들을 통해서 발생하는 것이 그 생생함이며, 그렇기 때문에 늘 현재성은 인공적 현재성이다. 그렇지만 우리가 이미 보았듯이 이러한 완벽한 인공적 현재성만이 있는 것 또한 아니다. 이 모든 '연극적으로' 표현된 것들, 즉 모든 것이 우리의 통제 아래에 있다고 믿게 만드는 미리 계획된 프롬프터와 같은 것들과 유령은 언제나 함께 있기 때문이다.

데리다는 이러한 방식으로 원격기술을 통해 만들어지는 허구적인

---

237 자크 데리다, 『에코그라피』, 84.

238 자크 데리다, 『에코그라피』, 81.

239 자크 데리다, 『에코그라피』, 24.

현재성을 들춰내고 있다. 그리고 이 문제는 근본적인 시간의 문제와 관련되어 있는데, 허구적으로 만들어지는 현재성을 하나의 '효과'에 지나지 않는 지위에 두도록 만드는 것이 근본적으로 순수한 현재라는 것이 존재하지 않는다는 사실이기 때문이다. 데리다는 순수한 현재라는 것이 있지 않다는 근본적인 문제로부터 우리가 '실시간'이라고 부르는 생생한 사건의 도착이라는 것 역시 없다는 것을 밝힌다. 데리다의 이러한 설명을 이해하기 위해서는 후설의 과거지향(rétention)과 미래지향(protention)을 이해해야 하는데, 이 두 개념을 가장 잘 이해할 수 있는 것은 후설의 선율의 예시이다. 후설은 선율의 둘째 음이 울릴 때 우리는 실제로 더 이상 첫째 음은 듣고 있지 않다는 사실을 지적하면서 다음과 같이 말한다.

> 음은 시작하고 끝나며, 그 음의 지속 통일체 전체는, 즉 음이 시작하고 끝나는 전체 사건의 통일체는 그 음이 끝난 후에는 점점 더 먼 과거로 '밀려난다'. 이처럼 뒤로 밀려나는 중에도, 나는 여전히 음을 굳게 '붙들어서' '파지(Retention, 과거지향)' 속에 가지고 있다. 파지가 계속되는 한, 그 음은 고유한 시간성을 지닌다. 그 음은 동일한 음이며, 그 음의 지속은 동일한 지속이다. 나아가 나는 음이 주어지는 방식에 주의를 기울일 수 있다. 음, 그리고 그 음이 채우고 있는 지속은 이 주어지는 '방식들'이 이루는 연속체 속에서, '끊임없는 흐름' 속에서 의식된다.[240]

후설은 선율 한 가운데 있는 현재의 음을 앞선 음, 그리고 뒤 이은 음과 분리해서 생각할 수 없다는 사실로부터 우리의 시간의식의 구조

240 에드문트 후설, 이남인·김태희 옮김, 『에드문트 후설의 내적 시간의식의 현상학』, 서광사, 2020, 109~110.

를 밝혀낸다. 현재에 경험되는 음이 밀려나면서 붙들리기 이전의 음, 그리고 선율을 지각하며 우리가 미리 가지는 앞으로 지각될 음과 늘 함께 있는 것처럼, 우리의 근원적인 시간의식은 과거지향, 그리고 미래지향과 늘 연결되어 있는 현재로 구조화되어 있다. 데리다는 이를 다음과 같이 표현하고 있다. "기원적인 '현재'가 그와 더불어 시간의 수동적인 종합 및 과거에 대한 직접적인 과거지향에 의해서만 나타나고, 또 '현재'는 오직 직접적으로 구성된 과거의 근본적인 갱신에서 등장하기 때문에만 구성하는 것이고, 현재는 자신 안에 뿌리를 내리고 있으며, 오직 앞서는 순간과의 수동적인 연속성이라는 토대 위에서만 현재로서 나타나게 된다."[241] 그리고 데리다는 우리에게 어떤 지금, 순간, 현재라고 불릴 수 있는 시간이 주어져 있는 것이 아니라는 이 사실로부터 순수한 현재가 없음을 강조하고 있다. "이 기술적 근대성의 독창성과 특수성을 이해하기 위해서는, 순수한 실시간과 같은 것은 존재하지 않으며, 더구나 완전하고 순수한 상태로 있지 않다는 것을 잊어서는 안 됩니다. 바로 이런 조건에서만 기술만이 실시간의 '효과'를 작동시킬 수 있다는 말의 의미를 이해할 수 있습니다."[242] 순수한 현재라는 시간은 존재하지 않기 때문에 원격기술은 실제로는 실시간의 사건을 생생하게 있는 그대로 전달하는 것이 아니라, 하나의 실시간적 '효과'를 작동시키고 있을 뿐이다.

데리다는 이러한 실시간이 순수하지 않다는 사실을 우리가 아는

---

241 자크 데리다, 심재원 · 신호재 옮김, 『후설 철학에서 발생의 문제』, 그린비, 2019, 150. 문맥에 따라 용어 일부 수정.

242 자크 데리다, 『에코그라피』, 205.

것이 무엇보다도 중요하다고 강조하고 있다. 순수한 실시간처럼 보이는 투명한 이미지들 배후에는 해석과 조작이 분명히 존재하다는 것을 알아야 한다. 이는 달리 표현하면 현재성과 '현재하는 것'을 구분하는 것이다. 현재성이 늘 허구화된 것이고 또 그것을 감추는 것이라면 현재하는 것은 오히려 그러한 시간으로부터 벗어나 있다. 데리다는 이러한 시간을 들뢰즈 역시 주목했던 『햄릿』의 표현을 빌려와 설명한다. "시간이 어긋나 있어(The time is out of joint, 시간이 경첩에서 빠져나간다). 오, 저주받은 이 운명, 내가 그걸 바로잡도록 태어났다니!"[243] 햄릿은 아버지의 유령을 마주하고 나서 어긋나 있는 시간을 바로잡아야 하는 자신의 운명을 저주한다. 이때 사용되는 표현이 바로 시간의 경첩에서 빠져나가 있음(out of joint)이다. 데리다가 주목하는 것은 햄릿이 어긋난 시간을 바로잡아 정의를 실행해야 하는 운명을 처음부터 타고났다는 것이 의미하는 바이다. 그가 저주하는 그의 운명은 원초적인 범죄라는 조건 아래에서만, 즉 이미 어긋나 있는 시간을 조건으로 하는 한에서만 있을 수 있다. 데리다는 이를 다시 유령으로 설명한다. "범죄의 고유한 유령성이라는 조건 아래에서만, 비극이, 비극적인 것의 본질이 존재한다."[244] 그리고 이 범죄라는 것은 우리가 프로이트와 함께 보았던 것처럼 단지 추정되는 방식으로만 또는 환상 안에서 이루어지는 방식으로만 다가갈 수 있다. 중요한 것은 이러한 생생하게 현재화될 수 없는 원초적인 사건을 누군가는 책임질 수밖에 없다는 것을 햄릿이 보여주고 있다는 점이다. 햄릿의 자신의 운명에 대한 저주는 그 자신이 범죄를

243 윌리엄 셰익스피어, 노승희 옮김, 『햄릿』, 펭귄클래식코리아, 2010, 133.
244 자크 데리다, 『마르크스의 유령들』, 57.

저지른 자가 아니라는 점에서 언제나 필연적으로 두 번째 세대인 사람이 처한 운명에 대한 저주이다. "유령을 감수하지 않고서는 결코 상속을 받을 수 없다. [……] 이것이 바로 그가 고통 받고 있는 원초적인 잘못, 태생적인 상처이다."[245] 이 점 때문에 햄릿은 어긋나 있는 시간을 바로잡을 수 없다. 언젠가 그런 날이 올 것이라고 염원하겠지만 말이다. 이는 우리가 법이라는 열린 문 안으로 들어갈 수 없는 것과 마찬가지이다.

그래서 데리다는 경첩(joint)으로부터 풀려나 있는 시간을 표현한 이 구절로부터 언제나 두 번째 세대인 햄릿과 같은 우리의 운명과 더불어 타자의 가능성 역시 읽어낸다. "어긋남은 타자의 가능성 자체가 아닌가?"[246] 시간의 어긋남이라는 것은 한편으로는 바로잡아야만 하는 운명을 지닌 존재의 조건이 되는 어긋남이면서, 다른 한편으로는 타자와의 비대칭적인 관계를 열어 놓는 어긋남이다. 왜냐하면 타자와의 관계라는 것은 우리에게 현실적으로 주어져 있는 법과 도덕, 법률주의와 도덕주의를 넘어서 있는 관계이기 때문이다. 우리가 계속해서 유령으로서의 타자를 이야기하면서 그와의 관계를 비대칭적 관계라고 이야기한 것도 이러한 이유에서이다. 유령으로서의 타자는 우리가 소유하고 있는 지식과 질서로 포섭되지 않는 자들이다. 그렇기 때문에 타자(他者)인 것이며, 타자는 언제나 우리와 다른 존재로서 남아있다. 그들이 우리의 지식과 질서로 파악되고 이해되는 존재들이라면, 그들은 우리와 다른 자들로서 남아있을 수 없을 것이다. 이런 점에서 데리다는 다음과 같이 말한다. "타자와의 관계로서 정의는, 존재 안에서 그리고 시간 안에서

245 자크 데리다, 『마르크스의 유령들』, 57.

246 자크 데리다, 『마르크스의 유령들』, 59.

어긋남 또는 몰시간성의 환원 불가능한 초과를, 어떤 운푸게(Un-Fuge), '이음매가 어긋난' 어떤 탈구를 가정하고 있지 않은가?"[247] 우리의 법과 도덕의 질서로 포섭되지 않는 존재들이라는 점에서 타자는 악과 불의라는 위험을 감수하게 하는 자들이기도 하지만, 우리가 계속해서 강조하고 있듯이 유령으로서의 그들은 우리가 그 시선을 볼 수 없지만 우리를 응시하고 있는 존재들이다. 이러한 타자들은 우리 존재의 조건이다. 이는 우리가 그들을 보지 않기 위해 눈을 감아버리는 것으로는 소용이 없다는 것을 뜻한다. 그러므로 우리는 타자를 사유해야만 하고 타자에 대한 사유는 계속해서 인공적으로 현재성을 만들어내는 방식이 아니라 근본적으로 어긋나 있는 시간을 향한 개방을 통해서만 접근할 수 있는 것이다.

이러한 시간이 바로 데리다가 현재성과 구분하고 있는 '현재하는 것'으로서의 시간이고, 가장 현재적인 시간이다. 이는 데리다가 후설의 과거지향과 미래지향을 통해서 살펴본 바 있듯이 독립적인 하나의 '음'과 같은 생생한 '순간'을 의미하는 것이 아니다. 이는 궁극적으로 햄릿의 구절에서 알 수 있는 것처럼 탈구되어 있는 시간을 의미하고, 몰시간적인 것을 의미하기 때문에, 가장 현재적인 시간이면서 동시에 예견할 수 없는 시간, 즉 도래하는 것의 시간이기도 하다. 데리다가 강조하는 것은 현재화된 시간들, 생생한 순간들과 같은 현재화된 시간들로 포섭되지 않고 있는 존재들이 바로 타자들이라는 점이다. "'도래 중임'은 타자에 대해, 아직 인격체들로, 주체들로, 평등한 자들(적어도 계산할 수

247 자크 데리다, 『마르크스의 유령들』, 70.

있는 평등이라는 의미에서)로 규정되어 있지 않은 타자들에 대해 이야기됩니다."[248] 타자들은 이미 존재하는 학문, 도덕, 법률들로 포섭되지 않기 때문에 이미 도래했거나 도래를 기대하고 예측할 수 있는 자들이 아니라 늘 언제나 '도래하고 있는' 자들이다. 이러한 방식으로 우리는 다시 유령으로서의 타자 앞에 우리를 세우는 영화라는 매체의 독특성으로 돌아온다. 데리다에게 있어서 영화는 몰시간적이고 어긋나있는 근본적인 시간, 즉 유령으로서의 타자의 시간성을 드러낸다는 점에 있어서 중요한 가치를 지닌다.

4. 다른 곳에서, 데리다(D'ailleurs, Derrida)

데리다는 이렇게 몰시간적이고 이음매에서 어긋나 있는 시간의 근본적인 층위와 인공적으로 만들어지는 현재성으로서의 시간의 층위를 구분하면서 영화의 가능성과 위험성 모두를 이야기한다. '도래중인' 자들로서의 타자들에 대해 타자들로서 사유할 수 있게 해주는 것이기도 하지만, 헐리우드로 대표되는 동질화의 헤게모니에 강력한 힘을 부여하는 것이기도 하다. "동질화하는 권력, 즉 '동질화 헤게모니(homohégémonie)' 권력에 투쟁하는 장소들과 제도들, 남자들과 여자들 사이에서도 동일한 싸움이 전개되도록 미국 '내부에서도' 싸움의 경계, 싸움의 '전선'을 설정해야 합니다."[249] 할리우드와 같이 거대한 규모의 세

248 자크 데리다, 『에코그라피』, 39.

249 자크 데리다, 『에코그라피』, 89.

계 시장에 직접 연결되어 있는 영화라는 예술이 계속해서 타자를 향해 열려있을 수 있기 위해서는 투쟁과 싸움이 계속해서 시도되어야 한다.

데리다가 타자를 향해 열려 있다는 것의 중요성을 이야기할 때 우리가 경계해야 하는 것은 그것을 일종의 '관용(tolérance)'의 태도로 이해하는 것이다. 데리다는 타자에 대한 관용을 이야기하는 태도에 감추어진 것을 다음과 같이 표현한다.

> 주권은 오만하게 내려다보면서 타자에게 이렇게 말하죠. 네가 살아가게 내버려두마, 넌 참을 수 없을 정도는 아니야, 내 집에 네 자리를 마련해두마, 그러나 이게 내 집이라는 건 잊지마……[250]

관용을 표방하는 태도에 감추어진 것은 내가 가진 권력을 보유하고자 하고 계속해서 한계를 긋는 태도이다. "관용은 조건적이고 주의깊고 신중한 환대(hospitalité)입니다. [……] 제한된 관용도 절대적 불관용보다는 낫습니다. 그러나 관용은 여전히 세심하게 따진 환대, 감독하에 있는 환대, 인색한 환대, 자신의 주권에 집착하는 환대에 불과합니다."[251] 그렇다면 관용과는 달리 진정으로 타자에게 열린 태도인 환대란 무엇인가? 데리다는 이렇게 말한다.

> 순수하고 무조건적 환대는, 환대 그 자체는, 기대되지도 초대되지도 않은 모든 자에게, 절대적으로 낯선 '방문자'로서 도착한 모든 자[일어난 모든 것]에게, 신원을 확인할 수 없고 예견할 수 없는 도착자에게, 사전에 미리 개방되어 있습니다. 이를 '초대(invitation)'의

250 지오반나 보라도리, 손철성·김은주·김준성 옮김, 『테러 시대의 철학: 하버마스, 데리다와의 대화』, 문학과지성사, 2004, 232.

251 지오반나 보라도리, 『테러 시대의 철학: 하버마스, 데리다와의 대화』, 233~234.

환대가 아니라 '방문(visitation)'의 환대라 부릅시다.[252]

이러한 방식의 제한 없는 환대라는 것은 실천적으로 가능하지 않다. 데리다 역시 이 사실을 잘 알고 있다. 그러나 이러한 무제한적인 환대에 대하여 사유하지 않는다면 제한적인 환대의 기준을 정할 수도 없다. 데리다는 이러한 점에서 이 법적인 지위, 정치적인 지위를 가질 수 없음에도 불구하고 그러한 법과 정치의 조건이 되는 환대에 대해서 사유하기를 멈추지 않는 것이 중요하다고 말한다. "이 순수 환대의 사유(그 나름의 방식으로 그 역시 하나의 경험인 사유) 없이는, 타자에 대한 관념, 타자의 타자성에 대한 관념, 다시 말해, 초대받지 않고도 당신 삶으로 들어오는 그 혹은 그녀에 대한 관념을 갖지도 못할 겁니다."[253]

이렇게 우리는 데리다의 유령론으로서의 영화론이 이러한 피할 수 없는 타자에게로의 무조건적인 열림에 가닿는다는 점에서 중요한 함축을 가진다는 것을 잘 알 수 있다. 데리다는 앞서 이야기한 「유령 춤」 외에도 영화 작업에 참여하고 자신의 유령론을 피력해왔다. 특히 그는 「다른 곳에서, 데리다(D'ailleurs, Derrida)」를 연출한 사파 파티(Safaa Fathy, 1958~)와 함께 『말을 찍다(tourner les mots)』라는 공저 역시 발간하였는데, 이를 통해 영화 이미지 속 장소의 비장소성과 인물의 유령성에 대해 탐구했음을 보이기도 한다.

나는 나의 장소에 관한, 이 영화 안의 나의 불가능한 장소에 관한 불안을 전하고자 한다. 이 영화의 제목(「다른 곳에서, 데리다(D'

252 지오반나 보라도리, 『테러 시대의 철학: 하버마스, 데리다와의 대화』, 234.
253 지오반나 보라도리, 『테러 시대의 철학: 하버마스, 데리다와의 대화』, 235.

ailleurs, Derrida)」)에서 '다른 곳에서(Ailleurs)'는 단지 찾게 되었던 '다른 곳', 오게 되었던 다른 장면, 교대로 또는 동시에 그 사람이고 그 역할인 내가 이르렀던 다른 국가를 가리키지 않는다. 또한 '다른 곳에서'는 배우인 나, 내가 언제나 나를 그 영화의 밖에 있는 자로, '나'를 드러내 보일 수 있게 하거나 꾸며낼 수 있게 하는 영화의 그 모든 것을 낯설게 느낀다는 것을 의미해야 한다.[254]

「다른 곳에서, 데리다」는 데리다가 머물렀던 장소들, 남부 캘리포니아, 남부 스페인, 북부 알제리 등을 다니면서 데리다로부터 환대와 타자에 대해 듣기도 하고, 그의 강의에 참여하기도 하며, 스페인에서 기독교로 개종한 유대인들을 가리켰던 마라노(marrano)라는 존재에 관한 이야기를 듣기도 한다. 그렇기 때문에 이는 데리다의 삶과 철학을 밀착시켜 이해하고자 하는 시도처럼 보인다. 그렇지만 데리다는 영화의 그 어느 장소에도, 그 어떤 이미지에도 데리다라는 사람이 완전히 존재하지 않는다는 것을 강조한다. 영화의 제목이 가진 이중적인 의미가 중요한 것은 이러한 이유에서이다. 영화의 제목 'D'ailleurs'에서 'ailleurs'는 '다른 곳에서'를 의미하지만, 'D'ailleurs'는 '게다가', '더구나', '다른 한편으로는' 등을 의미하는 말이기 때문이다. '다른 곳'은 특정한 장소를 의미하는 것이 아니라 늘 영화 속에서 도달되지 않는 곳으로서 영화의 바깥을 의미한다. 이렇게 데리다는 영화에 대하여 늘 비존재로서의 존재, 비장소로서의 장소를 드러내는 가능성을 가진 예술로서 중요한 가치를 부여했다. 이를 위해 사파 파티와 데리다는 영화를 제작하면서 늘 우연성과 즉흥성에 열린 태도를 유지하고자 애쓰기도 한다. 통

254 Jacques Derrida·Safaa Fathy, *Tourner les mots: Au bord d'un film*, Paris: Galilée, 2000, 74.

제하고 결정하고 규정짓는 일들, 즉 인공적으로 현재성을 만드는 일들과는 다르게 오히려 통제할 수 없고 결정할 수 없고 규정지을 수 없는 '불가능성들'이 오히려 필요하며 그것이 곧 영화가 가진 진정한 가능성이다.

〈사진 32〉「다른 곳에서, 데리다」의 데리다

제8장

바디우와 비미학으로서의 영화

제8장
바디우와 비미학으로서의 영화

1. 예술과 진리

바디우는 우리가 앞서 다루었던 들뢰즈처럼 예술을 하나의 사유로 받아들이는 철학자이다. 그리고 예술이 하나의 사유라고 할 때 그 역시 들뢰즈처럼 철학이 예술작품에 '대한' 사유를 생산하는 것이 아니라 예술작품이 스스로 사유를 생산하는 것임을 강조한다. "내가 철학에서 '비미학(inesthétique)'이라고 부르는 것은 철학이 예술작품의 사유를 생산 한다는 것이 아니라, 예술작품이 스스로 사유하고 진리를 생산한다는 것이다."[255] 철학자로서의 그가 자신의 태도를 '비미학'이라고 규정하는 것은 예술을 사유함에 있어서 어떤 미학적인 사변도 거부하겠다

255 Alain Badiou, Cinéma, Paris: Nova éditions, 2010, 37.

는 것을 의미한다. "'비미학'이라는 말은 철학과 예술이 맺는 관계를 가리키는 것으로, 이 관계에서 예술은 스스로 진리를 생산하는 것으로 간주되며, 이 관계는 어떤 방식으로도 예술을 철학을 위한 대상으로 만들려 하지 않는다."[256] 그렇지만 들뢰즈와 바디우, 양자의 예술과 철학이 맺는 관계에 대한 방식에는 큰 차이가 있는데, 바디우는 진리를 생산하는 것은 예술이며, 철학은 진리를 생산할 수 없다고 말하기 때문이다. "철학은 어떤 실제적인 진리도 스스로 생산하지 못한다. 진리들을 파악하거나 보여주거나 드러내거나 여기 진리가 있다는 말을 할 뿐이다."[257] 들뢰즈가 예술을 하나의 사유로 여기면서도 그것을 진리 체계와 떼어놓았다면, 바디우는 예술이 생산하는 것이 진리이며, 철학은 그것을 하지 않는다고 말하는 것이다. 양자 모두 예술을 사유하는 데 있어서 영원불변하는 진리에 대한 믿음을 비판하고 있다는 점에서 공동의 문제의식을 가지고 있지만, 들뢰즈는 그러한 진리에 대한 믿음 자체를 폐기하는 방향으로 나아간다면 바디우는 예술에서의 진리에 대해 말할 수 있다고 본다.

그렇다면 바디우가 말하는 진리란 무엇인가? 당연하게도 바디우는 대상과 표상의 일치와 같은 고전적인 진리 개념으로 다시 돌아가기 위해서 진리를 말하는 것이 아니다. 그는 그러한 객관적인 정체성을 지니는 것으로 여겨지는 것에 대해 '진리언표적(véridique)'이라고 부르고, 그와 다른 진정한 진리를 '참인(vrai)' 것이라고 구분한다. 그에 따르면 이 '참인' 것은 유한하지 않고 무한하기 때문에 '지식'을 이루는 것에 포섭

256 알랭 바디우, 장태순 옮김, 『비미학』, 이학사, 2010, 5.

257 알랭 바디우, 『비미학』, 33.

되지 않고 진리언표적인 것과 구분되어 있을 수 있다. 바디우는 『존재와 사건』에서 이러한 유한에 포섭되지 않는 무한에 대하여 노동계급의 예를 든다. 노동계급은 경험적 노동자들의 유한한 총합을 의미하는 것이 아니라 '순수 다수'로서 무한한 계급을 의미한다. 바디우는 우리가 노동자들에 대한 말들 중 아주 쉽게 접할 수 있는 것들, '전에 다 이야기한 것'이라든지 '이미 시대에 뒤쳐졌다'든지 하는 방식들이 노동자들을 언제나 유한한 사회학적, 경제학적 규정요소들로 환원시킬 수 있다는 것을 지적한다.[258] 이러한 외부적 규정에 의해서 뿐만 아니라 내부적으로도 마르크스주의자들이 진리를 역사에 대한 지식, 사회에 대한 지식이라고 선언할 때, 진리는 이미 있었던 것, 고정적이며 불변하는 것에 대해 언표하는 것이 되어버리기도 한다. 즉, 참인 것은 언제나 진리언표적인 것에 포섭될 위험에 빠질 수 있는 상황에 놓여있다. 그러나 유한한 지식의 구조는 순수 다수를 결코 규정할 수 없으며, 순수 다수는 그러한 지식에 대하여 식별 불가능한(indiscernable) 것으로 남아있다.

그런데 바디우가 보기에 이러한 식별불가능성은 진정한 진리에 대한 규정을 이루어지지 말아야 할 것으로 남겨두어야 한다는 것을 시사하는 것이 아니라 오히려 반드시 정초되어야 함을 의미한다. 이 정초되어야 하는 진리란 '상황(situation)의 진리'인데, 상황이란 바로 다수의 현시(présentation)를 의미한다.[259] 그에 따르면 세계는 현시된 다수들로 이루어져있다. 그리고 그러한 다수들의 법칙이 '일자로 셈하기(comte-pour-un)'이기 때문에, 일자로 셈해지지 않는 다수들이란 존재하지 않

258 Alain Badiou, *L'Être et l'Événement, Paris: Seuil*, 1988, 368.

259 Alain Badiou, *Manifeste pour la philosophie*, Paris: Seuil, 1989, 88~89.

는다. 바디우는 '일자는 존재하지 않는다'라고 여러 번 강조해서 말하는데, 이는 그것이 어떤 순수 존재로서 존재하는 것이 아니라 다수들이 현시되는 법칙일 뿐이라는 의미에서이다. 또한 다수가 언제나 일자로 셈해지는 법칙의 지배하에 놓인다고 해서, 절대적으로 현시 불가능한 순수 다수가 존재하지 않는다고 말해서는 안 된다. 이는 모든 집합의 부분 집합으로 포함되어 있는 공집합(Ø)과 같다. 모든 집합은 곧 모든 상황과 다르지 않은데 순수 다수는 공집합처럼 이 모든 상황에 포함되면서 결코 일자로는 셈해지지 않는 것으로 남아있기 때문이다. 그래서 바디우는 순수 다수는 비-존재가 아니라고 강조하며, 이를 '무'보다는 '공백(le vide)'이라고 부른다. 이 공백은 일자로 셈해질 수 있는 것들로 결코 채워질 수 없으며 채우지 않아야만 하는 것으로 남아있다. 그리고 이 상황의 공백을 드러내는 것이 '사건(événement)'이다. 바디우에게 사건은 어떤 혁명과 같은 정치적 사건일 수도 있고, 어떤 사람과 만나 사랑하게 되는 사건일 수도 있고, 과학이나 예술에서 발생하는 것일 수도 있다. 이러한 사건은 예측 불가능하고 계산 불가능하다는 점에서 하나의 정체성을 부여할 수 있는 것이 아니며, 따라서 '여기 있는 것(ce qu'il y a)'이 아니라 '일어나는 일(ce qui arrive)'이다.[260] 바디우는 이렇게 사건이 '여기 있는 것'에서는 진리가 발견될 수 없다는 것을 보여주기 때문에 사건이 드러내는 것이 공백이라고 말한다.

이러한 사건에 기반을 두고 펼쳐지는 것이라는 점에서 우리는 진리 자체도 하나의 판단이나 사물의 상태와 같은 그러한 '여기 있는 것'

---

260 Alain Badiou, *Petit manuel d'inesthétique*, Paris: Seuil, 1998, 88.

이 아니라, 고정될 수 없이 언제나 '일어나는 일'로서 하나의 과정이며, 따라서 이론상 무한한 것이라는 것을 알 수 있다. 그러므로 "한 진리의 무한함은 진리를 고정된 앎과의 무조건적 동일성으로부터 벗어나게 한다는 점에서 비롯된다."[261] 이러한 진리의 과정의 무한함은 '단 하나의' 진리라는 것은 존재하지 않는다는 것을 보여준다. "모든 진리는 어떤 역량임과 동시에 어떤 무력함이기도 하다. 그것이 전체를 관할하는 것일 수 없기 때문이다."[262] 그에 따르면 이러한 진리의 한계가 오히려 진리의 독특성을 보장하는데, 하나로 뭉뚱그려지지 않는다는 점이 바로 하나의 진리가 다른 진리들과 구별된다는 것을 보장하기 때문이다. 바디우가 "하나의 진리는 무한한 다수성이다"라고 할 때,[263] 이는 하나의 독특한 진리가 드러내는 것은 결국 진리가 무한한 과정이며, 따라서 어떤 진리도 하나의 전체를 가리켜 보일 수 없고, 오히려 그러한 전체에 대한 사유를 무화시키는 것, 즉 모든 집합에 포함되어 있는 공집합과 같은 순수 다수의 존재만을 가리켜 보일 수 있다는 것을 의미한다.

2. '거짓 운동'으로서의 영화

바디우는 이렇게 언제나 진리에 대해 말해야 하고, 진리란 상황의 진리이며, 상황에 대해 사유하는 것은 진리를 어떤 고정적인 것으로서

261 Alain Badiou, *Petit manuel d'inesthétique*, 23.

262 Alain Badiou, *Petit manuel d'inesthétique*, 41.

263 Alain Badiou, *Petit manuel d'inesthétique*, 22.

사유하는 것이 아니라 이론상 무한한 과정으로서, 따라서 결코 완성되어 끝날 수 없는 것으로서 사유하는 것이라고 말한다. 그런데 그가 영화에서 주목하는 것은 '거짓'이다. 영화 역시 진리를 생산하는 예술인데, 그러한 영화가 거짓과 관계를 맺고 있다는 것이다. 이것이 바디우의 영화에 대한 사유의 독특성이다. 바디우가 거짓에 주목하는 것은 우리가 들뢰즈를 다루면서도 오해하지 말아야 할 것으로 강조했던 것처럼 영화의 허구성과 관련된 것이 아니다. 바디우는 영화 자체가 본질적으로 거짓운동으로 이루어진 것이라는 점에 주목하기 때문이다.

거짓운동으로 이루어진 영화가 진리를 생산할 수 있게 되는 것은 예술로서의 '특이성(singularité)'과 '내재성(immanence)'을 통해서 진리의 무한성에 가닿기 때문이다. 특이성이라는 것은 예술이 생산한 진리가 철학을 포함하여 예술 이외에 다른 어느 곳에서도 주어질 수 없다는 것을 의미한다. 내재성이라는 것은 예술이 그 자신이 헌신하는 진리와 정확히 동일한 외연을 가진다는 것을 의미한다. 바디우는 이러한 특이성과 내재성에 대하여 한 작품의 독특성이나 한 작가의 내재성이라는 방식으로 이야기하지 않는다. 예술작품은 본질적으로 유한하기 때문이다. 작가 역시 마찬가지이다. 무한성에 참여할 수 있는 것은 '작품들'뿐이다. 하나의 작품이 하나의 진리를 드러내는 것이 아니라 하나의 작품에서 시작될 것이지만 그 작품에서 완결되지 않는, 그래서 연이은 '작품들'로 구성된 예술적 절차가 바로 진리이다. 바디우는 예술이 진리를 생산한다고 할 때 이 점을 언제나 강조한다. 그렇다면 하나의 작품은 무엇인가? 그것은 공백을 드러내는 하나의 '사건'이라고 해야 한다. 사건으로서 하나의 작품이 공백을 드러냄으로써 예술의 진리의 생산 절차는 시작되는 것이다.

바디우는 영화의 근본적인 특성에 대하여 다음과 같이 말한다. "한 편의 영화는 가시적인 것으로부터 끌어낸 것을 통해 작동하며, 그 이미지는 이미 잘려져(coupée) 있다."[264] 바디우는 영화의 이미지가 언제나 쓰여진 대본이나 촬영된 필름에서 불필요한 부분들이 커트(couper)되는 방식으로 있다는 것을 강조하고 있다. 이미지가 이미 잘려져 있다는 것은 영화의 프레임이 언제나 우리가 살고 있는 세계의 가시적인 것들을 잘려진 채로 보여준다는 데에서도 잘 알 수 있다. 그러나 영화 이미지가 가시적인 것을 잘라낸다는 것은 가시적인 세계의 일부분을 모방하여 보여준다는 의미가 아니라, 잘라냄을 통해 감각적인 것 위로 어떤 이념(Idée)이 방문할 수 있도록 만든다는 것을 의미한다. 왜냐하면 이 잘라냄이라는 영화의 행위는 감각적인 것을 그 자신의 고유한 방식으로 포착함으로써, 이념과 분리될 수 없도록 만드는 것이기 때문이다. 각각의 고유한 영화들이 각각의 고유한 방식으로 잘라내어 각각의 이념을 지나갈 수 있도록 하는 것이 영화가 진리의 절차에 참여하는 방식이다. 계속해서 살펴 보겠지만 영화는 근본적으로 거짓인 운동을 통해 이념을 지나가게 함으로써 현실세계에 공백을 만들고, 바로 그것이 무한한 진리의 절차에 참여할 수 있게 한다.

바디우가 주목하는 영화의 거짓운동 중 첫 번째 거짓 운동은 '전체적 운동으로서의 영화'이다. 하나의 영화가 하나의 흐름을 구성하는 전체적인 운동이라고 우리는 여기지만, 실제로 한편의 영화는 통일적인

264 Alain Badiou, *Petit manuel d'inesthétique*, 121.

전체를 만들어내는 것이 아니다. 영화가 전체적인 운동, 즉 하나의 동질적인 흐름이라고 여기는 것은 영화를 하나의 네러티브로 여기고자 하는 데에서 오는 착시 현상에 불과한 것이며, 영화의 운동은 인접성이나 반복, 강조나 단절의 원리라는 척도에 따라 숏이나 시퀀스들을 잘라내는 일에 의해 만들어지는 것일 뿐이다.

두 번째로 전체적 운동뿐만 아니라 '국지적인 운동 행위' 역시 거짓 운동이다. 영화에서 일어나는 어떤 운동은 결국 영화 밖의 실재로 돌아갈 수밖에 없기 때문이다. 바디우가 들고 있는 예는 오손 웰즈의 「악의 손길(Touch of Evil)」의 한 장면이다. 주인공인 퀸란 경위가 술집 주인을 찾아가 '당신은 당신의 오랜 친구를 잊어버렸나?'라고 묻는 장면이다.

〈사진 33〉 「악의 손길」의 장면

이 장면에서 퀸란 경위는 오손 웰즈 그 자신이고, 술집 주인은 마를렌 디트리히(Marlene Dietrich, 1901~1992)이다. 늙고 뚱뚱해진 오손 웰즈가 연기한 행크 퀸란 경위는 한때는 영웅이었지만 지금은 감만 믿고 증거를 조작하면서 자신의 고집을 꺾지 않는 인물이다. 자신의 작품을 이해해주지 못하는 제작사와의 긴 갈등 끝에 영화 제작의 기회를 잃어가던 오손 웰즈가 할리우드를 떠났다가 다시 돌아와 만든 작품이 「악의 손길」이라는 점에서, 퀸란 경위는 오손 웰즈의 삶에 가닿는 것처럼 보인다. 그는 늙고 뚱뚱해졌지만 여전히 고집스러운 그 모습 그대로 거기에 서 있다. 그리고 그에게 결국 이 작품은 할리우드에서의 마지막 작품이 되기도 했다. 게다가 오손 웰즈가 마주하고 있는 것은 자신과 함께 할리우드 황금기를 누렸던 마를렌 디트리히이다. 그래서 이 두 사람의 만남은 어떤 경찰관이 술집 주인을 찾아가는 장면에 머물러 있지 않다. 그들은 그들이 함께 공유했던 시절을 스크린을 빠져나와 전달한다. 바디우가 주목하는 것은 이 경찰관과 술집 주인의 만남이 오손 웰즈와 마를렌 디트리히의 만남으로 우리를 데려간다는 점이다. 바디우는 우리의 사유 속에 불러일으켜진 오손 웰즈와 마를렌 디트리히가 만나는 국지적인 운동은 어떤 경찰관이 늙은 창녀의 집에 찾아가는 이미지와는 전혀 일치하는 바가 없다고 강조한다. 그리고 이렇게 영화가 이미지를 현실세계로부터 빼내어 가져올 때 현실세계의 빈 공간을 드러내게 된다.

마지막 거짓 운동은 '불순하게 돌아다니는 일'이다. 바디우에 따르면 영화는 독립적으로 있을 수 없으며 다른 예술들을 자기 안에 끌어다놓음으로써만 존립한다. 가령 어떤 영화가 소설을 원작으로 하여 만들어졌다고 할 때, 그 소설은 영화 안에서 그 자신으로 남아있을 수 없다. 그것은 곧장 영화의 연극적 요소로 넘어가고, 음악으로 넘어간다. 즉, 영화는 다른 예술들로부터 출발하여 그 예술들을 그들 자신들로부터 벗어나게 만드는 운동을 작동시키지만 그것 자체로는 어떤 자리도 차지하고 있지 않고 불순하게 돌아다닌다. 그러나 소설은 연극이 될 수 없고, 또한 음악이 될 수 없다. 이는 오로지 영화 안에서만 일어나는, 즉 영화만이 할 수 있는 거짓의 운동이다. 바디우가 이러한 거짓 운동을 '불순하다'고 표현한 것은 그것이 다른 예술들에 의해 언제나 오염되어 있다는 의미에서이다. 이러한 영화의 불순한 운동이 가리켜 보이는 것은 영화는 다른 예술에 덤(plus-un)으로 오는 것이기 때문에 영화 그 자체로서는 순수하게 말해질 것이 없다는 점이다. 따라서 언제나 영화는 결여(défection)의 방식으로만 나타날 수 있다. 이는 영화라는 예술에 대한 부정적인 표현이라고 할 수 없는데. 왜냐하면 결여는 공백을 의미하기 때문이다.

잠시 언급하자면, 들뢰즈 역시 바디우의 표현대로 다른 예술을 '불순하게 돌아다니는 일'로서의 영화에 대해 말한 바 있다. 우리는 그것을 이미 고다르와 함께 영화의 자유간접화법을 이야기하면서 보았다. 고다르는 의도적으로 뮤지컬, 만화, 소설, 연극, 춤 등 다른 예술들을 영화 안으로 끌어들이지만, 그의 영화에서 다른 예술들은 영화의 하위 장르로서 포섭되지 않고 불협화음을 이룬다. 이렇게 도입된 장르들은 불협화음을 이루지만 각기 그 장르 그대로 남아 있는 것이 아니라 영화에 의해 반성된 형태로 있다. 자유간접화법에서 보았던 것처럼 영화라는 서술자의 언술행위에 의존하여 표현되고 있으면서도, 각 장르는 그 장르에 귀속될 수 있도록 표현된다. 영화는 이렇게 자기 장르로 남아있는 그러한 장르들과 더불어 자기 자신에게 낯선 타자가 된다. 이런 방식으로 들뢰즈는 영화가 여러 장르 사이를 불순하게 돌아다니는 일에 대해 영화 자신이 다른 외부적인 것들과 더불어 타자가 되는 방식이며, 이것이 참과 거짓의 판단을 와해시키는 역량을 가진다고 말했다. 바디우 역시 이러한 방식으로 영화의 거짓 운동에 주목한다는 점에서 유사한 관점을 공유하고 있음을 알 수 있다.

그렇다면 이러한 영화의 거짓운동을 통해 출현하는 이념이란 무엇인가? 영화의 이념에 대하여 바디우가 들고 있는 예는 루키노 비스콘티의 「베니스에서의 죽음(Morte a Venezia)」 첫 장면에서 주인공이 곤돌라를 타고 운하를 지나가는 긴 장면이다.

> 내가 비스콘티의 「베니스에서의 죽음」이 토마스 만의 『베니스에서의 죽음』에 무엇을 빚지고 있느냐고 묻는다면, 나는 곧바로 음악 쪽으로 방향을 돌린 셈이다. 왜냐하면 영화의 첫 장면을 생각해보면, 지나감의 시간성이 토마스 만의 산문의 리듬보다는 말러의 '5번 교향곡'의 아다지오에 의해 훨씬 더 강조되고 있기 때문이다. 여기서 이념은 사랑의 우수와 장소의 특성, 그리고 죽음 사이의 관계라고 가정하자. 비스콘티는 산문이 아니라 음악이 가시 세계 안에 열어놓는 틈 속에서 이 이념의 방문(visitation)을 만들어냈는데, 왜냐하면 여기에는 어떤 말도, 어떤 텍스트적인 것도 없기 때문이다.[265]

〈사진 34〉 「베니스에서의 죽음」 첫 장면

바디우는 이렇게 말하면서 소설이 음악으로 인하여 언어에서 벗어나고, 음악은 또 회화적 요소에 의해서 제거되는 방식으로 끊임없이 다른 요소들 간의 이전과 용해가 일어난다는 것을 강조한다. 그리고 이것

265 알랭 바디우, 『비미학』, 148~149.

이 열어놓는 가시세계의 틈에 이념이 지나갈 수 있는 길이 놓인다. 바디우는 「베니스에서의 죽음」의 이념에 대해 이렇게 말하기도 한다. "지나가는 이념(그리고 남은 영화의 모든 부분에서 봉합되면서 동시에 폐지되는 이념)은 삶 속에서 해야 할 일을 다 하고, 그래서 삶의 마지막 지점에서, 다른 삶 앞에서 망설이고 있는 한 남자의 이념이다."[266] 이러한 이념 역시 배우의 얼굴에도, 배경이 되는 베니스의 건축양식에도, 말러의 음악에도 반영되어 있다. 이러한 요소들이 서로를 발전시키고 동시에 훼손시키면서 이념은 지나간다. 여기에 영화 그 자체라는 것은 없다. 즉, 영화 자체는 그 자신이 결여되는 독특한 방식으로 이념이 그 자리에 방문할 수 있도록 만든다.

이념은 그 자체로는 부동적인 것이다. "플라톤이 이미 생각했듯이, 이념의 불순함은 언제나 부동성이 지나간다는 것 또는 지나감이 움직이지 않는다는 것이다."[267] 우리가 사르트르와 함께 이야기했던 것처럼 플라톤의 이데아는 이 세계에 존재하는 구체적인 움직이고 변화하는 것들로는 나타나지 않는다. 이데아는 부동적이고 불변적인 것이면서 변화하는 것들을 그것들로 있을 수 있게 만드는 것이다. 그런데 영화는 그러한 부동적인 이념을 '지나가게' 만든다. "영화는 방문이다. 내가 보았거나 들었을 것의 이념은 지나가는 것으로서 남아있다."[268] 영화를 불순하게 만드는 다른 요소들, 우리가 계속해서 예로 들고 있는 연극적 요소, 회화적 요소, 음악적 요소들은 그 자체로 다른 요소가 되는 방식

266 Alain Badiou, *Petit manuel d'inesthétique*, 132.

267 Alain Badiou, *Petit manuel d'inesthétique*, 135.

268 Alain Badiou, *Petit manuel d'inesthétique*, 121.

으로, 즉 그 자체가 운동하는 방식으로 그러한 부동적 이념을 지나가게 만들 수는 없다. 이념을 지나가게 만드는 것은 오직 영화라고 여겨질 수 있는 촬영과 편집이다. 촬영과 편집이 이념을 지나가게 만드는 하나의 지속을 만들어낸다. 영화의 촬영과 편집은 다른 예술들처럼 독립적인 하나의 요소를 제시하는 방식이 아니라 모든 것들을 혼합하는 것이다. 촬영과 편집은 다른 예술로 환원되지 않는 영화만의 가능성이지만, 그것은 오직 연극적이고, 회화적이고, 음악적 요소들에 각각 동질적인 지속을 만들어내는 일만을 한다. 다시 비스콘티의 영화를 예로 설명할 수 있다. 「베니스에서의 죽음」에서 만들어지는 모든 요소들에 동질적인 지속은 '느림'이다. 「베니스에서의 죽음」에서 구스타프를 연기한 배우 더크 보가드(Dirk Bogarde, 1921~1999)의 음울함을 간직한 정지된 연기, 말러의 아다지오, 베니스의 이미 지나가버린 과거의 건축들이 가진 그 공허함 사이에서, 과거에 머물러 정지되어 있는 것 같은 풍경들 사이에서 방황하는 여행 등에 동질적인 느린 지속을 만들어내는 것이 이 「베니스에서의 죽음」에서 영화만이 할 수 있는 유일한 일인 것이다. 영화의 거짓 운동이 만들어내는 이러한 동질적인 지속 때문에 부동적인 이념은 지나갈 수 있게 된다.

3. 영화와 정화(淨化)

바디우가 주목하는 영화의 거짓운동 가운데 바디우가 '가장 거짓인 것'이라고 말하면서 그 중요성을 부여하는 것은 이 세 번째 것, '불순하게 돌아다니는 일'이다. 다른 예술들과 비교해보면 이 불순하게 돌아다니는 일로서의 영화의 독특성을 더 잘 이해할 수 있다.

> 시를 쓰려면 종이와 연필이 필요하다. 아마 전 세계의 모든 시의 역사가 필요할 수도 있다. 이 역사의 존재는 물질적 현존이 아니라, 잠재적이다. 그림을 그리려면 역시 표면이나 부재에서 시작한다. 근원적인 잠재성으로서의 조형 예술 전체의 역사가 필요할 수도 있다. 하지만 영화를 시작하는 데 있어서는 완전히 다르다. 운동-이미지나 시간-이미지를 만드는 조건은 전적으로 독특한 물질적 구성이다. 기술적 수단뿐만 아니라 매우 복잡하고 이질적인 재료들이 필요하다. 예를 들면 인공적이든 자연적이든 장소가 필요하고, 공간도 요구된다. 텍스트, 시나리오, 대사, 추상적인 생각, 그리고 배우들, 스태프들도 필요하다. 화학적 공정이나 편집기기도 필요하다.[269]

영화는 언제나 물질적인 조건들을 요구하는 '순수하지 않은' 시스템이라는 점에서도 우리가 앞서 이야기한 바와 같은 불순함을 다시 확인할 수 있다. 바디우는 이러한 불순함이라는 것들에 대하여 영화가 하는 일을 정화(淨化)라고 표현하기도 한다. 우리가 앞서 이야기한 다른 예술의 요소들로 이루어진 영화의 근본적인 특성에 대해서보다는 '물질적인 조건들'과의 관계에서 그 불순성을 정화하는 영화적 작업의 중요성을 강조하기 위해서이다.

영화가 많은 자본을 필요로 한다는 사실은 곧 영화가 배우, 미술, 기술, 광고 등 영화와 이질적인 수많은 것들이 결부되어 있다는 것을

269 알랭 바디우, 김길훈 · 김건 외 옮김, 『알랭 바디우의 영화』, 한국문화사, 2015, 331.

의미한다. 그래서 바디우는 영화를 철학에 비유한다. "다른 예술들은 자신들의 고유한 역사의 순수함에서 출발한다. 그리고 과학은 자신의 고유한 공리에서, 수학적 투명성에서 출발한다. 하지만 영화와 철학은 의견들, 이미지들, 실천들, 독특성들, 인간의 경험과 같은 불순한 것들에서 출발한다. [……] 철학은 단절이 있는 곳에서 개념의 종합을 창조하는 작업이고, 영화는 세계의 가장 진부한 갈등과 함께 순수함을 만드는 작업이다."[270] 이러한 바디우의 표현에서 알 수 있는 것처럼 영화가 만들어내는 운동, 즉 불순한 것들을 제거하고자하는 정화작용은 철학이 하는 일, 즉 단절된 진리들 사이에서 종합을 만들어내는 일에 비견된다. 앞서 이야기한 것처럼 바디우는 철학이 그 스스로는 어떤 진리도 생산하지 못한다고 강조한다. 철학은 진리를 생산하는 철학의 조건들, 즉 정치, 사랑, 과학, 예술을 그 자신 위에 공존시킨다. 철학은 그 자체로 진리를 생산할 수 없고, 섞일 수 없는 각각의 독특한 진리들을 공존시키는 장소를 만드는 일만을 할 수 있다. 이는 영화가 다른 예술들을 자기 위에서 공존하도록 하는 것과 동일한 방식이다. 철학이 네 가지 철학의 조건들에서 생산된 진리에 봉합되어서는 안 되듯이, 영화 역시 영화 안에 있는 여러 다른 예술들 중 하나가 되거나 다른 예술들을 그 자신으로 만들지 않는다. 그래서 바디우는 그러한 영화의 정화작업은 끝이 없다고 말한다. "영화 안에서 예술적 행동은 오직 '그 자신의 내재적인 비예술적 특성의 정화과정'으로만 찾아진다. 그리고 이 과정은 결코 완결되지 않는다."[271] 이는 철학이 그것의 네 가지 조건들에서 생산

270 Alain Badiou, *Cinéma*, 372.

271 Alain Badiou, *Cinéma*, 223.

된 진리들을 끊임없이 종합하는 일과 같다. 이러한 점에서 바디우 철학에서 영화의 지위는 철학의 지위와 비견될 수 있는 중요한 위치를 점하고 있다고 볼 수 있다.

다른 예술들의 목적은 예술작품 자체에 순수함을 간직하는 데 있다. 말해진 것들 속에 감추어져 있는 침묵을 간직하거나 보이는 것들에 감추어져 있는 보이지 않는 것을 간직하는 방식들은 모두 기원적인 순수함에 충실한 것이다. 달리 말하면 다른 예술들은 침묵과 비가시성에서 출발하여 한정된 재료들을 가지고 그것을 복잡화하는 과정이라고 할 수 있다. 반면, 영화는 처음부터 무질서하고 순수하지 않은 상태에서 출발하여 그것들을 정화하기 위해 투쟁하는 과정이다. "영화는 가시성의, 감각의, 다른 예술의, 음악의, 사용 가능한 모든 텍스트의 무한성과 본질적으로 같이 부대끼는 것이다. 영화는 단순화의 예술이고, 다른 모든 예술은 복잡화의 예술이다."[272]

바디우는 몇 가지 예를 들면서 영화의 작업이 정화의 작업이라는 사실을 보인다. 먼저 음향의 문제가 있다. 모든 소리들이 통제되는 곳에서 연주를 하거나 녹음을 하는 작업과 달리 영화의 음향은 통제되지 않는 도시의 소음들을 가로지르며 그것들을 토대로 소리를 재생산하고 재창조한다. 바디우는 고다르의 영화들이 이를 잘 보여준다고 말한다. 어떤 특정한 영화가 아니라 그의 영화들에서 전반적으로 드러나는 특징이다. "예컨대, 여러 명이 동시에 말하기에, 우리는 대화를 뚜렷하게 들을 수 없다. 또한, 음악의 일부분을 듣지만, 지나가는 자동차 소음도

272 알랭 바디우, 『알랭 바디우의 영화』, 333.

듣는다."[273] 고다르는 혼돈스러운 음향들을 부자연스럽게 제거하는 것이 아니라 그러한 음향들을 영화의 일부로 만든다. 고다르의 영화에서는 종종 경적소리, 엔진소리, 사이렌소리와 같은 소리들이 자연스럽게 시작되어 리듬을 만드는 경우도 있다. 바디우는 우리가 살아가고 있는 세계의 소음들을 단순히 제거하는 방식이 아니라 그것들을 재생산하고 재창조해내는 고다르의 방식에서 영화적 특성을 발견하고 있다.

〈사진 35〉「체리 향기」의 운명의 장소로서의 자동차

두 번째 예는 영화가 자동차를 활용하는 방식이다. 앞서 이야기했던 도시의 소음들처럼 자동차라는 이제는 더 이상 진부한 이미지가 되어버린 것을 등장시키지 않는 방식으로 단순히 제거하는 것은 단순히 포기하는 것일 뿐이다. 중요한 것은 재발견하고 재창조하는 일이다. 바디우는 압바스 키아로스타미(Abbas Kiarostami, 1940~2016)의 새로운 자동차 활용 방식을 예로 든다. 키아로스타미는「체리 향기(Ta'm e guilass)」에서 자살을 결심하고 자신의 무덤에 흙을 덮어줄 사람들을 찾는 사람을 계속해서 따라간다. 그는 끊임없이 차를 타고 다니면서 사람들을 찾

273 알랭 바디우,『알랭 바디우의 영화』, 334.

고 말을 건네고 이야기를 나눈다. 키아로스타미의 영화에서 자동차는 형사와 갱스터가 쫓고 쫓기는 도구로서 등장하는 것이 아니라 세상에 대해 대화를 나누는 장소이고 주인공이 자신의 운명을 결정하게 되는 장소이다. 이것이 정화작업이라고 바디우는 말하고 있다. "자동차 이미지의 순수하지 못함은 키아로스타미의 영화에서 새로운 순수함으로 만들어지고, 결국 동시대의 대화의 순수함이 된다."[274] 고정되어 있는 이미지로부터 벗어난 자동차 이미지가 이미지를 '순수하게 만드는' 작업은 영화에서 이루어지고 있는 대화 역시 '순수하게 만든다.' 영화가 자동차라는 진부한 이미지를 제거하지 않으면서 오히려 그것을 정화할 수 있다면 바로 이러한 방식일 것이다.

세 번째 예는 영화가 섹스를 보여주는 방식이다. 포르노 이미지라고 부를 수 있는 섹스의 진부한 이미지를 단지 삭제하는 방식은 역시 진정한 방식일 수 없다. 바디우는 다음과 같이 묻는다. "뛰어난 감독은 정숙해야 하는가? 그는 육체를 삭제해야만 하는가?"[275] 그렇다면 어떤 변형이 가능할 것인가? 바디우는 세 가지 방식을 제시한다. 먼저 사랑의 이미지로 변형시킬 수 있다. 진부한 섹스 이미지들이 영화 속에서 사랑의 이미지가 될 때 독특성을 얻게 된다. 진부한 섹스 이미지들이 육체를 대상화하는 이미지들이었다면, 사랑의 이미지들 가운데에서 인물은 대상화되기를 거부하고 그러한 인물들은 정형화되지 않는 독특한 인물들이 되며, 바로 그 때문에 사랑의 이미지들은 더 이상 진부한 섹스 이미지이기를 멈추고 순수화된다. 또 다른 방법은 성적으

274 알랭 바디우, 『알랭 바디우의 영화』, 335.

275 알랭 바디우, 『알랭 바디우의 영화』, 335.

로 형상화된 육체를 이상적 아름다움으로 변형시키는 것이다. 바디우는 미켈란젤로 안토니오니(Michelangelo Antonioni, 1912~2007)의 영화들에서 이것이 잘 표현된다고 말한다. 그는 안토니오니의 「여자의 증명(Identificazione di una donna)」에서의 섹스 장면을, 진리를 증명하듯이 여자를 증명하고자 하는 불가능한 시도를 담고 있는 영화의 제목과 연관지어 분석한 바 있는데, 안토니오니는 유미주의적인 방식으로 섹스를 표현함으로써 성적 행위 자체뿐만 아니라 성별의 차이까지도 드러내기를 거부하는 데까지 나아간다.

〈사진 36〉 안토니오니의 「여자의 증명

> 남녀가 나란히 누워 있는 이 장면은 전체 화면으로 보여주는데, 여자가 앞에 있고 여자 등 뒤에 남자가 있다. 그들은 어디에서 불어오는지 알 수 없는 바람으로 펄럭이는 하얀 침대 시트에 몸을 맡기고, 지평선 위에서 추는 춤처럼 부드럽게 움직인다. 이 장면에서는 처음으로 있는 그대로의 여자의 체모가 보이고, 그리고 심지어는 짧은 순간 축 늘어진 남자의 성기도 보인다. 여기서 작동되는 것은 명백하게 유미주의를 드러낸다는 점이다.[276]

안토니오니는 이러한 방식으로 성적인 형상화 자체를 제거하기보

276 알랭 바디우, 『알랭 바디우의 영화』, 233~234.

다는 양식화하고 추상화하는 방식으로 섹스를 재현한다. 바디우가 주목하고 있는 방식은 바로 이러한 방식이다.

〈사진 37〉 고다르의 「할 수 있는 자가 구하라: 인생」

마지막으로 세 번째 방법은 포르노보다 더 포르노가 되는 방법이다. 바디우는 고다르의 「할 수 있는 자가 구하라: 인생(Sauve qui peut (la vie))」의 장면들을 예로 든다. 영화에는 성적인 대사들과 동생에게 성매매를 소개한 언니의 말처럼 '모욕적인' 성 행위들이 등장하지만 여기에는 성적인 욕망을 자극하고 분출하게 하는 탈출구들이 존재하지 않는다. 관객들은 영화 속 인물들 가운데 누구와도 자신을 동일시할 수 없고, 따라서 그들을 자신의 대리인으로 삼을 수 없다. 이 때문에 바디우는 고다르가 포르노 이미지라는 진부하고 음란한 이미지들로부터 출발하여 그것들을 새로운 방식으로 변형시키고 있다고 말한다.

네 번째 예는 총격전이다. 자동차 추격전처럼 총격전 역시 더 이상 새로울 것 없는 평범하고 진부한 장면이 되었다. 그렇지만 웰즈의 「상하이에서 온 여인(The Lady From Shanghai)」의 거울들 사이에서의 총격 장면은 진부함으로부터 벗어나 다른 방식을 보여준다.

또한 바디우는 오우삼(John Woo, 1946~)이나 기타노 다케시

〈사진 38〉「상하이에서 온 여인」의 총격 장면

(Kitano Takeshi, 1947~)의 영화들에서 총격전이 조형적인 안무처럼 보인다는 점에도 주목한다. 그들의 영화에서는 총격전이 갱스터 영화의 관습처럼 긴장감과 스펙터클을 위해 존재하기보다는 양식화된 이미지로 표현된다. 특히 기타노 다케시의 영화 「소나티네(Sonatine)」에서는 실제 총격전의 리듬도 영화 속에 등장하는 오키나와 전통 춤처럼, 해변에서 벌이는 스모처럼, 한밤중에 벌이는 폭죽 총격전처럼 묘사되기도 한다.

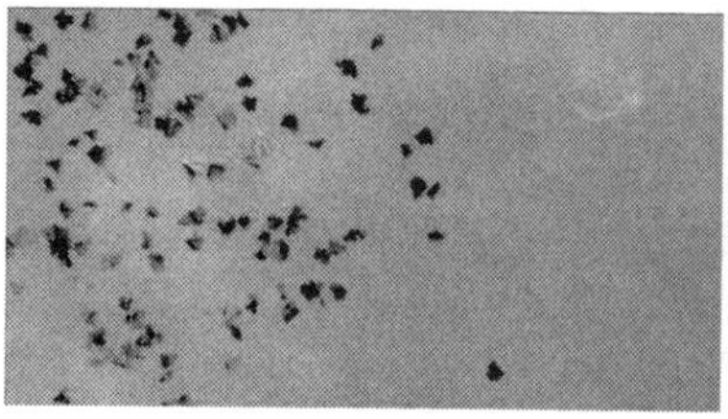

〈사진 39〉「소나티네」의 총격 장면들

이러한 방식으로 바디우는 자동차, 포르노, 총격전, 소음 등 현대 사회의 이미지들을 정화시키는 작업이 영화라고 말한다. 영화는 순수한 상태에서 시작할 수 없기 때문에 늘 무한하고 복잡한 이미지들로부터 출발하여 정화하는 작업이다. 바디우가 보기에 영화가 대중예술인 것은 이 문제와 관련이 되어 있다. 영화의 출발점이 늘 우리가 살고 있는 사회의 이미지의 총체와 관련되어 있다는 점에서이다. 어떤 특정한 교육을 통해서 오랜 기간 습득해야만 받아들일 수 있는 이미지들이 아니라, 늘 모든 사람들이 공유할 수 있는 이미지들로부터 출발하는 것이 영화라는 예술의 고유한 특성이다. 그렇지만 그것은 늘 불순한 이미지들이다. 영화는 불순함이라는 대가를 치르고서만 대중예술일 수 있는 것이다.

영화의 이미지들이 불순한 것은 앞서 이야기한 것처럼 근본적으로 영화 자체가 다른 예술에 '덤으로 오는 것'이라는 점에 있지만, 사회의 이미지의 총체와 관련을 맺고 있는 무한한 재료들로부터 출발하며, 늘 자본과 불가분의 관계에 있다는 점에서도 그렇다. 그렇기 때문에 바디우는 말한다. "어떤 영화가 됐건, 우리는 진부함, 필요 없는 이미지들, 의미 없는 대사들, 과도한 색채, 형편없는 배우들, 무분별한 포르노 등과 같은 것을 볼 수 있다. 결국, 영화를 볼 때 우리는 '재료의 순수하지 못함과 맞서는 투쟁'을 본다."[277] 영화는 투쟁이다. 덤으로 오는 예술인 영화는 다른 예술들 사이의 차이를 제거하지 않으면서 종합을 한다. 그리고 그러한 종합의 효과가 다른 어떤 예술에도 속하지 않는 영화만의 독특한 효과이다. 영화는 다른 예술들을 이기거나 그것들에 지는 결과만을 보는 것이 아니라 그 투쟁을 본다. 마찬가지로 소음들, 폭력들, 외설적인 장면들을 제거하는 것이 아니라 그것들과의 투쟁을 우리는 본다. 또한 배우들의 출연료부터 장소, 장비, 배급에 필수적인 광고 등과

277 알랭 바디우, 『알랭 바디우의 영화』, 338.

의 투쟁을 본다. 그것들은 완전히 제거되지 않으면서 영화 속에서 정화된다. "영화는 순수하지 못한 움직임이다. 영화는 기생적이며 불안정한 (예술의) 덤이다. 그러나 현대 예술로서의 영화적 힘은 모든 이념의 불순함으로부터 이념을, 즉 스쳐 지나감의 시간을 만드는 것이다."[278] 이것이 바디우가 불순한 돌아다님이라는 거짓 운동으로부터 부동적이고 불변하는 이념이 지나갈 수 있게 하는 영화의 고유한 힘을 설명하는 방식이다. 이러한 영화라는 하나의 사건이 현실 세계에 공백을 만들어낼 수 있다면, '영화들'은 무한한 진리를 생산할 수 있게 될 것이다. 이것이 바디우가 영화라는 고유한 예술에 기대하는 바이다.

278 알랭 바디우, 『알랭 바디우의 영화』, 144.

제9장

랑시에르의 시간과 영화, 그리고 정치

제9장
랑시에르의 시간과 영화, 그리고 정치

1. 잘못 셈해진 부분들의 몫

아리스토텔레스는 「아테네 정치제도사」에서 다음과 같이 쓴다. "정치체제와 관련하여 많은 사람들에게 가장 견디기 어렵고 쓰린 것은 남을 위해 예속노동을 하는 것이었다. 그리고 무엇보다 참을 수 없었던 것은 말 그대로 아무것에도 동참할 수 없다는 것이었다."[279] 아테네의 민중(dēmos)들은 이 때문에 부자들에 대항하기 시작했다. 그리고 이 문제를 해결하기 위해 솔론은 민중들로 하여금 재판에 참여할 수 있도록 하고, 몸을 담보로 해서는 돈을 빌리지 못하도록 하는 새로운 제도들을 마련했다. 그런데 아리스토텔레스는 이러한 민주적인 성향이 강화된

279 아리스토텔레스, 최자영·최혜영 옮김, 「아테네 정치제도사」, 『고대 그리스정치사 사료: 아테네·스파르타·테바이 정치제도』, 도서출판 신서원, 2002, 53.

솔론의 정치체제를 가장 궁극적인 형태의 정치체제로 보지 않는다. 한 계급이 권력을 독점하게 될 때 그 계급이 사익을 추구하게 되는 것을 누구도 막을 수 없기 때문에, 동일한 의미에서 한 정치체제의 선택이 가져오게 될 폭정을 막을 수 없기 때문에, 혼합정이 가장 이상적인 형태의 정치체제라는 것이다. 그가 보기에 민주정 아래에서는 민중선동가(demagogos)가 민중을 선동하여 특정 법안을 통과시키고 그 결과에 대해서는 책임을 지지 않는 일이 발생하는 일을 막을 수 없기 때문에, 이는 폭군의 변덕스러움과 다를 바 없다. 그렇다면 어떤 방식으로 혼합정은 이루어져야 하는가? 민중의 입장에서 '아무것에도 동참할 수 없는' 것은 아닌 방식으로 정치에 참여하는 것, 다시 말해 공동체의 구성원으로서 자신의 몫을 가지는 것은 무엇을 의미하는가?

랑시에르가 문제를 제기하는 것은 아리스토텔레스처럼 공동체 전체를 부분들의 총합으로 이해할 때 생기는 모순이다. 아무 것에도 참여할 수 없는 것은 아니지만 그들에게 주어진 공동체의 부분으로서의 몫이라는 것은 무엇인가? 여기에는 분명 '잘못 셈해진' 부분들이 있으며, 잘못 셈해짐으로써 아무런 몫을 가질 수 없는 이들에 대해 우리는 이야기해야 한다는 것이다. 랑시에르는 바로 이 때문에 모순을 품고 있는 이러한 공동체의 부분들의 분할이 새롭게 이루어져야 한다고 강조한다. 그리고 이러한 새로운 분할은 합리성의 영역에서, 즉 이성이 작동하는 언어적 상황들에 새로운 지식들을 보충함으로써 이루어지는 것이 아니다. 이는 불화(mésentente)가 어디로부터 발생하는가를 생각해보면 잘 알 수 있다. 랑시에르는 불화라는 상황이 '그것은 하얗다'라고 말하는 사람과 '그것은 검다'라고 말하는 사람 사이의 갈등이 아니라고 강조한다. 불화는 모두 하양다고 말하면서 동일한 것을 말하고 있음을 알아듣지 못하는 사람들 사이의 갈등이다. 어느 누구도 하양이 무엇인지 모른다거나 언어의 부정확성 때문에 발생한 오해로 인하여 갈등이 생겨나는 것이 아니라, 동일한 단어들로 동일한 것을 알아들으면서 알아듣지 못할 때 불화는 생겨난다. 그렇기 때문에 지속적인 합리성의 보충이 불화의 발생을 막을 수는 없다. 우리는 오히려 "토론하기 위해 말을 사용하는 존재자가 된다는 것은 무엇인가"라는 근본적인 질문을 물어야 한다.[280]

아리스토텔레스는 인간을 정치적인 동물(zōion politikon)로 정의하면서 이렇게 말한다.

> 모든 동물 중에서 오직 인간만이 말[logos]을 갖고 있다. 분명히 목소리는 고통과 쾌감을 표시하는 수단이다. 또한 목소리는 다른 동물들에게도 주어져 있다. 다른 동물들의 본성은 고통과 쾌감의 감정을 소유하고 서로 이러한 감정을 표시하는 데까지만 미친다. 하지만 말은 이로운 것과 해로운 것을 명시하고, 따라서 정당한 것(le juste)과 부당한 것(l'injuste)을 명시하기 위해 존재한다. 다른 동물들과 관련해 볼 때 인간에게 고유한 것은 바로 이 점이다. 인간만이 좋음과 나쁨, 정당함과 부당함의 감정을 소유하고 있다. 그리고 이러한 감정들의 공유가 바로 가족과 국가를 만든다.[281]

아리스토텔레스에 따르면, 인간이 목소리가 아니라 '말'을 가지고 있다는 점이 인간을 정치적인 동물로 만드는 고유한 특성이다. 목소리

280 자크 랑시에르, 진태원 옮김, 『불화: 정치와 철학』, 길, 2015, 20.

281 아리스토텔레스, 『정치학』, 1253a9–18; 자크 랑시에르, 『불화: 정치와 철학』, 23~24에서 재인용.

를 가지고 있는 다른 동물들 역시 고통과 쾌감을 공유할 수 있지만, 인간은 말을 통해서 이로운 것과 해로운 것, 정당한 것과 부당한 것을 명시(manifeste)한다. 랑시에르가 이러한 아리스토텔레스 『정치학』의 출발점에서 문제 삼고 있는 것은 '해로운 것'과 '부당한 것' 사이의 관계이다. '이로운 것'이 '정당한 것'과 연결될 수 있는 것은 '해로운 것'과 '부당한 것'이 연결되기 때문인데, 이 관계가 과연 그토록 명료한 것인가 묻는 것이다. 랑시에르는 그리스어 용법에서 '해로운 것'을 의미하는 '블라베론(blaberon)'의 반대말은 '오펠리몬(ophelimon)'이라는 점을 지적한다. 블라베론은 어떤 사람이 겪은 피해를 의미하기 때문에, 피해에 대한 구제를 의미하는 오펠리몬이 대립되는 것이었다는 것이다. 양자는 모두 피해를 입힌 자와의 관계라는 타자와의 관계를 함축하고 있다. 반면 이로운 것을 의미하는 그리스어 '쉼페론(sumpheron)'은 "어떤 개인이나 집단이 어떤 행동으로부터 얻게 되는 또는 얻는다고 셈해지는 이득"을 의미한다는 점에서 이것은 어디까지나 한 개인의 자기 자신과의 관계 또는 하나의 집단의 자기 집단과의 관계를 가리킨다.[282] 이러한 점에서 '이로운 것'과 '해로운 것'을 대립항으로 엮어놓는 일은 중지되어야 한다.

랑시에르는 플라톤이 이미 이로운 것과 해로운 것의 관계를 떼어놓아야지만 정의와 불의로 나아갈 수 있다는 것을 보여주었다는 점을 강조한다. 플라톤은 『테아이테토스』에서 정의 그 자체 또는 불의 그 자체에 대해 사유하기 위해서는 "네가 나에게 끼친 피해는 무엇인가? 내

282 자크 랑시에르, 『불화: 정치와 철학』, 27.

가 너에게 끼친 피해는 무엇인가?"로부터 벗어나야 한다고 말했다.[283] 플라톤에 따르면 이윤과 손실을 맞추는 일은 소송 상대가 소송 개요서를 들고 늘 대조하고 있기 때문에 적힌 것 이외에는 연설을 할 수 없고 논의하고 싶은 주제에 대해 무엇이든 말할 수 없는 변호사에게만 해당되는 일이다. 이러한 변호사는 진정한 정의로움이나 정직함이 요구하는 위험과 두려움을 감당할 수 없기 때문에 오히려 허위 쪽으로 향하게 되고 서로에게 앙갚음을 하는 쪽으로 뒤틀리게 된다. 그러므로 이들은 정당한 것 그 자체를 향할 수 없고, 이 점 때문에 플라톤은 위와 같은 질문으로부터 벗어나야만 정당한 것 그 자체에 대한 사유로 나아갈 수 있다고 말한다. 랑시에르 역시 바로 이 점에서 다음과 같이 말하고 있다. "덕목으로서의 정의는 개인들 사이의 이해관계의 단순한 평형이나 개인들 서로가 서로에 대해 가하는 손해들의 배상이 아니다. 정의는 각각의 부분이 자신에게 돌아오는 몫만을 취하게 하는, 그러한 척도 자체에 대한 선택이다."[284] 이는 덕목으로서의 정의와 정치적 정의를 구분해야 한다는 주장이 아니다. 정치적 정의라는 것 역시 개개인들의 관계를 그러한 척도에 맞게 유지시켜주는 질서를 의미하지 않아야 한다는 것

283 자크 랑시에르, 『불화: 정치와 철학』, 29. 플라톤은 동굴의 비유에서 보여주었던 것처럼 철학자들이 '위쪽으로' 이끄는 것에 비유하여 이를 말하고 있다. "철학자가 자신이 누군가를 위쪽으로 이끌 경우를 생각해 보십시오. 그래서 그렇게 이끌리는 자가 '내가 당신에게 무슨 불의를 저지르고 있는 것이오, 아니면 당신이 내게 저지르고 있는 것이오?'라고 묻는 것에서 벗어나, 철학자와 더불어 정의 및 불의 자체에 대한 고찰로, 그러니까 정의와 불의 양자가 각기 무엇인지, 그리고 그것들이 다른 모든 것과 또는 서로와 어떤 점에서 다른가에 대한 고찰로 나아가려 할 경우 말입니다.", 플라톤, 『테아이테토스』, 175c; 정준영 옮김, 이제이북스, 2013, 141.

284 자크 랑시에르, 『불화: 정치와 철학』, 29.

을 의미한다. 정치적 정의가 그러한 것이라면 그것은 단지 상품들이 교환되고 손해들이 배상될 수 있도록 재화나 용역의 교환자들 사이의 계약을 성립하게 하는 것에 불과하다. 랑시에르가 "정치적 정의는 공동의 것의 나눔을 규정하는 질서"라고 다시 말할 때, 이는 개개인들 사이의 관계 문제가 아니라 공동체의 부분들에 대한 평등한 분배를 의미하는 것이다.[285]

아리스토텔레스 역시 이러한 공동체의 부분들에 몫을 분배하는 정의에 대해서 말하면서 이것이 단지 부분적 정의에 그치지 않으려면 자신의 이해관계로부터 떠나서 판단되어야 함을 강조한 바 있다. 예를 들어 부가 올바른 배분의 절대적인 기준이라고 말하는 사람들은 사람들이 재산을 위해 공동체를 구성했다고 믿는 사람들이며, 가진 재산에 비례하여 국정에 참여해야한다고 주장할 것이다. 아리스토텔레스는 이에 대해 다음과 같이 말한다. "그들의 주장인즉 100므나 가운데 1므나밖에 내지 않은 사람이 나머지 99므나를 낸 사람과 원금 또는 이자에 대한 지분이 같은 것은 정당하지 못하다는 것이다. 그러나 국가의 목적은 단순한 생존이 아닌 훌륭한 삶을 제공하는 것이다."[286] 단지 생존만이 문제라면 이들이 주장하는 배분이 정의롭다고 할 수 있겠지만, 국가의 목적이 좋은 삶이라면 이러한 기준은 '부분적으로는 정의롭다'라고 해야 한다. 아리스토텔레스는 이러한 방식으로 제한된 정의를 말하면서도 절대적인 정의를 말한다고 여기는 사람들 사이의 의견 차이를 세 정치체제로 구분하여 이야기한다. "민주주의자들은 자유를 가치라고 말

285 자크 랑시에르, 『불화: 정치와 철학』, 29.

286 아리스토텔레스, 『정치학』, 1280a25–1280b5; 천병희 옮김, 숲, 2009, 156.

하고, 과두정의 지지자들은 부나 좋은 혈통을 가치라고 말하고, 또 귀족정체를 지지하는 사람들은 탁월성을 가치라고 말한다."[287] 그리고 아리스토텔레스는 이러한 세 주장들 가운데 하나를 택할 것이 아니라 이들이 주장하는 가치들 모두가 결합될 때 공동선이 획득될 수 있다고 말한다. "한 가지 점에서 평등한 자들이 모든 점에서 평등해서도 안 되고, 한 가지 점에서 불평등한 자들이 모든 점에서 불평등해서도 안 되므로" 자유, 부, 탁월성 어느 가치도 한 가지만 선택되어서는 안 되며, 따라서 어느 한 집단이 자신들의 지배를 정당화하는 일은 일어날 수 없다.[288]

그런데 여기서 랑시에르가 문제 삼는 것은 민주주의를 주장하는 자들의 가치에 해당하는 이 자유라는 것이 결코 규정 가능한 것이 아니며, 자유라는 이 민중(dēmos)의 고유성이 민중에게만 고유한 것도 아니라는 점이다. "사실 민중에 속한 사람들은 단순히 다른 사람들과 '마찬가지로' 자유롭다."[289] 그래서 민중은 이 자유라는 고유하지 않은 고유성을 통하여 공동체 전체와 자신을 동일화하게 된다. 이는 민중이 자신들의 몫을 분배받아야 하는 공동체의 부분이면서 동시에 공동체 전체라는 방식으로 셈해진다는 것을 의미한다. 이 불가능한 등가에 의해 드러나는 계산착오는 오류를 바로 잡을 수 있는 것이 아니라, 그 자체로 정치의 조건이다. 정치라는 것이 아리스토텔레스가 말하는 것처럼 평등의 원리에 따라 공동체의 부분들에 공공의 것을 배분하는 것이라면,

287 아리스토텔레스, 『니코마코스 윤리학』, 1131a7; 김재홍 외 옮김, 길, 2011, 169.
288 아리스토텔레스, 『정치학』, 1283a23−41; 170.
289 자크 랑시에르, 『불화: 정치와 철학』, 35.

근본적으로 이러한 셈은 항존하는 잘못 셈해진 부분들의 몫과 함께 이루어진 것이다. 그러므로 이러한 셈에 의해서 몫이 없는 자들이 자신의 몫을 주장할 때 진정한 정치는 가능하며, 이는 동시에 산술을 중단시키는 일이다. 몫 없는 이들의 몫의 설립 없이 이루어지는 것은 정치가 아니라 한 부분들의 다른 부분에 대한 지배이거나 역으로 반역일 뿐이다. 전자는 질서이고 후자는 무질서이다. 그러나 정치는 질서도 아니고 무질서도 아니다. 그것은 올바르게 셈해진 평등한 분배여야 하는 것이다.

2. 감각적인 것의 나눔(partage du sensible)

아리스토텔레스는 인간이 말을 가지고 있다는 사실로부터 출발하여 정치적인 특성을 도출해내었다. 그런데 이 말이라는 것은 명령하는 이에게나 복종하는 이에게나 평등하다. "사회에 질서가 존재하는 것은 어떤 이들은 명령하고 다른 이들은 복종하기 때문이다. 하지만 어떤 질서에 복종하기 위해서는 적어도 두 가지 점이 요구된다. 곧 질서를 이해해야 하며 질서에 복종해야 한다는 것을 이해해야 한다. 그리고 이렇게 하기 위해서는 이미 당신들에게 명령하는 이와 평등해야 한다."[290] 이것이 한 부분의 다른 부분에 대한 지배의 질서를 무너지게 하는 모순이다. 한 부분의 다른 부분에 대한 지배는 원칙에 따라서 또는 정확한 비례와 셈에 따라서 필연적으로 그렇게 되는 것이 아니라 우연적으로

290 자크 랑시에르, 『불화: 정치와 철학』, 45~46.

성립하는 것일 뿐이다. 그래서 자유라는 민중의 비고유한 고유성이 민중을 전체와 동등한 것으로 만들 때, 전체의 새로운 분할이 일어난다. 어떤 사회 집단들이 자신들의 상이한 이해관계를 위해 투쟁하는 것이 정치가 아니라 이 새로운 분할, 즉 이로운 것과 해로운 것을 대립항으로 연결하고 그것을 이윤과 손실이라는 방식으로 계산하는 척도, 그리고 그 척도에 따라 유지되는 질서를 와해시키는 새로운 분할이 바로 정치인 것이다.

아리스토텔레스가 말이 인간들에게만 있다는 사실로부터 출발하여 잘못 계산된 부분들을 포함하는 나눔을 이야기하게 될 때, 이 몫을 부여받지 못한 민중들은 말의 자격이 없는 자들로 몰아내어진다. 말의 자격이 없기 때문에 고통과 쾌감을 표현하는 '목소리'만을 가지고 있는 다른 동물들과 같은 부분들이 되는 것이다. 이 '말'이라는 것이 정당한 것을 언표하는 소리와 쾌감이나 고통, 단순한 동의나 반항만을 표시하는데 불과한 소리를 나눈다. 그러나 몫이 없는 자들은 말을 가지고 있다. 그들은 전체와 동일하게 셈해지며 그들이 평등하다는 것을 주장하자마자 새로운 분할이 이루어진다. "이러한 활동은 보일 만한 장소를 갖지 못했던 것을 보게 만들고, 오직 소음만 일어났던 곳에서 담론이 들리게 하고, 소음으로만 들렸던 것을 담론으로 알아듣게 만드는 것이다."[291] 이것이 바로 랑시에르가 말하는 감각적인 것들의 나눔이라는 말로 이야기하고 싶은 바이다. 다음 구절은 이 분배, 분할, 나눔의 문제를 요약적으로 잘 보여준다.

291 자크 랑시에르, 『불화: 정치와 철학』, 63.

어떤 공통적인 것의 존재 그리고 그 안에 각각의 몫들과 자리들을 규정하는 경계설정들을 동시에 보여주는 이 감각적 확실성의 체계를 나는 감각적인 것들의 나눔이라고 부른다. 감각적인 것의 나눔은 따라서 분할된 공통적인 것과 배타적인 몫들을 동시에 결정짓는다. 몫들과 자리들의 이러한 분배는 어떤 공통적인 것이 참여에 소용되는 방식 자체 그리고 개인들이 이 분할에 참여하는 방식 자체를 결정하는 공간들, 시간들 그리고 활동 형태들의 어떤 나눔에 의거한다.[292]

그러므로 말을 가지고 있는 자들과 말을 이해할 수는 있어도 가지고 있지는 않은 자들 사이의 분배가 문제이며, 보이지 않던 것을 보게 만드는 것, 소음으로만 여겨졌던 것을 진정으로 듣게 만드는 것 등 감각적인 것들을 나누는 새로운 분할이 문제이다. 플라톤은 통치자 계급, 수호자 계급, 생산자 계급을 나누고 이상적인 국가의 모습은 이 세 계급이 자기의 일을 하는 것이라고 강조한 바 있다. 그래서 통치자 계급은 공동체 전체를 위하여 물질적인 부를 소유할 수 없고, 반대로 장인들이나 농부들을 가리키는 생산자 계급은 공동체의 일에 대해 전혀 신경을 쓰지 않는다는 조건 아래에서 부를 소유할 수 있다. 랑시에르는 이것이 함축하는 바를 다음과 같이 표현한다. "그들은, 자연이 그들에게만 배타적으로 배정해놓은 그들 자신의 작업(신발 제작, 미장이 일을 비롯한 각종 육체노동)을 수행한다는 사실 덕분에, 또는 오히려 이러한 기능 이외에는 전혀 다른 일을 수행하지 않으며, 그들 직업의 시공간 이외에는 전혀 다른 시공간을 갖지 않는다는 사실 덕분에 공동체의 성원

292 자크 랑시에르, 오윤성 옮김, 『감성의 분할』, 도서출판b, 2008, 13~14.

으로 간주될 뿐이다."[293] 플라톤은 자연적으로 모든 계급에 고유한 일이 주어져 있다고 말함으로써 생산자 계급에게는 오직 작업을 위한 시간과 공간만이 있으며 그들이 모습이 진정으로 보이고 그들의 목소리가 공동체를 위해 반영되어야 하는 말로 들릴 수 없도록 시간과 공간의 경계를 설정하고 있는 것이다.

각각의 계급에 주어지는 일이 곧 시간과 공간의 경계를 설정하는 문제라는 것은 플라톤의 다음과 같은 문장이 잘 드러낸다. "이는 수행해야 할 과제가 그것을 수행하는 사람에게 여가 시간이 나기를 기다려주지 않기 때문이네. 따라서 과제를 수행하는 사람은 거기에 전력을 기울여야지 취미 활동으로 여겨서는 안 되네."[294] 자신의 일은 일 외의 여가의 시간을 기다려주지 않고 일을 위한 공간 외의 다른 공간을 주지도 않는다. 아리스토텔레스 역시 민중의 정치참여에 대해 이야기하면서 다음과 같이 말한다. "가진 재산이 많지 않은 그들은 여가가 없어 민회에 자주 참석하지 못할 뿐 아니라, 생필품이 모자라 항상 생업에 종사하며 남의 것을 탐내지 않기 때문이다."[295] 이렇게 계급을 나누는 일은 시간과 공간을 분할하는 일과 밀접하게 연결되어 있다. 그리고 랑시에르가 감각적인 것의 새로운 나눔을 이야기하는 것은 민중이 진정한 그들의 몫을 주장함으로써 바로 이러한 보이는 것과 보이지 않는 것, 목소리와 말, 시간과 공간의 배타적인 경계를 허물고 진정으로 자신들의 자유와 권력을 실행하는 가시성과 말, 시간과 공간을 새롭게 설정하기

293 자크 랑시에르, 『불화: 정치와 철학』, 116~117.

294 플라톤, 『국가』, 370b~c; 천병희 옮김, 숲, 2013, 110.

295 아리스토텔레스, 『정치학』, 1318b6−26; 339~340.

위해서이다.

3. 미학과 정치

이렇게 감각적인 것의 새로운 나눔을 위해서는 무엇보다도 예술이 중요하다. 예술이 무엇보다도 중요한 이유는 랑시에르가 비판하고자 하는 바를 잘 담고 있는 볼테르의 말에서 알 수 있다. “교양인은 저속한 사람과는 다른 눈, 다른 귀, 다른 촉각을 갖고 있다.”[296] 우리는 앞서 랑시에르가 허물고자 했던 경계설정들을 볼테르의 말에서 확인할 수 있다. 그리고 이것이 미학이라는 학문 아래에서 분할되어온 감각적인 것들의 새로운 분할이 중요한 이유이다. 이렇게 감각적인 것의 나눔이 정치의 문제라고 할 때, ‘예술의 정치’는 일종의 정치적인 주장을 재현하는 방식이 아니다. 랑시에르는 다음과 같이 강조하고 있다.

> 예술은 우선 그것이 세계의 질서에 대해 전달하는 메시지들과 감정들 때문에 정치적인 것이 아니다. 또한 예술은 그것이 사회의 구조들, 갈등들, 사회집단들의 정체성들을 재현하는 방식 때문에 정치적인 것이 아니다. 예술이 정치적인 것은 예술이 기능들에 대해 두는 간격 때문이고, 예술이 설립하는 시간과 공간의 유형 때문이며, 예술이 이 시간을 분할하고 이 공간을 채우는 방식 때문이다.[297]

우리가 이제까지 살펴본 것처럼 시간을 분할하고, 물질적이고 상

296 자크 랑시에르, 주형일 옮김, 『미학 안의 불편함』, 인간사랑, 2008, 40.

297 자크 랑시에르, 『미학 안의 불편함』, 53.

징적인 공간을 재분할하기 때문에 예술은 바로 정치의 문제가 될 수 있다. 그렇다면 예술은 어떻게 시간과 공간을 재분할하는가? 랑시에르는 칸트가 미적 경험에 대해 분석하면서 체계화한 '놀이(spiel)' 개념에 주목한다. 칸트는 취미판단에서는 논리적 판단에서와 달리 "상상력이 개념 없이 도식화한다"라고 말함으로써 상상력에 자유를 부여한다.[298] 자유로운 상상력의 지성과의 놀이가 아름다움을 판단하는 것이다. 칸트가 도식(Schema)이라는 이름으로 부르는 것은 하나의 개념이 먼저 주어질 때 그 개념과 일치하는 시·공간의 관계를 생산하는 규칙을 말한다. "'개'라는 개념은 그에 따라 나의 상상력이 한 네 발 달린 동물의 형태를 보편적으로, 경험이 나에게 제공한 어떤 특수한 형태나 내가 구체적으로 묘사할 수 있는 모든 가능한 이미지에 국한됨이 없이, 그려낼 수 있는 그런 규칙을 의미한다."[299] 즉, 도식이라는 것은 개를 그린 개별적인 이미지들이 아니라, 그 이미지를 그릴 수 있는 보편적인 규칙을 말한다. "만약에 내가 다섯 개의 점들을 차례로 찍는다면, · · · · · 이것은 수5의 이미지이다. 반면에 만약 내가 5도 될 수 있고 100도 될 수 있는 수 일반을 단지 사고한다면, 이 사고는 이 이미지 자체라기보다는 일정한 개념에 따라 한 양(예컨대, 1,000)을 이미지에서 표상하는 방법의 표상이다."[300] 도식화라는 것이 가능하기 위해서는 개라는 지성의 개념이 있어야 하는 것인데, 칸트는 취미판단에서는 이 개념이라는 것 없이 상상력이 도식화하는 일이 일어난다고 말하는 것이다. 그러므로 지성

298 임마누엘 칸트, 『판단력비판』, B146; 백종현 옮김, 아카넷, 2009, 308.

299 임마누엘 칸트, 『순수이성비판』, A141/B180; 백종현 옮김, 아카넷, 2006, 381.

300 임마누엘 칸트, 『순수이성비판』, A140/B179; 380.

으로부터 자유로워진 상상력이 놀이할 때 개념과 일치하지 않을 수도 있는 시간과 공간의 관계가 생산될 수 있게 된다.

예술에서의 새로운 시간과 공간의 분할은 바로 이러한 방식으로 가능해진다. 그래서 랑시에르는 이를 다음과 같이 표현한다. "칸트의 분석에서 자유로운 놀이와 자유로운 외형은 재료에 대한 형태의 권력을, 감성에 대한 지성의 권력을 중지시킨다."[301] 시간과 공간의 관계를 생산하는 규칙이 자유로운 방식으로 일어날 때 형태의 권력과 지성의 권력은 중지될 수 있다. 랑시에르는 앞서의 볼테르의 말을 이러한 지성의 권력의 문제와 연결시킨다.

> 나는 앞에서 볼테르의 말을 언급했었다. 즉, 대중들은 교양 있는 사람들과 동일한 감각을 갖고 있지 않다. 엘리트들의 권력은 거친 감각들에 대한 교육된 감각들의 권력이고, 수동성에 대한 능동성의 권력이며, 감각에 대한 지성의 권력이다.[302]

이 권력을 중지시키고 새롭게 시간과 공간을 분할하는 것, 그것이 랑시에르가 예술과 정치를 필연적으로 함께 사유하는 이유이다. 우리는 이 역시 플라톤의 '시인들의 추방'과 함께 이야기할 수 있다. 플라톤은 모방이 사물을 물속에서 구부러져 보이게 하는 것처럼 진리로부터 우리를 멀어지게 만드는 것이라서, 영혼의 이성적인 부분의 활동이 그러한 착각들을 바로잡아야 하는 것과 마찬가지로, 모방의 기술을 통해 진리에서 멀리 떨어진 작품을 만들어내어 이성적인 부분으로부터 멀리

301 자크 랑시에르, 『미학 안의 불편함』, 63.

302 자크 랑시에르, 『미학 안의 불편함』, 64.

떨어진 부분과 관계하도록 하는 것을 경계해야 한다고 이야기한 바 있다. "마찬가지로 모방적인 시인도 더 큰 것과 더 작은 것을 구별하지 못하고, 똑같은 것을 때로는 크다고, 때로는 작다고 믿는 혼의 비이성적인 부분에 영합하여 진리에서 아주 멀리 떨어진 영상을 만들어냄으로써 개개인의 혼 안에 나쁜 정체를 만든다고 할 수 있을 것이네."[303] 그렇기 때문에 시인들은 이상국가 안으로 받아들여질 수 없는 존재들이다. 그리고 시인들의 희극과 비극이 펼쳐지는 무대는 영혼의 비이성적인 부분을 부끄러워하고 지배할 수 있도록 만드는 것이 아니라 반대로 애욕과 분노, 욕구와 고통과 즐거움이 오히려 이성적인 부분을 지배하도록 만드는 공간이다. 플라톤은 우려하는 바를 다음과 같이 표현하고 있다. "그리고 만약 자네가 극장에서 이 부분의 기를 살려준다면 자기도 모르는 사이에 일상생활에서도 자꾸만 희극배우가 되어갈 것이네."[304] 그런데 이러한 플라톤의 우려가 오히려 시간과 공간을 분할하는 정치로서의 예술을 잘 드러낸다. 플라톤의 우려로부터 우리는 허구라는 것이 공간의 분할 문제라는 것을 알 수 있다. 무대는 회합이 이루어지는 공적인 공간이면서 동시에 허구가 전시되는 공간이기 때문에, 계급에 따라 명확히 분할되었던 공간이 이곳에서는 혼란에 빠지게 된다.

허구의 공간뿐만 아니라 허구의 시간 역시 이 분할의 문제에서 핵심적이다. 랑시에르는 허구의 '이야기'가 드러내는 시간의 분할에 주목한다. 플라톤과 달리 아리스토텔레스에게 모방은 인간의 본성이며, 인간은 늘 모방에 의해 지식을 습득하고 이는 인간의 최상의 즐거움이다.

303 플라톤, 『국가』, 605b~c; 560.

304 플라톤, 『국가』, 606c; 562.

"무엇을 배운다는 것은 비단 철학자들뿐만 아니라 그 밖에 다른 사람들에게도—비록 그들의 배움의 능력이 적다고 하더라도—최상의 즐거움이기 때문이다. 그림을 보고 쾌감을 느끼는 것은 봄으로써 배우기 때문이다."[305] 이처럼 아리스토텔레스에게 모방으로서의 시는 배움이라는 인간의 최상의 즐거움에 관여한다. 시는 사실들의 나열로 만들어지는 것이 아니라 허구들로 만들어지는 것임에도 그렇다. 랑시에르는 이를 다음과 같이 표현하고 있다. "아리스토텔레스 이래로 허구는 상상적 존재의 발명을 훨씬 뛰어넘는다. 허구는 합리성의 구조이다. 허구는 사물·상황·사건을 지각 가능하고 이해 가능하게 하는 제시 양식이다."[306] 아리스토텔레스는 시가 실제로 일어나는 일을 이야기하는 것이 아니라 '일어날 수 있는 일'을 이야기하기 때문에, 실제로 일어나는 일을 이야기하는 역사보다도 더 중요하다고 말하는데, 그 이유는 시는 역사와 달리 보편적인 것을 말하기 때문이다. 역사가 개별적인 행위와 사건에 대해 말한다면, 시는 개연성과 필연성의 법칙에 따라서 일어날 수 있는 일을 말한다. 그런데 이 아리스토텔레스의 구도, 실제로 일어난 일과 일어날 수도 있는 일이라는 이 분할 역시도 폐지되는 일이 새로운 이야기의 예술인 영화에서 잘 드러나게 된다. 랑시에르는 "영화가 낡은 미메시스 질서를 폐기한다면 그것은 미메시스의 물음을 그 뿌리로부터 해결하기 때문이다"라고 말한다.[307] 기계의 눈으로 기록되는 이미지는

305 아리스토텔레스, 『시학』, 1448b13~16; 천병희 옮김, 문예출판사, 2002, 37~38.

306 자크 랑시에르, 양창렬 옮김, 『모던 타임즈: 예술과 정치에서 시간성에 관한 이론』, 현실문화연구, 2018, 180.

307 자크 랑시에르, 유재홍 옮김, 『영화 우화』, 인간사랑, 2012, 15.

실체적 현실과 기만적인 외양이라는 두 구분을 폐기하기 때문에, 이로 인하여 사실들의 논리와 허구의 논리 사이의 경계가 허물어지는 일이 일어나게 된다. 이것이 영화의 허구적 시간이 새롭게 분할을 행하는 하나의 방법이다.

4. 시간과 영화, 그리고 정치

랑시에르는 『모던 타임즈: 예술과 정치에서 시간성에 관한 이론』에서 세 개의 영화적 순간을 제시한다. 첫 번째 영화는 지가 베르토프(Dziga Vertov, 1896~1954)의 「카메라를 든 사나이(Chelovek S Kino-apparatom)」이다. 랑시에르가 이 영화에서 주목하는 것은 '급진적인 시간적 동질성'이다. 「카메라를 든 사나이」는 대본도, 배우도, 세트도 없이 카메라라는 기계의 눈을 통해서 도시의 일상적인 풍경들을 담아낸다. 그리고 이 영화의 시간은 하루와 동일한 시간으로 표현된다. 랑시에르는 이에 대해 다음과 같이 말한다.

> 이 시간의 단위는 아침의 기상에서 사무실·상점·공장의 노동일을 거쳐 저녁의 여흥에 이르는 하루의 기간으로 주어진다. [……] 베르토프의 영화 '실험'은 시간성에 관한 오랜 아리스토텔레스적 위계를 폐지하고 평등주의적 공존의 시간을 발명한 '근대 소설'의 논리를 따른다.[308]

308 자크 랑시에르, 『모던 타임즈: 예술과 정치에서 시간성에 관한 이론』, 183.

랑시에르는 감각적인 것의 나눔 문제와 관련하여 문학에서는 늘 플로베르와 함께 이야기한다. "『보바리 부인』, 『감정교육』이 출간될 때, 이 저작들은 즉시, 플로베르의 귀족 정치적 입장과 정치적 순응주의에도 불구하고, '문학에서의 민주주의'로 인식된다."[309] 랑시에르에 따르면 플로베르는 어떤 정치적인 메시지를 담지 않았음에도 불구하고, 오히려 어떤 메시지를 문학에 부여하는 것을 거부함으로써 민주주의자가 될 수 있었다. "플로베르는 모든 낱말들을 동일한 가치로 만들었으며, 같은 방식으로 고귀한 사람과 비속한 사람, 서술과 묘사, 무대의 전면과 후면, 종국에는 인간들과 사물들 간의 모든 위계를 파기했다."[310] 예를 들면 왕들은 왕처럼 말하고 보통 사람은 보통 사람의 말투로 말해야 하는 그러한 문체의 관습적인 원칙으로부터 벗어나 문체에서의 평등성이 구현된 것이다. 랑시에르는 베르토프의 「카메라를 든 사나이」 역시 이러한 평등성을 구현하고 있다고 본다. 주인공과 같은 인물 없이 모든 삶을 동일하게 의미 있거나 동일하게 의미 없게 보여주는 그의 방식이 개인들의 삶의 위계를 파괴한다. 이름 없는 삶들이 연결되는 몽타주를 통해서 베르토프는 하루의 모든 활동들을 동기화하는 공통의 시간을 구축한다.

베르토프 영화의 몽타주는 예를 들면 어떤 극적인 장면 연출 방식에서처럼 어떤 공간에서는 여유롭게 차를 마시고 있는데 동시에 다른 공간에서는 경찰에게 도둑이 쫓기고 있는 그런 방식으로 이루어진 것이 아니라, 장면 장면 드러나는 모든 활동들의 차이들이 제거되고 하나

---

309 자크 랑시에르, 『감성의 분할』, 16~17.

310 자크 랑시에르, 유재홍 옮김, 『문학의 정치』, 인간사랑, 2011, 18.

의 교향곡의 시퀀스로 병합된다. "미용실에서 손톱을 손질하는 몸짓, 이발소에 있는 이발사, 집에서 바늘을 갖고 일하는 재봉사, 주판과 돈 서랍을 사용하는 출납원, 길거리의 구두닦이, 교통 표지판의 방향을 바꾸는 경찰관, 담배 공장에서 담배를 포장하는 여성 노동자, 타자수 부서의 타자수 등", 이들의 작업은 등가적인 작업이 되고, 그래서 이들의 몸짓들은 그것이 속한 삶의 위계에서도 분리된다. 베르토프가 사용하고 있는 오버랩 역시 모든 운동의 동질성과 등가성을 표현하며, 각각의 작업들이 속한 시간들을 구분하고 분할하는 것이 아니라 오직 하나의 시간만이 있음을 보여준다. 이것이 플로베르의 문체가 구현하는 평등성과 동일한 방식의 평등성의 구현이다.

〈사진 40〉 「카메라를 든 사나이」의 장면들

랑시에르가 이야기하는 두 번째 영화적 순간은 존 포드(John Ford, 1894~1973)의 「분노의 포도(The Grapes of Wrath)」이다. 「분노의 포도」는 「카메라를 든 사나이」와 달리 전통적인 서사의 흐름을 따라 진행되는 영화이다. 존 스타인벡(John Steinbeck, 1902~1968)의 소설을 각색한 것이며 헨리 폰다(Henry Jaynes Fonda, 1905~1982)가 주연을 맡아 그를 중심으로 극이 진행된다는 점에서도 전통적인 헐리우드 영화의 구조를 따르고 있음을 잘 알 수 있다. 그렇지만 랑시에르는 「분노의 포도」에서 선형적으로 흘러가는 시간의 흐름이 다른 시간성에 의해 분열되는 모습이 드러난다는 점에 주목한다. 영화 초반에 헨리 폰다가 맡은 톰 조드가 막 출소하여 자신의 집을 찾았다가 만난 뮬리의 서사적 시간이 바로 분열을 만들어내는 시간이다. 뮬리는 톰에게 가족들의 행방을 알려주면서 자신과 여러 농장이 무한궤도 트랙터에 의해 파괴되었던 이야기를 들려준다. 그리고 이 이야기는 거대한 트랙터들의 도착과 트랙터 운전사의 모습들과 겹쳐지며, 이 이미지들 전체는 거대한 트랙터의 바퀴와 오버랩 된다. 랑시에르는 이 장면에 대해 다음과 같이 묘사하고 있다.

> 그 얼굴에는 뮬리가 겪어온 사건이 떠나지 않고 출몰하는 듯하다. 먼저 뮬리는 격앙된 독백의 형태로, 거의 셰익스피어적인 어조로 그 사건을 환기한다. 그다음 뮬리의 시선 방향을 따라 화면은 디졸브 되는데, 이는 그림자들의 대화[가 이루어지는 현재]와 퇴거[가 진행됐던 순간에 관한] 내레이션을 매우 특별한 방식으로 접속하는 것 같다. 우리는 무슨 일이 벌어졌는지를 보는 게 아니라 뮬리의 망막에 새겨졌다가 지금 그의 얼굴 전체에 출몰하는 것을 보고 있는 것만 같다.[311]

이 영화적 순간은 「분노의 포도」 영화 전체와 분리되어 있으면서도 영화 전체의 동력을 결정한다. 톰 조드의 가족들이 자신의 집을 떠나야만 하게 만드는 것이 퇴거라는 사건이기 때문이며, 이 사건은 퇴거가 이루어진 마을의 집들에 유령처럼 남아있는 뮬리와 함께 존재했던 것으로 남아있을 것이기 때문이다. 퇴거의 사건은 뮬리와 함께 영화 외적인 시간을 구성하며 동시에 노동조합의 리더가 되는 환속 사제인 케이시와 주인공인 톰 조드로 옮아가면서 반복된다. 두 시간성이 이러한 방

311 자크 랑시에르, 『모던 타임즈: 예술과 정치에서 시간성에 관한 이론』, 192.

식으로 분리되면서 동시에 얽힘을 통해 「분노의 포도」는 선형적인 시간의 흐름에 새로운 분할을 이뤄내며, 이를 통해 계급투쟁을 그려낸다.

〈사진 41〉「분노의 포도」의 트랙터 바퀴와 오버랩 되는 이미지들

마지막 영화적 순간은 페드로 코스타(Pedro Costa, 1958~)의 「행진하는 청춘(Juventude em Marcha)」이다. 영화는 아내에게 버림받은 벤투라를 따라 리스본 변두리 지역을 돌아다니며 그 안에서 살아가는 사람들을 만난다. "일상의 소소한 장면들, 일하다가 사고를 당한 이야기, [동료 렌토와 벌이는 카드 게임], 가상의 가족의 거처를 마련하려고 공영 아파트를 얻기 위해 임대 주택 심사 직원과 잡은 약속, 갖가지 방문 그리고 대화들."[312] 랑시에르가 묘사하고 있는 것처럼 영화는 다큐멘터리와 극영화의 경계에서 '내일에 대한 아무런 기대도 없는' 노동자들을 보여준다. 그렇지만 랑시에르는 이 영화가 다큐멘터리와 다르다고 강조한다. 다큐멘터리는 그것이 보여주는 이미지들로 말할 수 있는 사회적

312 자크 랑시에르, 『모던 타임즈: 예술과 정치에서 시간성에 관한 이론』, 198~199.

인 상황들에 대해 서둘러 알리고자 하기 때문이다. 그런데 코스타의 영화는 오히려 영화 속 인물들이 처한 사회적인 상황과 조건을 드러내기보다는 그들의 일상과 대화들로 채워진다. 더 나아가 코스타의 영화는 인물들의 일상적인 순간들을 카메라로 촬영한 것처럼 보이지만, 그렇지 않더라도 캐릭터의 일상적인 삶을 재현한 것처럼 보이지만, 영화 안에는 계속해서 시간적 어긋남이 존재한다. 특히 벤투라가 계속해서 대화를 나누는 렌토라는 인물은 마지막 장면에서도 등장하여 자신이 화재로 아내와 네 아이를 잃은 일을 이야기하는데, 이 장면 이전에 관객들은 렌토의 죽음을 먼저 목도하게 된다. 판잣집의 전선망을 연결하려고 전봇대에 올라갔다가 떨어져 죽어 있는 광경이다. 랑시에르는 다음과 같이 말한다.

> 이 에피소드를 필름의 [서사적] 연속체에 연결할 수 없기에 우리는 필름의 단편적 형식과 느린 페이스로 말미암아 애매하게 남은 것이 무엇인지 분명히 깨닫는다. 우리가 보는 에피소드들은 카메라가 녹화한 그들의 일상생활 순간들이 아닌 것이다. 그 에피소드들은 허구이다. 매우 특정한 유형의 허구이다. 배우가 연기하는 가상의 캐릭터에 관한 스토리가 아니다. …… 화재 사건은 필름 촬영 기간 어느 카보베르데 이주민 가족에게 [실제] 일어났던 일이다. 그 사건은 벤투라와 렌토가 배우로서가 아니라 신체들로서 즉 역사의 표식과 상흔이 새겨진 신체들로서, 그리고 이 때문에 공통의 운명을 상징할 수 있는 신체들로서 상연하는 퍼포먼스에 포함됐다.[313]

「분노의 포도」에서 뮬리가 그런 것처럼 랑시에르는 죽음 뒤의 렌토

313 자크 랑시에르, 『모던 타임즈: 예술과 정치에서 시간성에 관한 이론』, 201.

가 바로 영화 바깥의 시간에 위치하는 자가 될 수 있음을 지적한다. 그래서 그는 그 자신도 아니고 자신이 맡은 역할도 아닌 유령이 되어 사건을 들려주고 벤투라와 함께 영화 내내 반복해서 외웠던 연애편지의 구절을 벤투라의 손을 잡고 암송할 수 있는 것이다. 「분노의 포도」가 뮬리의 이질적인 시간을 포함하는 서사를 구성하였다면, 그래서 랑시에르에 따르면 '거의 지각할 수 없는' 분열을 남겼을 뿐이라면, 「행진하는 청춘」의 이질적인 시간은 서사 전체를 제거할 수 없는 분열로 이끈다.

〈사진 42〉 「행진하는 청춘」의 장면

랑시에르는 이렇게 영화의 허구적 순간들이 선형적인 시간들에 맞서 새로운 시간의 분할을 하고 있음을 세 영화로 이야기한다. 그리고 우리가 플라톤의 구절과 함께 이야기한 것처럼 시간의 분할은 해방의 문제에 있어서 근본적인 문제이다. 랑시에르는 다음과 같이 말한다. "착취의 부정의에 예속되는 자들이 겪는 가장 근본적인 부정의는 시간을 갖지 못하는 부정의, 시간성 분배의 부정의라고."[314] 시간과 공간의 경계는 일에 대한 구속을 의미하고 그러한 구속에 부합하는 영혼과 육체를 부여하는 일이며 보고 말하고 사유하는 방식을 규정하는 일이다.

314 자크 랑시에르, 『모던 타임즈: 예술과 정치에서 시간성에 관한 이론』, 30.

그러므로 시간을 재분할하는 일은 단순히 일 외의 여가 시간을 확보하는 일이 아니라 환경과 삶의 형태 자체를 바꾸는 일이다.

랑시에르는 버지니아 울프와 플로베르가 시도한 것도 바로 이러한 일이라고 말한다. 버지니아 울프는 「근대소설」에서 플롯이라는 폭군을 규탄하면서 말한다. "한 평범한 날의 한 평범한 마음속을 한순간 조사해보라. 그 마음은 무수히 많은 인상들을 받아들인다—하찮은 것, 놀라운 것, 덧없는 것 또는 강철의 날카로움으로 새긴 것. 모든 방향에서 인상들은 수없는 원자의 끊임없는 소나기로 내린다."[315] 버지니아 울프의 방식은 우리가 앞서 이야기했던 아리스토텔레스적 대립을 무화시킨다. 실제로 일어나는 일을 이야기하는 역사와 일어날 수 있는 일을 이야기하는 시의 대립은 바꿔 말하면 사건들의 잇따르는 연쇄와 허구적으로 만들어내는 사건들의 인과적 구조 사이의 대립을 의미하기 때문이다. 버지니아 울프는 실제로 일어나는 일을 그대로 묘사하는 것도 아니면서 동시에 사건들의 인과적 구조를 파괴함으로써 이 대립을 무화시킨다. 이를 통해 버지니아 울프가 도달하는 것은 평등한 시간이다. "울프의 여주인공 댈러웨이 부인이 길에서 마주치는 모든 무명의 삶과 공유하는 것이 바로 그 시간이다."[316] 울프의 댈러웨이 부인과 플로베르의 보바리 부인은 그러한 점에서 동일하다. "농부의 딸 엠마 보바리의 하루. 그녀는 천편일률적으로 흘러가는 시간들의 시간을 창문 너머로 바라보다가 이 반복되는 질서를 깨부술 이야기를 지어내려고 시도

315 버지니아 울프, 정덕애 옮김, 『끔찍하게 민감한 마음』, 솔, 1996, 116; 『모던 타임즈: 예술과 정치에서 시간성에 관한 이론』, 51에서 재인용.

316 자크 랑시에르, 『모던 타임즈: 예술과 정치에서 시간성에 관한 이론』, 35.

한다."[317] 일상적인 시간의 미시적인 사건들을 소재로 다룸으로써 근대 문학은 근대 문학 자체의 시간을 새롭게 창조해낸다. 이는 플로베르의 "이브토는 콘스탄티노플과 같은 가치를 갖는다"는 말로부터 잘 표현된다.[318] 랑시에르가 세 편의 영화에서 계속해서 발견하는 것도 이러한 것이다. 「카메라를 든 사나이」에 등장하는 인물들 사이의 평등한 시간들, 「분노의 포도」에서 뮬리에서 케이시로, 케이시에서 톰 조드로 이어지며 구성되는 영화 바깥의 시간들, 「행진하는 청춘」의 뒤얽힌 시간들은 모두 고전적인 서사를 깨트리는 시간들을 표현하고 있으며, 이것이 행하는 새로운 시간의 분할이 모든 삶의 평등함으로 나아가게 하고 있는 것이다.

이러한 방식으로 랑시에르는 플로베르의 소설과 울프의 소설 등 문학뿐만 아니라 영화에서도 시·공간의 재분할을 읽어내었다. 영화의 허구적 순간들이 시간을 새롭게 분할함으로써 이질성을 드러내고 그것이 우리의 감각을 교란시키는 것이 예술이 그 자체로 정치행위를 수행하게 되는 진정한 방식이다. 이러한 방식으로 랑시에르는 정치적 예술, 다시 말해 그 자체로 곧 정치인 예술이 가독성과 의미에 저항하는 감각적 충격을 가져온다고 강조한다. 베르토프의 영화가 기존의 방식과는 다른 몽타주를 구현함으로써 공통의 시간이라는 새로운 시간의 분할을 보여주는 것이나 「분노의 포도」의 뮬리의 시간이 선형적인 시간적 흐름에 분열을 만들어내는 것, 그리고 「행진하는 청춘」에서 죽은 렌토가 다시 연애편지를 암송하는 일이 드러내는 시간적 어긋남은 모두 기존의

317 자크 랑시에르, 『모던 타임즈: 예술과 정치에서 시간성에 관한 이론』, 35.
318 자크 랑시에르, 박영옥 옮김, 『역사의 형상들』, 글항아리, 2016, 31.

틀을 벗어남으로써 감각적 충격을 우리에게 준다. 이것이 기계의 눈을 통해 사실의 논리와 허구의 논리 사이의 경계를 허무는 영화라는 매체가 그 자체로 정치행위를 수행하는 방식이다. 이러한 의미에서 지가 베르토프가, 존 포드가, 그리고 페드로 코스타가 정치에 참여하는 작가들이었는가는 중요하지 않다. 플로베르가 실제로 인민들과 공화국에 어떤 감정을 가졌었는지가 중요하지 않은 것과 마찬가지이다. 사건들의 인과적 구조를 따르는 선형적인 시간적 흐름으로부터 빠져나와 새롭게 그것을 분할하는 것이 예술이 진정으로 행하는 정치적 행위이며, 이것이 만들어내는 감각의 교란이 소음을 말로 만들 수 있는 것, 즉 우리로 하여금 잘못 셈해진 부분들의 몫에 대해 말할 수 있게 하는 것이다.

제10장
아감벤과 영화의 몸짓

제10장
아감벤과 영화의 몸짓

1. 몸짓에 관하여

우리가 이 책의 초반에 이미 다룬 바 있는 것처럼 마이브리지는 일련의 순간포착 사진들을 통해 운동하는 이미지라는 영화의 메커니즘을 보여주었다. 아감벤은 흥미롭게도 이러한 영화의 메커니즘을 인간의 몸짓에 대한 분석과 연결시킨다. 조르주 질 드 라 투레트(Georges Gilles de la Tourette, 1857~1904)의 걸음걸이에 대한 분석에서 영화의 메커니즘을 발견하는 것이다. "왼쪽 다리가 몸 전체의 버팀목이 되는 동안, 오른쪽 발은 발꿈치부터 발가락 끝까지 나선형으로 운동하며 지면에서 들어 올려지고, 마지막에 발가락 끝이 지면을 떠난다."[319] 이러한 방식으

319 조르조 아감벤, 김상운·양창렬 옮김, 『목적 없는 수단: 정치에 관한 11개의 노트』, 난장, 2009, 60.

로 이어지는 분석으로부터 순간포착 이미지들의 연쇄를 발견한다. 라투레트는 이 걸음걸이에 관한 연구를 발표하기 이전에 공조운동실조에 대한 연구를 발표했고 이후 이것을 토대로 투레트증후군에 대한 연구가 발전한다. 투레트증후군 환자는 몸짓을 시작하거나 시작하더라도 공조를 결여한 쇼크와 떨림에 의해 끝맺는 일이 불가능하다. 라 투레트의 1885년의 연구 이래 이에 대한 여러 사례가 발견되고 연구되었다. 그런데 아감벤이 주목하는 것은 이러한 특정한 신체장애가 더 이상 발견하기 어려운 일이 아니게 되었다는 점이다. 올리버 색스(Oliver Wolf Sacks, 1933~2015)는 『아내를 모자로 착각한 남자』에서 이렇게 말한다.

> 레이를 진찰한 다음 날, 나는 뉴욕의 다운타운에서 투레트 증후군 환자 세 명을 발견했다. 적어도 발견한 듯이 여겨졌다. 나는 머리가 혼란스러웠다. 왜냐하면 투레트 증후군은 지극히 드문 병이라고 알려져 있었기 때문이다. 발병률이 100만 명에 한 명 꼴이라고 나와 있는 것을 읽은 적이 있는데 그때 나는 불과 한 시간 만에 세 명이나 본 것이다. 나는 무척 놀라고 당황했다. 이렇게 많은 틱 증상 환자들을 못 보고 그냥 지나쳐왔다는 게 말이나 될까? 정말로 못 보았던 것일까 아니면 투레트 증후군 환자를 보고도 '신경질을 부린다'거나 '좀 이상하다'거나 혹은 '발작을 한다'면서 그냥 지나쳤던 것은 아닐까?[320]

색스가 말하는 것처럼 틱 증상은 기록되지 않고 감추어져 있었을 뿐 아주 흔한 일이었을 수 있다면, 여기에는 사람들이 통제를 상실하게 된 자신들의 몸짓을 그런 채로 받아들이고 있었다는 의미가 담겨져 있

---

320 올리버 색스, 조석현 옮김, 『아내를 모자로 착각한 남자』, 이마고, 2006, 180~181.

다. 그리고 아감벤은 사람들이 영화로부터 찾고자 하는 것이 이 잃어버린 몸짓이라는 점을 이야기하고자 한다.

아감벤에 따르면 이미지라는 것은 한편으로는 '몸짓의 사물화'이며 다른 한편으로는 '잠재성'을 보존하는 것이다. 아감벤은 두 양립할 수 없는 특성이 모두 이미지에 있다는 점에 주목한다. 왜 이 두 특성은 양립할 수 없는 것인가? 아감벤은 들뢰즈의 영화론을 염두에 두고 이 두 이미지를 이해하고 있다. "후자는 비자발적인 기억이 현현할 때 번쩍이는 이미지에 상응한다. [……] 후자는 항상 그 기억자체를 넘어서 그 기억이 일부를 이루는 전체를 가리킨다."[321] 우리가 앞서 다루지는 않았지만 들뢰즈는 『시네마: 시간-이미지』에서 관습적으로 이루어지는 영화에서의 플래시백과 프루스트의 마들렌 체험에서와 같이 비자발적으로만 우리에게 떠오르는 잠재적인 과거가 영화에서 작동하는 방식을 대조시킨 바 있다. 먼저 영화의 플래시백은 다음과 같이 작동한다. "마치 '자, 주목하시오! 회상입니다'라고 알리는 게시판처럼 있다. 그러므로 그것은 여전히 감각운동적 결정론과 유비적인 심리적 인과 관계를 관습적으로 지시한다 할 수 있으며, 그것이 내포한 회로들에도 불구하고 단지 선형적인 서사의 진행을 보증할 뿐이라고 할 수 있다."[322] 이렇게 선형적인 서사의 진행을 위해 의도적으로 취해진 플래시백은 우리의 자발적인 기억이 사진과 같은 한 단편을 가로채는 것과 같다. 프루스트는 자신의 소설에서 '사진 전람회의 권태로운 스냅사진들처럼' 실행되는 기억의 빈곤함을 다음과 같이 표현한 바 있다. "나는 지금 기억 속에

321 조르조 아감벤, 『목적 없는 수단』, 66.

322 Gilles Deleuze, *CinémaⅡ : L'imagetemps*, 67.

서 다른 '스냅 사진', 특히 베니스에서 찍었던 몇 가지 스냅 사진을 꺼내 보려 하고 있지만, 베니스라는 낱말이 머리에 떠오르기만 하여도 내 기억은 사진 전람회처럼 권태로운 것이 되고 말아, 이미 아무런 흥미도 아무런 재능도 느낄 수 없었다."[323] 들뢰즈는 이러한 방식의 자발적인 기억을 영화의 플래시백과 같다고 말하면서, 이를 비자발적인 기억의 작동방식과 구분한다.

비자발적인 기억은 마들렌 체험이 한 순간에 번쩍이는 이미지를 돌려주는 것처럼, 그리고 그것이 콩브레 전체를 가리켜보이게 되는 것처럼 작동한다.

> 나는 마들렌 조각이 녹아든 홍자 한 숟가락을 기계적으로 입술로 가져갔다. 그런데 과자 조각이 섞인 홍차 한 모금이 내 입천장에 닿는 순간, 나는 깜짝 놀라 내 몸속에서 뭔가 특별한 일이 일어나고 있다는 사실에 주목했다. 이유를 알 수 없는 어떤 감미로운 기쁨이 나를 사로잡으며 고립시켰다. [……] 분명히 내 마음 깊은 곳에서 팔딱거리는 것은 그 맛과 연결되어 맛의 뒤를 따라 내게로까지 올라오려고 애쓰는 이미지, 시각적인 추억임에 틀림없다. [……] 그것이 레오니 아주머니가 주던 보리수차에 적신 마들렌 조각의 맛이라는 것을 깨닫자마자 [……] 일본사람들의 놀이에서처럼 물을 가득 담은 도자기 그릇에 작은 종잇조각들을 적시면, 그때까지 형체가 없던 종이들이 물속에 잠기자마자 곧 펴지고 뒤틀리고 채색되고 구별되면서 꽃이 되고, 집이 되고, 단단하고 알아볼 수 있는 사람이 되는 것처럼, 이제 우리 집 정원의 모든 꽃들과 스완 씨 정원의 꽃들이, 비본 냇가의 수련과 선량한 마을사람들이, 그들의 작은 집들과 성당이, 온 콩브레와 근방이, 마을과 정원이, 이 모든 것이 형태

323 Marcel Proust, *À la recherche du temps perdu,* vol. Ⅲ, Paris: Gallimard, 1954, 865.

와 견고함을 갖추며 내 찻잔에서 솟아 나왔다.[324]

아감벤은 이미지의 잠재성을 보존하고 있는 특성을 이 마들렌 체험에서 드러나는 비자발적인 기억과 같다고 말한다. 들뢰즈에 대해 조금 더 말하자면, 그는 이 비자발적인 기억의 작동방식을 영화에서는 막스 오퓔스(Max Ophüls, 1902~1957)의 「롤라 몽테스(Lola Montès)」를 통해 예를 들기도 했다. 롤라 몽테스라는 주인공은 자신의 과거를 서커스 무대에 올리는데, 그 과정에서 자신이 무대에 올리기 위해 의도적으로 취한 과거와 끊임없이 여기에 영향을 미치는 잠재적 과거가 뒤섞이면서 현기증을 느끼게 된다는 것이다. 들뢰즈는 이러한 현실적 이미지와 뒤섞이는 잠재적 이미지를 '결정체-이미지(image-cristal)'이라고 불렀다.

〈사진 43〉「롤라 몽테스」의 현기증

아감벤은 이러한 들뢰즈의 논의를 염두에 두면서 몸짓의 사물화와 잠재성의 보존이라는 이미지의 두 특성이 양립할 수 없다고 말하고 있다. 영화의 특성은 늘 몸짓들을 사물화하는 그 자신의 힘으로부터 잠재

324 마르셀 프루스트, 김희영 옮김, 『잃어버린 시간을 찾아서 1: 스완네 집 쪽으로 1』, 민음사, 2012, 86~91.

성을 해방시키고자 하는 그 역시 자신의 힘인 것이 양립할 수 없으면서도 함께 있다는 데 있다. 이미지의 스스로의 구속으로부터의 해방이 곧 영화인 것이다. 그러한 의미에서 아감벤은 "영화는 이미지를 몸짓의 나라로 되돌아가게 한다"라고 말한다.[325] 아감벤이 투레트 증후군 환자들처럼 그 자신의 몸짓에 대해 통제를 상실해버린 사람들을 이야기하면서 우리가 잃어가고 있는 그 몸짓을 영화가 돌려주고 있다고 말하는 것도 이러한 의미에서이다. 사물화로부터 저항함으로써 잠재성을 간직한 몸짓을 우리 안에서가 아니라 오히려 영화를 통해서 발견할 수 있다는 것이다.

우리는 여기서 아감벤의 잠재성 개념을 이해할 필요가 있다. 아감벤은 아리스토텔레스의 잠재성(dynamis)에 대해 다음과 같이 말한다. "아리스토텔레스의 사유에서 잠재성은 한편으로는 현실성에 우선하면서 그것을 조건짓지만, 다른 한편으로 본질적으로는 현실성에 종속된 상태에 머물러 있는 것으로 보인다."[326] 아리스토텔레스는 잠재성을 여러 의미로 구분하여 정의한다.

> '디나미스'(dynamis, 힘 또는 능력)는 (움직여지거나 변하는 것과는) 다른 어떤 것 안에 있으면서, 아니면 (움직여지거나 변하는 것 자신을) 다른 것으로 놓는 조건에서 (움직여지거나 변하는 것 자신 안에 있으면서,) (다른 것이나 자신을) 움직이게 하거나 변하게 하는 근원(이 되는 것)을 뜻한다.[327]

325 조르조 아감벤, 『목적 없는 수단』, 66.

326 조르조 아감벤, 박진우 옮김, 『호모 사케르: 주권 권력과 벌거벗은 생명』, 새물결, 2008, 110.

327 아리스토텔레스, 『형이상학』, 1019a15~16; 김진성 옮김, 이제이북스, 2007, 232.

예를 들면 건축술은 지어진 집 자체 안에 들어 있지 않은 힘과 능력이지만, 집을 짓게 하는 근원이 되는 것이다. 아리스토텔레스에 따르면 변화의 근원이 되는 것뿐만 아니라 다른 어떤 것에 의해 변하게 될 힘을 가진 것도 역시 잠재성에 속한다. 그리고 변하는 힘을 가진 것, 변하지 않을 힘을 가진 것도 모두 잠재성에 속하는 것이며, 어떤 것을 변하지 못하게 하는 것 역시 이에 속한다. "이 모든 것들은 그것들이 그저 생겨나게 되거나 생겨나게 되지 않음으로써, 또는 잘 생겨나게 되거나 생겨나게 되지 않음으로써, '힘이 있는 것'이다."[328] 아리스토텔레스는 이렇게 잠재성을 폭넓게 정의하면서 우리가 리라에 대해서도 그것이 소리를 '낼 수 있다'고 말한다는 점을 지적한다. 아리스토텔레스는 이러한 잠재성이 그가 비판하고 있는 메가라학파 사람들처럼 그 힘을 현실화하고 있을 때에만 존재하고 그렇지 않을 때에는 존재하지 않는다고 말하지 않는다. 만약 그렇다면 집을 짓고 있지 않은 사람은 집을 지을 힘과 능력이 없는 것이며, 집을 짓고 있을 때만이 힘과 능력을 가진다고 말해야 할 것이다.

이렇게 아리스토텔레스는 운동과 생성을 없애 버리는 방식을 비판하면서 잠재성의 자율성을 강조한다. 그렇지만 아리스토텔레스에서는 현실성에 앞서며 현실성을 조건 짓는 이러한 잠재성이 어디까지나 현실성에 종속되어 있다. "있지 않은 것들 중 어떤 것들은 잠재적으로 있다. 그러나 아직 완성 상태로 있지 않다는 점에서 볼 때, 그것들은 (실제로) 있지 않다."[329] 아리스토텔레스에 따르면 아직 완성 상태로 있지 않

328 아리스토텔레스, 『형이상학』, 1019b12~13; 235.

329 아리스토텔레스, 『형이상학』, 1047a35~1047b2; 383.

다는 점에서 잠재성은 현실성에 시간상으로 먼저 올 수 있지만 이 실제로 있지 않음이 실제로 있는 현실성에 앞설 수는 없다. "'일차적인 뜻에서 (…할/될) 힘이 있는 것'은 그것이 실제로 그 힘을 발휘할 수 있기 때문에 '(…할/될) 힘이 있는 것'이다. 예를 들어, '집을 지을 힘이 있는 것(사람)'은 '(실제로) 집을 지을 수 있는 것(사람)'을 뜻"한다.[330] 아리스토텔레스는 이외에도 집을 지어 본적이 없는 사람은 목수일 수 없고 키타라를 연주해본 적이 없는 사람은 키타라 연주자일 수 없다는 사실 등을 지적하면서 잠재성은 늘 현실성에 앞설 수 없음을 강조한다.

그런데 아감벤은 이러한 아리스토텔레스의 잠재성에 대한 논의를 그의 비잠재성(adynamia)이라는 개념을 통해 다시 사유하고자 한다. 잠재성은 본래 '무엇이지 않을 잠재성'이라는 것이다. 아리스토텔레스는 '아디나미아'라는 말로 움직이게 하거나 변하게 하는 근원을 가지고 있지 않은 것을 표현했다. 그에 따르면 잠재적인 것, 그러니까 어떤 것을 하거나 어떤 것이 될 힘을 가진 것은 있을 수도 있고 있지 않을 수도 있다. 그 힘은 현실화될 수도 있고 현실화되지 않을 수도 있기 때문이다. 그래서 잠재성을 가진 것은 존재할 수도 있고 존재하지 않을 수도 있으며, 같은 것이 존재할 힘과 존재하지 않을 힘, 동일한 의미에서 어떤 것이 될 힘과 되지 않을 힘 모두를 가진다. 이것이 아감벤이 주목하는 고유한 비잠재성이다. 아감벤은 아리스토텔레스가 말하는 잠재성과 비잠재성의 관계를 비잠재성을 유보할 때 잠재적인 것이 현실화될 수 있는 것이라고 이해한다. 잠재성은 그 자신의 무엇이지 않을 잠재성과의 관

330 아리스토텔레스, 『형이상학』, 1049b13~14; 394.

계를 통해서만 현실성과 관계를 맺을 수 있는 것이다.

이러한 아감벤의 잠재성에 대한 논의는 그의 핵심적인 배제-포함의 구조를 이해해야만 완전히 이해될 수 있다. "잠재성의 이러한 구조는 자신을 [예외에] 적용시키지 않음으로써 자신을 예외에 적용시키는 주권적 추방령의 구조에 상응하는 것이기 때문이다."[331] 이러한 정치 구조는 "영화의 중심은 이미지가 아니라 몸짓에 있기 때문에 영화는 본질적으로 윤리와 정치 분야에 속한다"라고 말하는 아감벤의 이야기와 곧바로 연결된다.[332] 그래서 우리는 이 아감벤이 강조하는 정치구조를 먼저 이해해볼 것이다. 여기서는 먼저 사물화된 이미지가 그 스스로 가두어둔 몸짓을 돌려주는 일은 본래적이고 고유적인 잠재성을 돌려주는 일이라는 점을 지적하고 다시 이 이야기로 돌아올 것이다.

2. 조에와 비오스, 그리고 예외상태에서의 주권권력

아감벤의 분석에 따르면 그리스 시대에 조에(zoe)는 '살아있음이라는 단순한 자연 생명'을 의미했으며, 비오스(bios)는 '어떤 개인이나 집단에 특유한 삶의 형태나 방식'을 의미했다. 즉, 조에는 추상적이고 지각될 수 없는 생명이라면, 비오스는 공동체의 일원으로서 정치적인 가치를 가지는 생명이다. 그리고 이 자연 생명을 의미하는 조에와 정치적 생명을 의미하는 비오스와의 관계는 서양 정치의 근본적인 구조를 드

331 조르조 아감벤, 『호모 사케르』, 113.

332 조르조 아감벤, 『목적 없는 수단』, 67.

러낸다. 바로 배제-포함의 구조이다. 아감벤은 그리스 시대 이래로 조에로서의 생명은 폴리스에 포함되지 않는 방식으로, 즉 배제된 방식으로 폴리스에 이미 포함되어 있었다고 말한다. 그리고 이 근본적인 서양 정치의 구조는 현대에 이르러서도 그대로 유지된다. 우리가 세계인권선언에서 보듯이 '모든 사람들은 태어날 때부터 자유롭고, 존엄하며, 평등하다'라고 말하는 것은 출생이라는 단순한 사실로부터 권리들의 원천이자 담지자를 이끌어내는 일이다. 이는 달리 말하면 조에로서의 생명의 권리를 주장하면서 조에의 비오스를 찾아내려고 한 것이다. "인권 선언문들은 자연 생명이 국민국가의 법적·정치적 질서 속에 기입되는 원초적인 형태를 대표한다."[333]

조에의 비오스를 주장하는 것이 왜 문제인가? 조에와 비오스 사이의 관계, 즉 배제-포함 구조를 이해하지 않고 단지 조에에 속한 비오스 또는 비오스에 속한 조에라는 방식으로 조에의 비오스만을 주장하게 되면 근본적인 문제가 해결될 수 없기 때문이다. 아감벤은 이것이 왜 민주주의가 그토록 조에의 해방과 행복을 위해 싸워왔으면서도 "조에를 전례 없는 파멸에서 구해내는 데 무능할 수밖에 없었는지" 알려준다고 말한다.[334] 아감벤은 '조에의 전례 없는 파멸'이라는 말로 인권의 어두운 배후에 있는 수용소의 희생당한 자들을 가리키고 있다. 그는 조에와 비오스 사이의 관계를 잘못 이해함으로써 어디에도 포함될 수 없는 방식으로 그 경계 영역에서 희생당할 수밖에 없는 자들을 '벌거벗은 생명'이라고 부르고 이들에 대해 사유하지 않으면 우리는 여전히 무능한

333 조르조 아감벤, 『호모 사케르』, 249.

334 조르조 아감벤, 『호모 사케르』, 48.

자리에 서 있을 뿐이라고 말하고 있는 것이다.

우리는 이러한 '벌거벗은 생명'을 로마 시대에 호모 사케르(homo sacer)라고 불렀던 자들을 통해 이해할 수 있다. 로마 시대에 호모 사케르로 판정받은 자는 희생물로 바칠 수는 없지만 죽여도 살인죄가 되지 않는다. 희생 제물은 부정을 타지 않은 자를 바쳐야 하므로 신에게 바쳐질 수 없기 때문에, 호모 사케르는 신의 법에서 배제됨으로써 포함되며, 그는 면책살해 가능한 자로서 인간의 법에서도 역시 배제됨으로써 포함된다. "호모 사케르 역시 희생물로 바칠 수 없음의 형태로 신에게 바쳐지며 또한 죽여도 괜찮다는 형태로 공동체에 포함된다."[335] 이러한 이중적 배제와 이중적 포획의 구조에 놓여있는 호모 사케르가 바로 벌거벗은 생명이다. "포함함으로써 배제하는 추방의 양가성은 신성함의 양가성을 내포"하고 있다.[336] 이렇게 추방된 자, 즉 공동체로부터 배제당한 자로서 호모 사케르가 법에 무관한 자로 배제됨과 동시에 법으로부터 면책살해 가능한 자로 포함되는 구조와 마찬가지로, 조에로서 생명은 정치적 생명인 비오스로부터 배제됨과 동시에 한쪽에서는 전체주의의 법으로부터 면책되는 학살의 희생자들로서, 다른 한쪽에서는 인권의 핵심으로서 포함된다. 즉, 아감벤에게 인권과 아우슈비츠는 생명정치의 두 극단에 불과한 것이다.

여기서 아감벤이 주목하는 것은 이 배제-포함 구조 자체가 생산하는 비식별역이다. "성스러운 생명이란 정치적 비오스도 자연적 조에도 아니며, 조에와 비오스가 서로를 포함하고 배제하면서 서로를 끌어들

335 조르조 아감벤, 『호모 사케르』, 175.

336 조르조 아감벤, 『호모 사케르』, 164.

이고 있는 비식별역이다."[337] 조에의 비오스화와 비오스의 조에화는 벌거벗은 생명의 신체 안에서 구분되지 않은 상태로 뒤섞여 있다. 그렇기 때문에 자연 생명적 주체의 내부에서 저항의 힘을 찾는 것은 무의미하다. 인권과 수용소가 두 극단에 있을 뿐인 것은 바로 이러한 의미에서이다. 그는 자연생명적 주체의 내부에서 생명권력에 포섭되며 동시에 권력에 대항할 수 있는 힘을 찾을 수 있다고 생각하지 않는다. 알 수 없는 어떤 것으로 언제나 남아있을 수밖에 없는 조에는 비오스의 영역에 흩어지면서 전체주의 학살의 이름으로 혹은 인권의 이름으로 불릴 뿐이다. 왜냐하면 이러한 무규정성이 벌거벗은 생명을 늘 예외상태를 결정하는 자인 주권자의 결정에 맡겨지게 만들기 때문이다.

아감벤은 주권의 역설 역시 그 '구조의 역설'에서 찾는다. 즉, "주권자는 법질서의 외부와 내부에 동시에 존재한다"는 것이다.[338] 주권자는 법질서가 적용되지 않는 예외상태를 선포하고 법의 효력을 정지시킬 수 있는 자로서 법질서의 외부에 있는 자이며, 바로 그 때문에 법의 내부에 있는 자이다. 왜냐하면 예외라는 것은 법질서로부터의 '배제'를 의미하는 것인데, 그 배제되었다는 사실 때문에 규칙의 정지라는 방식으로 규칙에 포섭된 것이다. 우리는 이를 통해 "주권자와 호모 사케르는 법질서의 양극단에 위치한 두 가지 대칭적인 형상들로서, 동일한 구조를 갖고 있으며 서로 결합되어 있다"라는 아감벤의 말을 이해할 수 있다.[339] 배제-포함 구조는 주권자와 벌거벗은 생명으로서의 호모 사케르

337 조르조 아감벤, 『호모 사케르』, 188.

338 조르조 아감벤, 『호모 사케르』, 55.

339 조르조 아감벤, 『호모 사케르』, 178.

양자에게 동일하게 적용되는 구조이다. 우리는 앞서 아감벤이 잠재성의 구조를 '자신을 예외에 적용시키지 않음으로써 자신을 예외에 적용시키는 주권적 추방령의 구조'와 동일하다고 말하는 것을 보았다. 주권자는 법질서의 외부에서 헌법의 중지를 결정하고 법질서의 내부에서는 그 바깥이 없음을 선포한다. 주권자는 법질서 내부에서 예외라는 것은 없다고 선포하는 자로서 자신을 예외에 적용하지 않으며, 법질서의 외부에 있는 예외로 남아있다.

아감벤은 바로 이러한 주권적 구조를 잠재성의 구조에 적용시키고 있다. "잠재성이란 (무엇일 잠재성과 무엇이지 않을 잠재성 양 측면에서) 존재가 스스로를 주권적으로 정초하는 방식, 다시 말해 무엇이지 않을 고유한 잠재성 이외에는 그 무엇도 존재에 선행하거나 존재를 규정할 수 없는 방식이다."[340] 비잠재성을 통해서 현실성과 관계 맺는 잠재성은 자신을 현실화하지 않으면서 동시에 현실화하는 힘이다. 잠재성 또는 비잠재성은 현실화된 힘들을 그것 없이는 가능하지 않게 만드는 것이면서 동시에 현실화되지 않는 것으로 남아 있다. 이것이 아감벤이 주목하고 있는 잠재성과 비잠재성의 구조이다. 그런데 중요한 것은 현실화되지 않는 것으로 남아 있는 순수한 잠재성을 현실화하는 것은 불가능하다는 것이다. 그렇다면 현실화될 수 없음에도 불구하고 순수한 잠재성은 소진되지 않고 남아있다고 말하는 것만으로 충분한가? 순수한 잠재성을 사유함에 있어서 중요한 것은 우리가 그 잠재성을 현실화된 존재와의 관계를 벗어나서 사유할 수 있어야 한다는 점이다. 그리고 이것은

340 조르조 아감벤, 『호모 사케르』, 113~114.

아감벤이 예외공간을 사유하는 방식이기도 하다.

아감벤이 말하는 예외공간에 대해 이해하기 위해서는 그와 동일한 구조로 이해될 수 있는 예외상태에 대해 먼저 이야기할 필요가 있다. 예외상태는 "법이 스스로를 효력 정지시킴으로써 살아 있는 자들을 포섭하는 근원적 구조"[341]이다. 아감벤이 예외상태가 법질서의 바깥에 있는 것이 아니며 안에 있는 것도 아니라고 하는 것은, 규범의 효력정지가 만들어내는 장소가 법질서와 완전히 관계를 잃어버린 곳에 있는 것이 아니라 경계영역에 있는 것이기 때문이다. 그리고 이러한 근본적인 구조가 가시화된 공간은 강제 수용소이다. 수용소는 군법이나 계엄령이라는 오로지 주권자의 결정에 근거하는 예외상태의 법령에 따르는 것이기 때문이다. 수용소는 "예외상태 [……] 가 규범적으로 실현되는 구조"이다.[342] 즉, 수용소 안에서는 누구나 "내부와 외부, 예외와 규칙, 합법과 불법이 구별되지 않는 지역으로 들어서는 것이며, 거기서 개인의 권리나 법적 보호라는 개념들은 더 이상 아무런 의미도 갖지 않는다."[343] 수용소 안의 생명은 그렇다고 믿었던 확실성과 계산 가능성조차 경계 영역으로 옮겨버림으로써 모든 권리와 법의 개념까지도 무규정적으로 만들어버린다. 따라서 수용소는 "가장 절대적인 생명정치적 공간으로서, 거기서 권력은 바로 순수한 생명과 어떤 매개물도 거치지 않고 마주치게 된다."[344] 이러한 예외적 구조에 맡겨진 생명은 궁극적으로 배

341 조르조 아감벤, 김항 옮김, 『예외상태』, 새물결, 2009, 17.

342 조르조 아감벤, 『호모 사케르』, 321.

343 조르조 아감벤, 『호모 사케르』, 322.

344 조르조 아감벤, 『호모 사케르』, 323.

제됨으로써만 법질서에 포함될 수 있다. "주권자의 결정은 외부와 내부, 배제와 포함, 노모스와 퓌지스 사이의 비식별역을 구획 짓고 종종 이를 갱신하는데, 그러한 영역에서 생명이란 본래 법속에서 배제된 것이다."[345]

아감벤은 이로부터 벗어나기 위한 진정한 정치적인 행위는 오직 법과 생명의 관계를 끊어버릴 수 있는 '순수한 폭력' 뿐이라고 말한다. 벤야민은 법정립적인 폭력에 맞서 오히려 "모든 법 정립의 부재"로서 정의되는 순수한 폭력에 대해서 이야기한 바 있다.[346] 아감벤은 이를 분석하면서 그러한 폭력은 실체적인 성격을 가지지 않으며 어떤 조건에도 종속되지 않는 관계적인 순수성을 가지는 폭력이라고 강조한다. 즉, 순수한 폭력은 목적으로부터 독립된 그 자체 순수한 수단을 의미한다. 이것이 바로 '목적 없는 수단'이다. 순수한 폭력은 오로지 폭력과 법 사이의 관계를 폐기함으로써만, 주권권력과 벌거벗은 생명의 관계를 폐기함으로써만 자기의 존재를 증명한다. "오직 그렇게 해서 열리는 공간에서 시작해야만 예외상태 속에서 법을 생명과 연결시키던 장치를 작동중지 시킨 후 법을 어떻게 사용하는 것이 가능한지를 물을 수 있다."[347] 이러한 예외공간은 법질서의 완전한 안 또는 바깥을 의미하지 않는다. 그것은 오로지 법의 효력이 정지되는 경계영역을 뜻한다. "예외상태는 논리와 실천이 식별 불가능해지는 문턱을 그리고 로고스 없

345 조르조 아감벤, 『호모 사케르』, 77.

346 발터 벤야민, 최성만 옮김, 「폭력비판을 위하여」, 『역사의 개념에 대하여·폭력비판을 위하여·초현실주의 외』, 길, 2008, 112.

347 조르조 아감벤, 『예외상태』, 166.

는 순수 폭력이 아무런 현실의 지시 대상 없이 발화될 수 있는 양 행사되는 문턱을 나타낸다."[348] 이러한 '식별 불가능해지는 문턱', 경계 영역에서만 새로운 사유가 가능해진다. 이것이 아감벤이 수용소라는 예외상태의 공간과 완전히 동일한 구조에서 새롭게 이야기하는 경계영역이다. 아감벤은 주권자에게 그 구획이 맡겨지지 않는 그러한 문턱에서 새로운 사유가 가능해진다고 말하고 있다. 그리고 아감벤이 말하는 새로운 사유는 "삶과 인간 지성의 잠재적 성격을 그 대상으로 하는 경험/실험이다."[349] 우리는 여기서 다시 이미지에 그 스스로의 잠재성을 돌려주어야 한다는 아감벤의 말과 다시 마주하게 된다. 이 잠재성은 비잠재성을 통해서만 잠재성으로 있을 수 있는 바로 그러한 잠재성이다.

아감벤은 멜빌의 소설에서 이러한 비잠재성을 발견한 바 있다. 필경사 바틀비는 연주하지 않고 있는 악기 연주자나 집을 짓지 않고 있는 건축가처럼, 글을 쓰지 않고 있을 때 글을 쓸 수 있는 완전한 잠재성을 소유하는 자이다. 그는 '안 하겠다'거나 '안 해야 한다'고 말하는 것이 아니라 '그렇게 안하고 싶습니다(I would prefer not to)'라고 말함으로써, 잠재성과 비잠재성 사이의 결정 가능성 자체에 저항한다. 멜빌의 변호사는 이러한 바틀비의 행위를 글을 쓰지 않는 편이 낫겠다는 방식으로 '수동적으로 저항'하고 있다고 표현한다. 사유하는 것 역시 바틀비의 글쓰기처럼 잠재성을 현실화하거나 혹은 무화하는 것이 아니라, 그 사이의 결정 가능성 자체에 저항하고 순수한 잠재성으로서 사유하는 것이다. 이러한 바틀비적 사유, 즉 잠재성과 비잠재성을 함께 사고하는 새

348 조르조 아감벤, 『예외상태』, 82.

349 조르조 아감벤, 『목적없는 수단』, 20.

로운 사유만이 주권권력과 벌거벗은 생명의 관계 너머에서 사유 속에서 사유하는 순수한 역량을 경험하게 한다. 이미지에 그 잠재성으로서의 몸짓을 돌려준다는 것은 바로 이러한 사유의 역량을 회복하는 일과 같다. 그리고 이러한 사유는 윤리와 정치의 문제와 이렇듯 맞닿아 있다.

3. 영화의 몸짓과 정치

몸짓(gesto, geste, gesture)이라는 말은 라틴어 'gerere'로부터 온 말이다. 이는 지니다, 나르다, 맡다, 수행하다 등을 의미하는 말이다. 아감벤은 이 'gerere'와 행위(agere), 제작(facere)을 구분하여 설명하고자 했던 마르쿠스 테렌티우스 바로(Marcus Terentius Varro)를 인용하며 몸짓이 속하는 곳이 어디인지 분석한다. 바로는 먼저 행위와 제작을 구분한다. 시인은 희곡을 제작하지 행위하지 않고, 배우는 희곡을 행위하지 제작하지는 않는다는 것이다. 그런데 이 행위와 제작, 양자 모두에 속하지 않는 것이 바로 'gerere'이다.

> 정반대로 우리는 최고권을 부여받은 행정관에 대해 '어떤 일을 수행하다(res gerere)'[그 일을 제 것으로 삼고, 전적인 책임을 맡는다는 뜻에서]라는 표현을 쓰는데, 이 점에서 최고권자는 어떤 일을 제작하지도 행위하지도 않고 수행한다(gerit). 요컨대 짊어진다[sustinet].[350]

350 Marcus Terentius Varro, *De lingua latina*, Ⅵ, Ⅷ, 77; 조르조 아감벤, 『목적 없는 수단』, 68에서 재인용.

바로가 먼저 행하고 있는 행위와 제작의 구별은 아리스토텔레스의 행위(praxis) 개념과 제작(poiesis) 개념의 구분으로부터 유래한 것이다. "행위의 유(genos)는 제작의 유와 다르기 때문이다. [……] 제작은 제작[자체]과는 다른 목적을 갖지만, 행위는 그렇지 않기 때문이다. 행위의 목적은 바로 잘 행위한다는 것(eupraxia) 자체이니까."[351] 프락시스는 어떤 의지가 즉각적으로 표현되는 것을 의미한다면, 포이에시스는 무언가가 부재하는 상황에서 존재하는 상황으로 옮겨가는 경험을 의미한다. 플라톤은 『향연』에서 이렇게 말한다. "어떤 것이든 있지 않은 것에서 있는 것으로 갈 때 그것의 원인이 되는 것 일반이 포이에시스이니까요."[352] 행위는 그 자체가 현존으로 도입되어 행위되는 것으로서 있게 되지만, 포이에시스는 그 자체가 작품을 통해 현존으로 도입되는 것이 아니다. 그것은 늘 바깥에 다른 목적을 가진다. 그런데 바로는 이 행위와 제작에 포함되지 않는 다른 유형의 것을 도입한다. 포이에시스가 자기 바깥에 있는 목적의 관점에서 하나의 수단이고, 프락시스는 다른 수단이 없는 그 자체로 목적인 것이라면, 어느 쪽도 아닌 다른 유형의 몸짓은 목적이 아닌 것은 물론이고 어떤 목적을 위한 수단도 아니다. 아감벤은 바로 이러한 점에서 목적이 없는 수단으로서의 몸짓의 정치적인 힘을 발견한다.

아감벤은 이 목적 없는 수단으로서의 몸짓의 잠재성 또는 그 역량을 칸트의 '목적 없는 합목적성'과 연결시킨다. '목적 없는 합목적성'은

351 아리스토텔레스, 『니코마코스 윤리학』, 1140b4-8; 211.

352 플라톤, 『향연』, 205b; 132. '창작'으로 번역된 포이에시스를 우리의 맥락에서 이해하기 쉽도록 다시 포이에시스로 표기하였다.

우리가 앞서 랑시에르와 함께 다루었던 '상상력이 개념 없이 도식화한다'라는 표현과 조응하는 표현이다. 앞서 살펴 본 바 있듯이 도식화라는 것은 개념이 주어졌을 때 그것을 현시하는 것이다. 지성에 의해 규정된 개념 아래에서 상상력이 하는 일이 도식화이므로 개념 없이 도식화한다는 것은 사실 불가능한 일이다. 그렇지만 칸트는 미적 판단에 있어서는 이것이 가능하다고 말한다. 상상력이 개념이 없이 도식화한다는 것은 정확히 말하면 어떤 규정되지 않은 지성개념을 현시하는 것을 의미한다.[353] 상상력이 규정되지 않은 지성 개념을 현시할 때 상상력은 규정된 지성의 개념에 따라 그것을 감성화하는 일로부터 자유를 얻는다. '목적 없는 합목적성'은 바로 이 문제와 관련되어 있다.

칸트는 취미(Geschmack)라는 어떤 것을 아름답다고 판정하는 능력을 다음과 같이 설명한다. "어떤 것이 아름다운 것인가 아닌가를 구별하기 위해서는, 우리는 표상을 지성에 의해 인식하기 위해 객관에 관계시키는 것이 아니라, 상상력에 의해—아마도 지성과 결합돼 있는—주관 및 주관의 쾌 또는 불쾌의 감정에 관계시킨다."[354] 즉, 어떤 것이 아름답다고 판단하는 것은 객관적일 수 없고 오직 주관적일 수만 있다. 그러나 어떤 것을 아름답다고 판단하는 것과 어떤 것으로부터 쾌의 감정을 얻는다는 것이 단순히 동일한 것일 수 없다. 칸트에 따르면 쾌의 감정이란 자신의 욕구능력의 표상과 그것의 대상이 일치될 때 느끼는 감정이 쾌의 감정이다. 반면 어떤 것이 아름답다는 판단은 이러한 대상

353 "미적인 것은 무규정적인 지성 개념의 현시"이다. 임마누엘 칸트, 『판단력비판』, B75; 248.

354 임마누엘 칸트, 『판단력비판』, B4; 192.

과의 일치여부와 관계없이 내려지는 판단이다. 칸트는 이를 취미 판단의 무관심성(Interesslossigkeit)이라고 부른다. "취미의 사안에 있어 심판자의 역할을 하기 위해서는 조금이라도 사물(Sache)의 실존에 마음이 이끌려서는 안 되고, 이 점에 있어서는 전적으로 무관심하지 않으면 안 된다."[355] 취미 판단은 대상의 현존으로부터 만족을 얻는 욕구능력과 무관하게 대상의 표상을 쾌와 불쾌의 감정과 결부시키는 것이다.

칸트에 따르면 어떤 아름다운 대상의 표상으로부터 얻는 쾌는 그 대상과의 객관적인 일치에서 오는 것이 아니라, 상상력과 지성이 대상의 현존과 무관하게 주관적으로 일치함으로써 생긴다. 그런데 바로 이 사실 때문에 어떤 것이 아름답다는 판단은 주관적인 판단이지만 보편성을 가질 수 있게 된다. 예를 들어, '이 장미는 아름답다'라는 판단은 그것을 자신의 욕구능력의 대상으로 삼지 않는 모든 사람에게 타당하게 '여겨져야만 한다'는 의미에서 주관적 보편성을 가진다. 이는 객관적 보편성을 표현하는 명제인 '모든 장미는 아름답다'와 비교해보면 그 의미가 잘 드러난다. 취미 판단은 언제나 개별적인 대상에 대한 판단이기 때문에 객관적인 보편성을 가질 수 있는 것이 아니며, '일반적으로 장미들은 예쁘다고 여겨진다'는 경험적인 보편성만을 가지는 것도 아니다. 취미 판단은 오직 주관적으로만 보편적일 수 있지만 모든 사람에게 보편적 동의를 요청한다. 즉, 내가 '이 장미는 아름답다'라고 판단할 때 모든 사람들이 동의할 수 있기를 단순히 기대하는 것이 아니라, 동의'해야만 한다'고 요구할 수 있다. 물론 그러한 보편적 동의에 대한 필연

355 임마누엘 칸트, 『판단력비판』, B6~7; 194.

적인 요청이 그러한 판단이 객관성을 증명할 수 있는 판단임을 의미하는 것은 아니다. 그렇다면 왜 그러한 동의를 요구할 수 있는가? 그것은 모든 사람에게서 상상력과 지성의 일치가 필연적으로 쾌를 만들어낸다는 것이 조건 지어져 있기 때문이다.

이러한 보편성은 어디까지나 주관적 보편성이다. 취미 판단은 개념이 먼저 주어지는 판단이 아니므로 주관적인 보편성만을 갖는다. "한 취미 판단에서의 표상방식의 주관적인 보편적 전달가능성은, 특정한 개념을 전제하지 않고서도 생겨야 하는 것이므로, 상상력과 지성—그것들이, 인식 일반을 위해서 그렇게 요구되듯이, 서로 부합하는 한에서—의 자유로운 놀이에서의 마음 사태 이외의 다른 것일 수가 없다."[356] 취미 판단에서 상상력과 지성은 하나의 특정한 대상에 대한 인식이 아니라, 인식 '일반'을 위해서 관계를 맺듯이 놀이한다. 그러므로 인식 판단에서처럼 개념이 요구되지 않는다. 이것이 규정적인 개념 없이, 즉 무규정적인 개념만을 현시하는 상상력이 자유를 얻는다는 것의 의미이다.

이로부터 우리는 목적 없는 합목적성의 의미를 잘 이해할 수 있다. 칸트는 합목적성에 대해 다음과 같이 정의한다. "하나의 객관에 대한 개념은, 그것이 동시에 이 객관의 현실성의 근거를 함유하는 한에서, 목적이라 일컬으며, 한 사물이 오로지 목적들에 따라서만 가능한 사물들의 그런 성질과 합치함을 사물들의 형식의 합목적성이라 일컫는다."[357] 개념이 대상의 가능 근거로 간주될 수 있을 때 그것을 목적이라

356 임마누엘 칸트, 『판단력비판』, B29; 211~212. '유희'로 번역된 것을 통일성을 위하여 '놀이'로 수정.

357 임마누엘 칸트, 『판단력비판』, B X X Ⅷ; 164~165.

고 일컬으며, 그러한 선행적인 개념의 원인성을 합목적성이라고 부른다. 그런데 칸트는 이러한 합목적성이 목적 없이도 있을 수 있다고 말하면서 취미 판단이 '주관적인 합목적성'을 가진다고 말한다. 이는 다시 욕구능력과 비교해보면 잘 드러난다. 욕구능력은 어떤 목적의 표상을 반드시 전제하고 있다. 욕구능력은 목적의 표상과 일치하는 대상의 객관적 현실성을 '규정'하는 것이다. 그래서 쾌와 불쾌는 그러한 대상과의 일치여부와 관련된다. 반면 취미 판단에 그러한 대상을 규정하는 목적의 표상이 관여하게 되면 취향의 개입을 허용하게 되거나, 완벽하게 정당화할 수 있는 객관적 가치를 부여하게 된다. 취미 판단에 취향이 개입하게 되면 '이 장미는 아름답다'는 판단은 어떤 사람에게는 아름답고 어떤 사람에게는 아름답지 않은 것이 될 뿐 아니라, 한 사람의 판단에 있어서도 어떤 때는 아름답다고 느끼고 어떤 때는 아름답지 않다고 느끼게 될 것이다. 또한 취미 판단에 객관적 가치를 부여하게 되면 아름다움에 대한 판단이 도덕적인 가치를 가지는 것으로 내세워져야 할 것이다. 취미 판단은 누구에게는 아름다울 수도 있다는 방식의 판단이 아니라 다른 사람들에게도 동일한 흡족을 필연적으로 요구하는 판단이지만, '너의 의지의 준칙이 항상 동시에 보편적 법칙 수립의 원리로서 타당할 수 있도록 행위하라'라는 도덕법칙의 명령에 따르는 일처럼 어떠한 자유로운 선택도 허용하지 않는 것이 아니다. 이렇게 볼 때 어떤 것을 아름답다고 판정할 때 취향이나 객관적인 가치는 개입할 수 없다. 이러한 의미에서 칸트는 취미 판단의 합목적성을 '목적 없는 합목적성'이라고 부른다. 그것은 목적의 표상 없이 자유로운 상상력과 규정되지 않은 지성이 주관적인 조화를 이룸으로써 내려지는 판단이기 때문이다.

이러한 목적 없는 합목적성을 아감벤은 몸짓의 역량이라고 말한다. "수단[의 차원]에서 목적 없는 합목적성은 몸짓의 역량이다."[358] 목적이 되지 않는 수단으로 남아있는 것으로서 몸짓은 목적 없이 자유롭게 놀이하는 합목적적인 수단으로서의 힘이 된다. 몸짓은 수단이 있는 목적 또는 목적이 있는 수단이 아니며, 수단 없는 목적도 아니다. 몸짓을 하나의 목적을 가지는 수단으로 여기는 것은 예를 들면 A 지점에서 B 지점으로 이동하는 보행의 몸짓과 같다. 이것과 영화의 순수한 몸짓은 구분되어야만 한다. 반대로 그 자체로 목적인 수단 없는 몸짓은 춤을 미학적 차원으로 간주하는 일이다. 프락시스가 그 자체로 목적인 것처럼 춤의 몸짓은 그 자체가 목적이다. 이와 달리 목적 없는 수단으로서 몸짓은 그 자신을 순수한 수단으로서 보이게 만드는 것이다. 아감벤은 독특하게도 포르노 영화를 예로 들면서 말한다.

> 포르노 영화에서처럼 타인에게 (혹은 그 자신에게) 즐거움을 선사할 목적으로 상정된 수단일 뿐인 몸짓을 수행하는 행위에 사로잡힌 여인은, 자신의 매개성 속에서 촬영되고 전시된다는 이유만으로 [자신의 매개성에 있어서, 그리고 자신의 매개성에 의해서] 멈춰져 있으며, 관객에게 새로운 즐거움을 주는 매개가 될 수 있다(그렇지 않으면 이 즐거움은 파악될 수 없을 것이다).[359]

관객의 즐거움이라는 목적을 달성하기 위한 수단으로서의 몸짓은 그것이 수단으로서 존재한다는 바로 사실 그 자체를 드러냄으로써 목

358 조르조 아감벤, 『목적 없는 수단』, 70~71.

359 조르조 아감벤, 『목적 없는 수단』, 69~70.

적 없는 수단으로서의 몸짓으로 존재할 수 있다. 아감벤은 「세속화 예찬」에서 포르노 사진이 순수한 수단으로서 존재할 수 있게 되는 국면을 이야기한 바 있다. 초창기 에로틱한 사진은 몰래 찍은 듯한 구도로 촬영되었는데, "어떤 때는 브루노 브라케(Bruno Braquehais, 1823~1875)와 루이-카미유 돌리비에(Louis-Camille d'Olivier, 1827~1870)의 몇몇 누드 사진에서처럼, 소파 위에서 잠을 자다가 게으르게 기지개를 켜며 일어나거나 심지어 독서를 하는 것처럼 꾸민다. 또 어떤 때는 여자들이 거울이 비친 자기를 들여다보고 있는데 경솔한 사진작가가 그것을 용케도 잡아냈다는 식이다(오귀스트 벨록(Auguste Belloc, 1800~1867)이 이런 장면을 좋아했다)."[360] 그렇지만 이는 곧 점점 더 과장되고 자신 앞에 있는 카메라를 직접적으로 의식하는 방향으로 변화한다. 아감벤은 잉마르 베리만(Ernst Ingmar Bergman, 1918~2007)이 「모니카와의 여름(Sommaren med Monika)」에서 보여주었던 장면을 예로 든다. "영화사가들은 「모니카와의 여름」에서 (헤리에트 안데르손(Harriet Andersson, 1932~)이 연기한 주

〈사진 44〉「모니카와의 여름」의 헤리에트 안데르손

360 조르조 아감벤, 김상운 옮김, 『세속화예찬: 정치미학을 위한 10개의 노트』, 난장, 2010, 128~129.

인공 모니카가 몇 초 동안 갑자기 시선을 카메라에 고정시켰을 때의 시퀀스를 당황스러울 만큼 신선하다고 기록했다."[361]

그런데 이제 포르노그래피는 이 조차도 진부한 것으로 만들고 배우가 완전히 카메라를 응시한 채 동시에 관객들을 응시한 채 모든 것들이 진행되도록 한다. 그런데 이 이미 진부해진 이미지에서 우리는 순수한 수단을 발견할 수 있게 된다. 그것은 바로 '얼굴'이라는 고유한 영역 때문이다. 아감벤은 "얼굴은 항상 이미 벌거벗었기에 나체를 알지 못한다"라고 말한다.[362] 그는 포르노 배우들이 풍부한 표정들을 잃어버릴 때, 오직 그 자신의 존재를 수단으로서 드러내게 된다고 강조한다. 그들은 '보여주기 그 자체'를 보여줄 뿐이다. "일체의 구체적 표현성을 넘어선 순수 수단으로서 전시된 얼굴은 에로틱한 의사소통의 새로운 사용, 새로운 형식을 위해 이용될 수 있게 된다."[363] 이렇게 순수한 수단이 된 이미지는 포르노그래피 바깥에서 포르노그래피가 무력화할 수 없이 있는 잠재성을 드러내게 된다.

이것을 잘 보여주는 것은 클로에 데 뤼세(Chloë des Lysses, 1972~)의 사진이다.

> 그녀는 가장 외설적인 행위를 수행하거나 당하면서 사진에 찍히는데, 그래서 그녀의 얼굴은 늘 정면에서 똑바로 보이게 된다. 하지만 이 장르의 관례에 따라 쾌락을 가장하는 대신에 그녀는 가장 절대적인 무관심, 가장 스토아적인 아타락시아를 마치 패션모델처

361 조르조 아감벤, 『세속화예찬』, 130.

362 조르조 아감벤, 『세속화예찬』, 132.

363 조르조 아감벤, 『세속화예찬』, 132.

> 럼 꾸미며 전시한다. 클로에 데 뤼세는 누구에게 무관심할까? 자신의 파트너에게 무관심하다는 것은 확실하다. 하지만 관객들에게도 무심하다. 관객들은 자신이 시선에 노출되어 있음을 알고 있음에도 스타인 그녀가 자신들과 최소한의 공모관계조차도 갖고 있지 않다는 것을 발견하고는 놀라게 된다.[364]

이러한 방식으로 아감벤은 관객의 즐거움이라는 목적과의 관계를 끊어낸 순수한 수단으로서의 뤼세의 얼굴에 주목한다. 이러한 뤼세의 얼굴처럼 영화는 목적 없는 수단으로서의 몸짓을 그대로 보여준다는 점에서 고유한 역량을 가진다. 그리고 이것은 앞서 이야기한 이미지에게 그 몸짓으로서의 잠재성을 돌려주는 일이기도 하다. 몸짓은 '말해야 할 것'을 가지고 있지 않다. 몸짓은 수단 그 자체로서의 자신을 드러내는 것뿐이다. 이는 "문장으로 말해질 수 있는 어떤 것이 아니기 때문에, 몸짓은 본질적으로 항상 언어활동 속에서 파악되지 않는 몸짓이다."[365] 바로 이러한 점에서 영화는 근본적으로 '침묵'이다. 소리가 없다는 점에서 침묵이 아니라 언어활동 속에서 파악되지 않는다는 점 때문에 그렇다. 아감벤은 이로부터 영화와 철학 사이의 근접성을 도출한다. 철학이라는 것 역시 어떤 목적을 위한 언어활동에서 드러나지 않는 말해질 수 없는 것을 보여줌으로써 언어활동 자체라는 순수한 수단을 드러내는 것이기 때문이다.

364 조르조 아감벤, 『세속화예찬』, 133~134.

365 조르조 아감벤, 『목적 없는 수단』, 71.

4. 목적없는 수단으로서의 영화

이렇게 말해질 수 없는 것을 보여준다는 것은 아감벤이 파악하는 언어의 구조와 동일한 함축을 가지고 있다. 아감벤이 말하는 언어의 구조는 곧 증언의 구조인데, 증언의 구조는 증언될 수 없는 것을 증언하는 문제와 관련되어 있다. 아감벤은 수용소에서 '무젤만(der Muselmann)'이라고 불린 자들이 바로 우리가 이야기해온 주권권력에 맡겨진 벌거벗은 생명임을 이야기한다. 무젤만은 수용소에서 모든 의지를 상실하고 삶과 죽음의 경계영역에 있는 자들을 말한다. 그리고 이들에 대한 '증언' 가능성의 문제는 그의 철학의 중요한 위치를 차지한다. 아감벤은 프리모 레비(Primo Levi, 1919~1987)가 『익사한 자와 구조된 자』에서 그대로 옮겨 놓은 나치 친위대의 경고를 이야기하며 증언 불가능성의 문제를 이야기한다.

> 전쟁이 어떻게 끝날지언정 너희들에 대한 전쟁에서 이긴 것은 우리다. 너희들 중 누구도 살아남아 증언하지 못할 것이다. 하지만 설령 누군가 살아남게 될지라도 세상이 그의 말을 믿지 않을 것이다. [……] 왜냐하면 우리는 너희들과 함께 증거들도 죄다 없애버릴 것이기 때문이다.[366]

여기에는 비인간과 인간, 산 자와 말하는 자, 무젤만과 생존자의 불일치가 전재되어 있다. 진정으로 증언을 할 수 있는 자들은 무젤만이

---

366 Primo Levi, *The Drowned and the Saved*, trans. Raymond Rosenthal, New York: Random House, 1989, 11~12; 조르조 아감벤, 정문영 옮김, 『아우슈비츠에 남은 자들: 문서고와 증인』, 새물결, 2012, 231~232에서 재인용.

라고 불리는 자들인데, 그들은 이미 살아있지 않은 자들이기 때문에 증언할 수 없다. 그렇지만 아감벤은 오히려 증인의 자격은 "그가 말할 수 없음의 이름으로만 말할 수 있다는 사실에, 다시 말해 그/그녀의 주체됨에 있는 것"이라고 말한다.[367] 왜냐하면 증언이라는 것 자체는 증언 불가능성과 분리 불가능한 관계를 맺고 있기 때문이다. 비잠재성의 관계를 통해서만 잠재성은 현실화될 수 있는 것처럼, 증언 불가능성과의 관계를 통해서만 증언 가능성은 실제로 증언 가능한 것이 될 수 있다. 증인의 자격은 "증언이 어떤 비잠재성을 통해서만 말함의 잠재성의 발생을 증언하는 한" 가능한 것이다.[368] 그렇기 때문에 증언을 위해서 언어는 비언어가 되어야 하고 비언어가 된 언어는 다시 증언의 불가능성을 보여주어야 한다. 이것이 언어 일반에 내재하는 증언의 구조이다. "증언의 언어는 더 이상 의미를 띠지 않는 언어, 의미를 띠지 않으며 언어를 갖지 못한 것으로 나아가는, 전혀 다른 무의미를 띠게 되는 지점까지 나아가는 그러한 언어이다."[369] 아감벤은 이렇게 비언어가 배제되면서 포함되는 방식으로 언어의 구조를 파악한다. 그리고 이것이 바로 영화의 몸짓이 철학과 맞닿아있는 지점이다. 영화는 목적이 없는 몸짓을 통해 말해질 수 없는 것을 보여주는 것이며, 철학은 목적이 없는 언어활동을 통해 말해질 수 없는 것을 드러내는 것이다.

아감벤은 영화에서 말해질 수 없는 것을 드러내는 구체적인 예를 많이 이야기하지는 않지만, 자신의 『스펙타클의 사회』를 영화화한 기

367 조르조 아감벤, 『아우슈비츠에 남은 자들』, 232~233.

368 조르조 아감벤, 『아우슈비츠에 남은 자들』, 232.

369 조르조 아감벤, 『아우슈비츠에 남은 자들』, 58.

드보르(Guy Debord, 1931~1994)와 고다르의 「영화의 역사(들)(Histoire(s) Du Cinema)」에 대해서 다음과 같이 쓴다.

> 말을 중지시키는 것, 그것은 말을 그 자체로서 나타내기 위해 의미의 흐름으로부터 그것을 벗어나게 하는 것이다. 우리는 몽타주의 초월적 조건을 구성하는 것으로서 드보르가 수행하는 중지에 대해서도 동일하게 말할 수 있다. 우리는 발레리의 정의를 빌려와 영화에 대해서, 적어도 특정 영화에 대해서는 그것이 이미지와 의미 사이의 기나긴 망설임이라고 말할 수 있다. 그것은 연대기적인 정지(pause)라는 의미에서 중지의 문제가 아니라, 오히려 이미지 자체를 작동시키는 중지(arrêt)의 역량이며, 이미지 자체를 그 자체로서 드러내기 위해 서사적인 힘으로부터 벗어나게 하는 것이다. 이러한 의미에서 그의 영화들에서의 드보르와 「영화의 역사(들)」에서의 고다르는 이러한 중지의 역량과 함께 작동한다.[370]

기 드보르는 자신의 『스펙타클의 사회』를 동명의 제목으로 다시 영화화하면서 TV 뉴스 보도들을 사용한다. 그리고 고다르는 「영화의 역사(들)」에서 다른 영화들로부터 이미지들을 가져온다. 그러나 단지 이미지를 가져오는 행위가 중요한 것은 아니다. 그들이 이미지를 가져옴으로써 이미지로 하여금 이미지 자체로서 있을 수 있도록 한다는 것이 중요하다. 이미지는 서사로부터, 또 의미로부터 벗어나서 더 이상 어떤 것의 이미지가 아니라 이미지 그 자체로 있을 수 있게 된다. 이러한 방식으로 말해질 수 없는 것을 드러내는 것, 바꿔 말하면 서사나 의미로 환원되지 않는 방식으로 이미지가 그 자체로서 드러나게 되는 것이 가

370 Giorgio Agamben, *Image et Mémoire: Écrits sur l'image, la danse et le cinéma*, trans. Marco Dell'Omodarme·Suzanne Doppelt·Daniel Loayza, Gilles A. Tiberghien, Paris: Desclée de Brouwer, 2004, 93.

능해진다. 그리고 이렇게 서사나 의미 등 어떤 것을 가리켜 보이지 않고 그 스스로를 드러내는 이미지는 어떠한 가리켜보여야 할 목적을 가지지 않는다는 점에서 순수한 수단이다. 아감벤은 앞서 이야기했던 뤼세의 얼굴처럼 이미지가 순수한 수단이 되는 국면을 이렇게 이야기하고 있다.

이러한 방식으로 아감벤은 정치미학적 관점에서 '목적 없는 수단'으로서의 이미지에 주목한다. 아감벤은 이미지가 어떻게 저항이 될 수 있는가 물으면서 이렇게 말한다. "그것은 무엇보다도 존재하는 것을 파괴(dé-créer)하는 힘을, 실재적인 것을 파괴하는 힘을, 바로 거기 있는 사실을 넘어서는 힘을 가지는 것이다. 모든 창조 행위는 또한 사유의 행위이며, 사유의 행위는 창조적인 행위이다. 사유는 무엇보다도 실재적인 것을 파괴하는 그것의 능력에 의해서 정의되는 것이기 때문이다."[371] 우리는 앞서 아감벤이 새로운 사유의 중요성에 대해서 늘 강조하고 있다는 점을 이미 보았다. "삶과 인간 지성의 잠재적 성격을 그 대상으로 하는 경험/실험"이 반드시 필요하다는 것이다.[372] 영화는 이미지를 서사나 의미로 환원시키지 않고 이미지에 그 잠재성을 돌려줄 때, 바로 이러한 창조이면서 동시에 파괴인 사유가 된다. 우리가 앞서 허먼 멜빌의 소설에서 바틀비가 안하겠다는 것이 아니라 '그렇게 안하고 싶다'라는 방식으로 잠재성을 드러내고 하나의 저항의 국면을 드러내었다는 것을 보았다. 영화의 이미지 역시 마찬가지이다. 이미지는 다른 어떤 것이 되기를 거부함으로써 그 자신의 잠재성, 계속 강조한 바 있

371 Giorgio Agamben, *Image et Mémoire*, 94.

372 조르조 아감벤, 『목적없는 수단』, 20.

듯이 비잠재성과 뗄 수 없는 관계를 맺고 있는 잠재성으로 남아있기를 선택함으로써 새로운 저항으로서의 사유가 될 수 있다.

제11장

철학자들의 영화와의 마주침

제11장
철학자들의 영화와의 마주침

우리는 벤야민이 발견했던 예술로서의 영화의 가능성으로부터 출발하여 사르트르, 메를로-퐁티, 리오타르, 들뢰즈, 데리다, 바디우, 랑시에르, 아감벤이 영화에서 어떤 역량들을 발견하고 있는지 보았다. 그들이 펼쳐놓은 모든 사유들을 다시 요약할 필요는 없겠지만, 우리는 마지막으로 이들이 발견하고 있는 영화만의 고유한 가능성이 궁극적으로 우리의 현실세계에 균열을 일으키는 것에 있음을 강조할 필요가 있다. 벤야민이 '정치의 예술화'와 반대되는 '예술의 정치화'를 이야기한 이래로 영화를 그것이 가진 사회적인 의미와 떼어놓고 이야기할 수 없게 되었다. 영화는 그 어떤 예술보다도 대중들에게 가깝고 그들을 응집하는 능력을 가지고서 시작되었고, 그러한 영화의 근본적인 역량과 분리된 채로 영화에 대해서 말할 수는 없기 때문이다.

벤야민이 주목한 '웃음'을 다시 상기해보자. 그에 따르면 채플린은 웃음을 통해 '가장 국제적이면서 혁명적인 정서'를 드러내었다. 어떤 번역도 필요하지 않은 채플린 영화에서의 웃음은 국제적이고, 또 웃음이라는 즉각적인 반응을 통해 관객들을 집단으로 조직할 수 있는 혁명적인 것이다. 벤야민이 채플린의 무성영화로서의 마지막 영화인 「서커스」의 마지막 장면을 영원히 떠나버리는 채플린의 뒷모습처럼 묘사하고 있는 것은 더 이상 채플린의 그러한 정서를 마주할 수 없게 되었다는 예감 때문일 것이다. 그렇지만 본문에서도 이야기한 바 있듯이 채플린은 이후 유성영화의 시대에 더 놀라운 작품들을 보여주었다. 그러므로 우리는 벤야민이 채플린의 영화에서 발견했던 그 놀라운 정서가 유성영화의 시대가 개막한 이후에도 끝없이 살아남아 영화로 하여금 그 역량을 잃지 않도록 할 수 있었음에 안도해도 좋을 것이다.

벤야민의 이러한 웃음의 정서에 대한 발견은 그의 정신분산 이론과 직접적으로 맞닿아 있다. 이후 사르트르는 벤야민이 말하는 정신분산처럼 영화의 운동성에 주목한다. 영화는 끊임없이 흘러가고 변화하는 것이기 때문에 우리를 저항할 수 없게 만드는 강력한 힘을 가지게 된다는 것이다. 그래서 이 예술에는 어떤 계층의 구분이 생겨날 수 없다. 사르트르는 소설의 독자들이 인물에 자신을 동일시하는 방식과도 다르고, 연극의 관객들이 인물과의 거리를 가지는 방식과도 다르게, 영화는 인물과 모호한 거리를 유지하면서 상황을 더 진짜처럼 빠져들게 만든다고 말한다. 소설에서 인물의 내면의 심리를 묘사하는 방식이나 연극에서 행위를 통해 인물의 감정 등이 표현되는 방식과 다르게 영화는 때로는 동일시되고 때로는 거리를 유지하는 방식으로 모호한 관계를 맺게 만든다. 이런 영화의 독특한 관객과의 거리 때문에 영화를 마주하는 관객들은 다른 어떤 예술보다도 더 저항할 수 없고, 이는 달리 말하면 영화의 힘이 그만큼 강력하다는 이야기이다.

이러한 인물과의 독특한 거리뿐만 아니라 연극에서는 배우의 행위와 제스처를 통해 세계가 창조된다면 영화에서는 진실을 내포하는 실재가 발견된다. 우리는 여기서 사르트르가 영화의 사실성을 중요한 특성으로 보았다는 것을 알 수 있다. 반면 메를로-퐁티에게 영화의 사실성은 아주 부수적인 특성이다. 메를로-퐁티는 사실적인 배우의 연기나 사실적인 공간 등을 인식하게 만드는 것이 영화의 기능이 아님을 강조했다. 영화가 하나의 이야기를 시각적으로 또 청각적으로 얼마나 사실적으로 재현했는가가 영화라는 예술에서 가장 중요한 것일 수는 없다. 만일 그렇다면 영화는 그것이 표현하고자 하는 목표를 담고 있는 시나리오로 환원되어 버릴 것이다. 그러나 시나리오를 얼마나 충실하게 시각화했는가로 영화를 평가할 수는 없으며, 마찬가지로 그 시나리오에 담긴 이념을 평가함으로써 영화를 평가할 수도 없다. 그래서 메를로-퐁티는 영화의 리듬과 분리되어 있는 하나의 산문과 같은 것으로 영화는 이야기될 수 없음을 강조한다. 이것이 '영화는 사유되는 것이 아니라 지각되는 것이다'라는 그의 말이 바였다.

그렇지만 메를로-퐁티 역시 사르트르처럼 영화의 인물은 소설 속 인물처럼 내면의 심리를 묘사하지 않는다는 점에 주목하여 행위를 통해 감정이 전달된다는 점에 주목했다. 영화의 이러한 감정 전달 방식은 궁극적으로 타인의 감정을 이해하기 위해서는 내 자신의 감정에 비추어보아야 하는 것이 아니라, 오히려 나의 행위를 타인의 행위처럼 바라보고 생각해야 한다는 것을 알려준다. 나의 행위와 타인의 행위가 함께 공존하고 있는 이 층위가 나의 감정을 통해 타인의 감정을 유추하는 층위보다 근본적인 층위이기 때문이다. 이러한 방식으로 메를로-퐁티는 우리가 늘 세계에 연루되어 있고 타인들을 향해 열려있는 자라는 것을 알려주는 이 근본적인 지평을 영화에서 발견한다.

리오타르와 들뢰즈, 데리다, 그리고 바디우에 이르면 영화의 사회적 의미는 더욱 중요해진다. 리오타르가 거부하는 것은 하나의 전체적인 흐름으로 환원되는 영화였다. 자본주의 산업 안에 포섭되어 있는 영화가 정상적인 흐름에 위배되는 것들을 모두 제거하는 방식이 바로 영화의 방식이며, 이것을 거부하고 비생산적인 즐거움을 영화에 되돌려주는 일이 그가 하고자 하는 바이다. 들뢰즈의 시간-이미지의 영화 역시 마찬가지이다. 운동-이미지의 흐름으로 종속되지 않는 시간-이미지의 돌출성이 그에게 있어서도 중요한 것이었다. 총체화할 수 없는 이미지를 창조함으로써 히틀러로 또 할리우드로 귀결되는 위험성으로부터 벗어나는 것이 영화의 새로운 역량으로서 이야기된다. 데리다는 스크린에서 우리가 마주하는 존재가 유령이라는 비존재로서의 존재라는 것을 강조하는데, 이는 그의 타자에 대한 환대라는 정치적 문제와 연결되는 것이었다. 타자에게로의 무조건적인 열림은 그것이 현실적으로 실천 가능한 일이 아니라고 할지라도 그것은 모든 조건적인 것들에 조건이 되는 무조건적인 것이다. 영화의 유령으로서의 존재는 바로 그것을 알려온다. 바디우는 영화라는 것은 현실 세계에 공백을 만들어낼 수 있는 하나의 사건이라고 보았다. 특히 영화는 자본과의 불가분한 관계에 있는 하나의 산업이라는 점에서 늘 끊임없이 끼어드는 이미지들과의 투쟁이다. 그 투쟁의 장소가 바로 사건의 장소이며, 사건이라는 것은 '일어나는 일'로서 종결되지 않는 것이기 때문에, 영화는 언제나 투쟁으로 남아있다.

마지막으로 랑시에르와 아감벤은 벤야민이 말한 '예술의 정치화', 달리 표현하면 정치미학적인 관점에 더 가까이 다가간 사람들이었다. 랑시에르는 예술이 곧 정치가 되는 국면을 감각적인 것의 새로운 분할로서 이야기했다. 보이지 않던 것을 보게 만들고, 소음이었던 것을 말로 듣게 하는 그러한 새로운 분할을 통해 잘못 셈해진 부분들의 몫에 대해 올바른 재분배 역시 이야기할 수 있게 된다. 영화는 감각적인 것을 새롭게 나누는 그러한 정치적인 역량을 가진 것이기 때문에, 랑시에르에서는 영화 역시 곧 정치가 된다. 아감벤 역시 '몸짓'이라는 개념을 통해 영화의 정치미학을 말한다. 아감벤에 따르면 우리는 영화를 통해 잃어버린 몸짓을 본다. 그 몸짓은 목적 없는 수단으로서 순수한 잠재성을 가지고 있는 것이다. 영화는 서사나 의미로 환원되는 방식으로 있지 않고 말해질 수 없는 것으로 남아있는 몸짓을 통해 하나의 저항적인 사유가 될 수 있다.

이러한 방식으로 철학자들은 때로는 한계로 작동하고 때로는 고유한 역량이 되는 영화의 근본적인 속성들에 주목하면서 영화를 마주하고 사유해왔다. 우리는 이를 통해 뒤늦게 태어난 예술로서의 영화는 이미 다른 예술들은 극복했다고 여겨지기도 하는 대중성이나 어떤 산업으로서의 한계를 여전히 가지고 있는 것이기도 하지만, 그 스스로 그 자신의 경계를 넘어서면서 새로운 사유로 나아가고 있기도 하다는 것을 알 수 있다. 우리는 여전히 여러 철학자들이 지적한 위험성들과 가능성들 사이에서 그 자신을 예술로서 증명하고 있는 영화를 보며 살아가고 있다. 그러므로 벤야민으로부터 시작된 영화에 대한 철학자들의 사유는 여전히 유효하고 풍부한 사유의 이정표가 되어줄 것이다.

참고문헌

1. 국외문헌

Adorno, T. W., "Transparencies on Film"[1966], Trans. Thomas Y. Levin, *New German Critique*, no.24–25, 1981–2.

______·Horkheimer, M., 김유동 옮김, 『계몽의 변증법』, 문학과지성사, 2001.

______·Benjamin, W., 이순예 옮김, 『아도르노-벤야민 편지: 1928~1940』, 길, 2018.

Agamben, G., *Homo Sacer: Il potere sovrano e la vita nuda*, Torino: Giulio Einaudi, 1995; 박진우 옮김, 『호모 사케르: 주권 권력과 벌거벗은 생명』, 새물결, 2008.

______, *Mezzi senza fine: Note sulla politica*, Torino: Bollati Boringhieri, 1996; 김상운·양창렬 옮김, 『목적 없는 수단: 정치에 관한 11개의 노트』, 난장, 2009.

______, *Quel che resta di Auschwitz: L'archivio e il testimone*, Torino: Bollati Boringhieri, 1998; 정문영 옮김, 『아우슈비츠에 남은 자들: 문서고와 증인』, 새물결, 2012.

______, *Stato di eccezione*, Torino: Bollati BorighieriI, 2003; 김항 옮김, 『예외상태』, 새물결, 2009.

______, *Image et mémoire: Écrits sur l'image, la danse et le cinéma*, trans. Marco Dell'Omodarme·Suzanne Doppelt·Daniel Loayza, Gilles A. Tiberghien, Paris: Desclée de Brouwer, 2004.

______, *Profanazioni*, Rome: Nottetempo, 2005; 김상운 옮김, 『세속화예찬:

정치미학을 위한 10개의 노트』, 난장, 2010.

Aristotle, *Physics*, trans. Edward Hussay, Oxford: Clarendon Press, 1983.

______, 『형이상학』, 김진성 옮김, 이제이북스, 2007.

______, 천병희 옮김, 『정치학』, 숲, 2009.

______, 김재홍 외 옮김, 『니코마코스 윤리학』, 길, 2011.

______, 『시학』, 천병희 옮김, 문예출판사, 2002.

______, 최자영/최혜영 옮김, 「아티네 정치제도사」, 『고대 그리스정치사 사료: 아티네 · 스파르타 · 테바이 정치제도』, 도서출판 신서원, 2002.

Badiou, A., *L'être et l'événement*, Paris: Seuil, 1988; 조형준 옮김, 『존재와 사건』, 새물결, 2013.

______·Tarby, F., *La philosophie et l'événement*, Paris: Germina, 2010 ; 서용순 옮김, 『철학과 사건』, 오월의봄, 2015.

______, *Manifeste pour la philosophie*, Paris: Seuil, 1989; 『서용순 옮김, 철학을 위한 선언』, 길, 2010.

______, *Deleuze: La clameur de l'être*, Paris: Hachette, 1997; 박정태 옮김, 『들뢰즈: 존재의 함성』, 이학사, 2001.

______, *Petit manuel d'inesthétique*, Paris: Seuil, 1998; 장태순 옮김, 『비미학』, 이학사, 2010.

______, *Petit panthéon portatif*, Paris: La Fabrique, 2008; 이은정 옮김, 『사유의 윤리』, 길, 2013.

______, *Cinéma*, Paris: Nova éditions, 2010; 김길훈 · 김건 외 옮김, 『알랭 바디우의 영화』, 한국문화사, 2015.

Bakhtin, M., 『마르크스주의와 언어철학』, 송기한 옮김, 한겨레, 1990.

______, 『바흐찐의 소설미학』, 이득재 옮김, 열린책들, 1988.

Barthes, R., *La chambre claire: Note sur la photographie*, Paris: Seuil, 1980; 『밝은 방: 사진에 대한 노트』, 김웅권 옮김, 동문선, 2006.

Baudrillard, J., 하태환 옮김, 『시뮬라시옹』, 민음사, 2001.

______, 배영달 옮김, 『토탈 스크린』, 동문선, 2002.

Bazin, A., 박상규 옮김, 『영화란 무엇인가』, 시각과언어, 2001.

Benjamin, W., 최성만 옮김, 『기술복제시대의 예술작품 · 사진의 역사 외』, 길, 2007.

______, 최성만 옮김, 『역사의 개념에 대하여 · 폭력비판을 위하여 · 초현실주

의 외』, 길, 2008.

Bergson, H., *Essais sur les données immédiates de la conscience*, Paris: P.U.F., 1889; 최화 옮김, 『의식에 직접 주어진 것들에 관한 시론』, 아카넷, 2001.

______, *L'evolution creatrice*, Paris: P.U.F., 1907; 황수영 옮김, 『창조적 진화』, 아카넷, 2005.

______, *Matière et mémoire: Essai sur la relation du corps à l'esprit*, Paris: P.U.F., 1939; 박종원 옮김, 『물질과 기억』, 아카넷, 2005.

Borradori, G., 손철성 · 김은주 · 김준성 옮김, 『테러 시대의 철학: 하버마스, 데리다와의 대화』, 문학과지성사, 2004.

Cahill, J. L. · Holland, T.(eds.), *Discourse: Journal for Theoretical Studies in Media & Culture*, Vol. 37, Special Issue "Derrida and Cinema", 2015.

Chateau, D., *Sartre et le cinéma*, Biarritz: Séguier, 2005.

Contat, M. · Rybalka, M., *Les Écrits de Sartre: Chronologie Bibliographie commentée*, Paris: Gallimard, 1970.

Debord, G., 유재홍 옮김, 『스펙타클의 사회』, 울력, 2014.

Deleuze, G., *Différence et répétition*, Paris: P.U.F., 1968; 김상환 옮김, 『차이와 반복』, 민음사, 2004.

______, *Nietzsche et la philosophie*, Paris: P.U.F., 1962; 이경신 옮김, 니체와 철학』, 민음사, 2001.

______, *Proust et les signes*, Paris: P.U.F., 1964; 서동욱 · 이충민 옮김, 『프루스트와 기호들』, 민음사, 2004.

______, *Kafka: Pour une littérature mineure*, Paris: Minuit, 1975; 이진경 옮김, 『카프카』, 동문선, 2001.

______ · Bene, C., *Superpositions*, Paris: Minuit, 1979; 허희정 옮김, 『중첩』, 동문선, 2005.

______, *CinémaI: L'image-mouvement*, Paris: Minuit, 1983; 유진상 옮김, 『시네마 I : 운동이미지』, 시각과 언어, 2002.

______, *CinémaII: L'image-temps*, Paris: Minuit, 1985; 이정하 옮김, 『시네마 II : 시간-이미지』, 시각과언어, 2005.

______, *Pourparlers: 19721990*, Paris: Minuit, 1990; 김종호 옮김, 『대담:

19721990』, 솔, 1993.

______·Guattari, F., *Qu'est-ce que la philosophie?*, Paris: Minuit, 1991; 이정임·윤정임 옮김, 『철학이란 무엇인가』, 현대미학사, 1995.

______, *Critique et clinique*, Paris: Minuit, 1993 ; 김현수 옮김, 『비평과 진단』, 인간사랑, 2000.

______, *Deux régimes de fous: Textes et entretiens 19751995*, ed. David Lapoujade, Paris: Minuit, 2003.

______, "Cours vincennes: Synthèse et temps 14/03/1978", *Les cours de Gilles Deleuze*, www.webdeleuze.com.

Derrida, J., *L'écriture et la différence*, Paris: Seuil, 1967; 남수인 옮김, 『글쓰기와 차이』, 동문선, 2001.

______, *Le Problème de la Genèse dans la Philosophie de Husserl*, Paris: P.U.F., 1990; 심재원·신호재 옮김, 『후설 철학에서 발생의 문제』, 그린비, 2019.

______, *Spectres de Marx*, Paris: Galilée, 1993; 진태원 옮김, 『마르크스의 유령들』, 그린비, 2014.

______·Stiegler, B., *Échographies: de la télévision*, Paris: Galilée, 1996; 김재희·진태원 옮김, 『에코그라피』, 민음사, 2014.

______, *De l'hospitalité, Paris: Calmann-Lévy*, 1997; 남수인 옮김, 『환대에 대하여』, 동문선, 2004.

______, 정승훈·진주영 옮김, 『문학의 행위』, 문학과지성사, 2013.

______·Safaa Fathy, *Tourner les mots: Au bord d'un film*, Paris: Galilée, 2000.

Descartes, R., 이현복 옮김, 『성찰』, 문예출판사, 1997.

Flaubert, G., 『보바리 부인』, 이봉지 옮김, 펭귄클래식코리아, 2013.

______, 『감정교육』, 김윤진 옮김, 펭귄클래식코리아, 2010.

Foucault, M., *Dits et écrits, 1954-1988*, vol. 2, Paris: Gallimard, 1994.

Freud, S., 윤희기·박찬부 옮김, 『정신분석학의 근본 개념』, 열린책들, 2003.

______, 이윤기 옮김, 『종교의 기원』, 열린책들, 2020.

Gustafsson, H.·Grønstad, A., *Cinema and Agamben: Ethics, Biopolitics and the Moving Image*, NewYork·London·New Delhi·Sydney:

Bloomsbury Academic, 2014.

Husserl, E., 이남인·김태희 옮김, 『에드문트 후설의 내적 시간의식의 현상학』, 서광사, 2020.

Jones, G. · Woodward, A.(eds.), *Acinemas: Lyotard's Philosophy of Film*, Edinburgh: Edinburgh University Press, 2017.

Kafka, F., 홍성광 옮김, 『소송』, 펭귄클래식코리아, 2009.

Kant, I., *Kants gesammelte Schriften, Herausgegeben von der Königlich Preußischen Akademie der Wissenschaften*, Berlin: Walter de Gruyter, 1900ff.

______, 백종현 옮김, 『판단력비판』, 아카넷, 2009.

______, 백종현 옮김, 『순수이성비판』, 아카넷, 2006.

______, 백종현 옮김, 『실천이성비판』, 아카넷, 2009.

Lacotte, S.H., 『들뢰즈: 철학과 영화』, 이지영 옮김, 열화당, 2004.

Levi, P., *The Drowned and the Saved*, trans. Raymond Rosenthal, New York: Random House, 1989.

Lyotard, J-F., *Le Différend, Paris: Minuit,* 1983; 진태원 옮김, 『쟁론』, 경성대학교출판부, 2015.

______, *La Condition Postmoderne: Rapport sur le Savoir*, Paris: Minuit, 1979.

______, *Des dispositifs pulsionnels*, Paris: Galilée, 1994.

______, *Pourquoi philosopher?*, Paris: P.U.F., 2012; 이세진 옮김, 『리오타르, 왜 철학을 하는가?』, 북노마드, 2015.

______, 이현복 옮김, 『지식인의 종언』, 문예출판사, 1993.

Merleau-Ponty, M., *Phénoménologie de la perception*, Paris: Gallimard, 1945; 류의근 옮김, 『지각의 현상학』, 문학과 지성사, 2002.

______, *L'oeil et l'esprit*, Paris: Gallimard, 1964; 김정아 옮김, 『눈과 마음』, 마음산책, 2008.

______, *Sens et non-sens*, Paris: Éd. Nagel, 1966; 권혁면 옮김, 『의미와 무의미』, 서광사, 1990.

______, *Le visible et l'invisible*, Paris : Gallimard, 1964 ; 남수인 옮김, 『보이는 것과 보이지 않는 것』, 동문선, 2004.

______, 오병남 옮김, 『현상학과 예술』, 서광사, 1989.

______, 김화자 옮김, 『간접적인 언어와 침묵의 목소리』, 책세상, 2014.
Nietzsche, F. W., 『선악의 저편 · 도덕의 계보』, 김정현 옮김, 책세상, 2002.
Platon, 천병희 옮김, 『국가』, 숲, 2013.
______, 강철웅 옮김, 『향연』, 이제이북스, 2014.
______, 강성훈 옮김, 『프로타고라스』, 이제이북스, 2012.
______, 정준영 옮김, 『테아이테토스』, 이제이북스, 2013.
Proust, M., *À la recherche du temps perdu*, vol. Ⅰ－Ⅲ, Paris: Gallimard, 1954.
______, 김창석 옮김, 『잃어버린 시간을 찾아서』, 국일 미디어, 1998.
______, 김희영 옮김, 『잃어버린 시간을 찾아서』, 민음사, 2012~.
Rancière, J., *La Mésentente: Politique et philosophie*, Paris: Galilée, 1995; 진태원 옮김, 『불화: 정치와 철학』, 길, 2015.
______, *Le Partage du sensible: Esthétique et politique*, Paris: La Fabrique, 2000; 오윤성 옮김, 『감성의 분할』, 도서출판b, 2008.
______, *Malaise dans l'esthétique*, Paris: Galilée, 2004; 주형일 옮김, 『미학 안의 불편함』, 인간사랑, 2008.
______, *Les Temps modernes: Art*, temps, politique, Paris: La Fabrique, 2018; 양창렬 옮김, 『모던 타임즈: 예술과 정치에서 시간성에 관한 이론』, 현실문화연구, 2018.
______, *La fable cinématographique*, Paris: Seuil, 2016; 유재홍 옮김, 『영화 우화』, 인간사랑, 2012.
______, *Figures de l'histoire*, Paris: P.U.F., 2012; 박영옥 옮김, 『역사의 형상들』, 글항아리, 2016.
Rodowick, D.N., 『질 들뢰즈의 시간기계』, 김지훈 옮김, 그린비, 2005.
Sacks, O., 조석현 옮김, 『아내를 모자로 착각한 남자』, 이마고, 2006.
Sartre, J.-P., *L'être et le néant: Essai d'ontologie phénoménologique*, Paris: Gallimard, 1943; 정소성 옮김, 『존재와 무』, 동서문화사, 2009.
______, *La transcendance de l'ego*, Paris: Vrin, 1966; 『자아의 초월성』, 현대유럽사상연구회, 민음사, 2017.
______, *Qu'est-ce que la littérature?* Paris: Gallimard, 1947; 정명환 옮김, 『문학이란 무엇인가』, 민음사, 1998.
______, *Un théâtre de situations*, eds. Michel Contat · Michel Rybalka, Paris:

Gallimard, 1973; 박형범 옮김, 『상황극』, 영남대학교출판부, 2008.
______, *Écrits de jeunesse*, eds. Michel Contat · Michel Rybalka, Paris: Gallimard, 1990.
______, 백승미 옮김, 「영화를 위하여: 국제적 예술의 옹호와 예증」, 『비평의 시대』 2호, 1993.
______, *L'Existentialisme est un humanisme*, Paris: Nagel, 1946; 박정태 옮김, 『실존주의는 휴머니즘이다』, 이학사, 2008.
______, 『사르트르의 상상력』, 지영래 옮김, 기파랑, 2008.
______, 『사르트르의 상상계』, 윤정임 옮김, 기파랑, 2010.
______, *Les Séquestrés d'Altona*, Paris: Gallimard, 1959.
Sauvagnargues, A., 『들뢰즈와 예술』, 이정하 옮김, 열화당, 2009.
______, 『들뢰즈, 초월론적 경험론』, 성기현 옮김, 그린비, 2016.
Sebald, W. G., 이경진 옮김, 『캄포 산토』, 문학동네, 2008.
Shakespeare, W., 노승희 옮김, 『햄릿』, 펭귄클래식코리아, 2010.
Vertov, D., 『키노아이』, 김영란 옮김, 이매진, 2006.
Woolf, V., 『끔찍하게 민감한 마음』, 정덕애 편역, 솔, 1996.

2. 국내문헌

강선형, 「푸코의 생명관리정치와 아감벤의 생명정치」, 『철학논총』, 제78집, 2014.
______, 「메를로-퐁티의 '깊이'(profondeur)와 세계에 연루된 주체의 가능성—메를로-퐁티의 세잔 해석을 중심으로」, 『철학사상』, 제57호, 2015.
______, 「들뢰즈 철학에서 시간의 종합과 영화」, 석사학위논문, 서강대학교 대학원, 2016.
______, 「메를로-퐁티와 들뢰즈에 있어서 비지성적 종합의 가능성」, 『철학과 현상학 연구』, 제69집, 2016.
______, 「들뢰즈와 바디우의 영화론에서 '거짓'이 만들어내는 역량(puissance) 문제」, 『철학연구』, 제56집, 2017.
______, 「들뢰즈와 칸트 : 들뢰즈 철학의 형성에서 칸트 삼비판서의 역할」,

박사학위논문, 서강대학교 대학원, 2019.
고지현, 「아이스테시스와 정치적인 것: 발터 벤야민의 매체미학을 중심으로」, 『범한철학』, 제39집, 2019.
권정임, 「숭고 이미지의 예술철학적 의미」, 『인문학연구』, 제41집, 2011.
김대중, 「아감벤의 『내용없는 인간』을 통해 살펴본 미학의 역사와 해체」, 『비평과 이론』, 제24권 3호, 2019.
김지영, 「이미지의 잠재성: 들뢰즈의 『시네마 2: 시간이미지』를 중심으로」, 『비평과 이론』, 제13권, 2008.
김재희, 「베르그송의 이미지 개념: 『물질과 기억』을 중심으로」, 『철학연구』, 제56집, 2002.
김지훈, 「생명정치, 몽타주, 이미지의 잠재성: 조르조 아감벤과 영화」, 『비교문화연구』, 제49권, 2017.
김태희, 「사르트르의 영화적 취향」, 『프랑스학연구』, 제55권, 2011.
김호영, 「근대 기계적 지각과 영화 매체: 짐멜, 베르그손, 벤야민의 이론을 중심으로」, 『현대영화연구』, 제12권, 2011.
______, 『영화이미지학』, 문학동네, 2014.
남수영, 「랑시에르와 영화적 모더니티: 영화를 둘러싼 미학적 위계에 대한 고찰」, 『영상예술연구』, 제22호, 2013.
______, 「거짓으로서의 영화: 영화의 매체특정성에 대한 고찰」, 『비평과이론』, 제24권 3호, 2019.
______, 「'필연의 아카이브'로서의 영화: 침묵의 이미지와 재현불가능 사이」, 『미학예술학연구』, 제49권, 2016.
류의근, 「메를로-퐁티 : 시각과 회화」, 『철학과 현상학 연구』, 제16집, 2001.
박민수, 「정치와 미학 그리고 예술: 랑시에르의 사상에 관하여」, 『카프카연구』, 제27집, 한국카프카학회, 2012.
박성수, 「사유의 무능력과 영화」, 『문화과학』, 제28호, 2001.
박은주, 「카프카의 탈영토화하는 글쓰기」, 『카프카 연구』, 제13집, 2005.
변현태, 「문학의 정치: 사회주의 리얼리즘과 아방가르드」, 『러시아연구』, 제23권 1호, 2013.
______, 「유물론적 미학을 향하여: 러시아 아방가르드의 전화」, 『러시아연구』, 제27권 2호, 2017.
서동욱, 「예외 상태와 환대에 대한 오해」, 『세계의 문학』, 제135호, 2010.

______, 「사르트르에서 병리적 의식과 자기기만」, 『철학과현상학연구』, 제57집, 2013.
______, 『차이와 타자』, 문학과 지성사, 2000.
______, 『들뢰즈의 철학』, 민음사, 2002.
서영식, 「플라톤과 아리스토텔레스의 시간이해」, 『철학연구』, 제85집, 2009.
서용순, 「예술의 모더니티와 바디우의 비미학적 사유」, 『미학예술학연구』, 38집, 2013.
______, 「바디우 철학에서의 존재, 진리, 주체: 『존재와 사건』을 중심으로」, 『철학논집』, 제27집, 2011.
신지영, 「영화에 있어서 정치적인 것: 벤야민과 바디우를 중심으로」, 『철학연구』, 제136집, 2015.
신철희, 「'민'(demos) 개념의 이중성과 민주주의(demokratia)의 기원」, 『한국정치연구』, 제22집 제2호, 2013.
신혜경, 「아도르노의 영화에 대한 성찰: 형상 금지와 몽타주 개념」, 『미학』, 제85권 3호, 2019.
안상원, 「리오타르의 '반영화': '회귀의 형상'에 대한 비판」, 『미학』, 제79권, 2014.
오병남, 「M. Merleau-Ponty에 있어서의 藝術과 哲學 : 『눈과 마음』을 중심으로」, 『철학과 현상학 연구』, 제3집, 1988.
오은하, 「사르트르의 『알토나의 유폐자들』: '하나 더하기 하나는 하나'」, 『불어문화권연구』, 제25호, 2015.
양운덕, 「미시권력들의 작용과 생명 정치 : 푸꼬의 권력분석틀과 아감벤의 근대 생명정치학 비판」, 『철학연구』, 제36집, 2008.
______, 「침묵의 증언, 불가능성의 증언 : 아감벤의 생명 정치의 관점에서」, 『인문학연구』, 제37집, 2009.
______, 「장-프랑수아 리요타르—포스트모던: 총체적 진리와 정의의 부정」, 『이론』, 제6호, 1993.
양창렬, 「생명권력인가 생명정치적 주권권력인가: 푸코와 아감벤」, 『문학과 사회』, 제75호, 2006.
유윤영, 「질 들뢰즈의 철학에서 영화와 사유의 관계」, 『인문연구』, 제68호, 2013.
유홍림 · 홍철기, 「조르지오 아감벤(Giogio Agamben)의 포스트모던 정치철

학: 주권, 헐벗은 삶, 그리고 잠재성의 정치」, 『정치사상연구』, 제13집 제2호, 2007.
윤교찬 · 강문순, 「아감벤의 '목적 없는 수단'과 벤야민의 이미지로서의 역사철학 그리고 드보르 영화의 몽타주 기법」, 『영어영문학21』, 제27권, 2014.
윤정임, 「사르트르와 영화: 필연성의 매혹」, 『유럽사회문화』, 제8호, 2012.
이기상, 「계산의 시간: 아리스토텔레스에 있어서의 시간」, 『철학』, 제35집, 1990.
이경분, 「아도르노, 아이슬러 그리고 영화를 위한 작곡」, 『서양음악학』, 제7호, 2004.
이윤영, 『사유 속의 영화: 영화 이론 선집』, 문학과지성사, 2011.
이익주, 「랑시에르와 이미지의 감각들: 정치적 영화에서 영화의 정치로」, 『영상문화』, 제31호, 2017.
이정하, 「랑시에르의 영화미학: 영화와 미학적 예술체제」, 『미학』, 제77권, 2014.
이지영, 「이미지의 물질성과 내재성에 대한 연구」, 『시대와 철학』, 16권 1호, 2005.
______, 「들뢰즈의 『시네마』에 나타난 영화 이미지 존재론」, 『철학사상』, 제22권, 2006.
______, 「들뢰즈의 〈시네마2〉의 구조에 대한 연구」, 『철학사상』, 제51권, 2014.
임석원, 「발터 벤야민과 구성적 영화」, 『뷔히너와 현대문학』, 제39권, 2012.
장근상, 「사르트르의 서사-드라마극: 『알토나의 유폐자들』을 중심으로」, 『불어불문학연구』, 제104집, 2015.
장태순, 「들뢰즈와 바디우의 다자성 개념: 두 철학자의 논쟁을 중심으로」, 『철학연구』, 제117집, 2017.
조성훈, 『들뢰즈의 잠재론』, 갈무리, 2010.
______, 『들뢰즈의 씨네마톨로지』, 갈무리, 2012.
전혜림, 「자기 해방으로서의 정치와 미학: 랑시에르의 정치와 미학의 동일성」, 『인문과학』, 제64권, 2017.
최재식, 「영화에 대한 현상학적 이해: 메를로-퐁티를 중심으로」, 『철학과현상학연구』, 제10집, 1998.

홍기숙, 「"순수다자"로서의 존재와 "일자"로서의 진리 — 알랭 바디우의 "존재와 사건"」, 『사회와 철학』, 제12호, 2006.

3. 참고영화

Antonioni, M., 「여자의 증명(Identificazione di una donna)」, 1982.
Audry, J., 「닫힌 문(Huis Clos)」, 1954.
Avildsen, J. G., 「조(joe)」, 1970.
Beaumont, H., 「브로드웨이 멜로디(The Broadway Melody)」, 1929.
Bergman, I., 「모니카와의 여름(Sommaren med Monika)」, 1953.
Brabant, C. · Pagliero, M., 「공손한 창부(La Putain respectueuse)」, 1952.
Chabrol, C., 「더러운 손(Les Innocents aux mains sales)」, 1975.
Chaplin, C., 「서커스(The Circus)」, 1928.
______, 「시티 라이트(City Light)」, 1931.
______, 「모던 타임즈(Modern Times)」, 1936.
______, 「위대한 독재자(The Great Dictator)」, 1940.
Costa, P., 「행진하는 청춘(Juventude em Marcha)」, 2006.
Crosland, A., 「재즈싱어(The Jazz Singer)」, 1927.
Daquin, L., 「수직의 도전자(Premier de cordée)」, 1944.
De Sica, V., 「알토나의 유폐자들(Les Séquestrés d'Altona)」, 1962.
Delannoy, J., 「내기는 끝났다(Les Jeux Sont Faits)」, 1947.
Eggeling, V., 「대각선 교향곡(Symphonie Diagonale)」, 1924.
Eizenshtein, S. M., 「전함 포템킨(Bronenosets Potemkin)」, 1926.
Fathy, S., 「다른 곳에서, 데리다(D'ailleurs, Derrida)」, 1999.
Ford, J., 「분노의 포도(The Grapes of Wrath)」, 1940.
Godard, JL., 「여자는 여자다(Une Femme Est Une Femme)」, 1961.
______, 「할 수 있는 자가 구하라: 인생(Sauve qui peut (la vie))」, 1980.
______, 「영화의 역사(들)(Histoire(s) Du Cinema)」, 1988.
Hitchcock, A., 「프렌지(Frenzy)」, 1972.
Huston, J., 「프로이트(Freud: The Secret Passion)」, 1962.
Kelly, G. · Donen, S., 「사랑은 비를 타고(Singin' in the Rain)」, 1952.

Kiarostami, A., 「체리 향기(Ta'm e guilass)」, 1997.
Kurosawa, A., 「라쇼몽(Rachomon)」, 1950.
Lyotard, J. -F. · Avron, D. · Eizykman, C. · Fihman, G., 「다른 장면(L'Autre scène)」, 1972.
______, 「마오 질레트(Mao Gillette)」, 1974.
Malraux, A., 「희망(Espoir)」, 1945.
McMullen, K., 「유령 춤(Ghost Dance)」, 1983.
Murnau, F. W., 「파우스트(Faust)」, 1926.
Ophuls, M., 「롤라 몽테스(Lola Montès)」, 1955.
Ozu, Y., 「만춘(Banshun)」, 1949.
Pudovkin, V., 「어머니(Mat)」, 1926.
Renoir, J., 「게임의 규칙(La Règle du jeu)」, 1939.
______, 「랑주씨의 범죄(Le crime de Monsieur Lange)」, 1936.
Riefenstahl, L., 「의지의 승리(Triumph des Willens)」, 1935.
______, 「올림피아(Olympia)」, 1938.
RobbeGrillet, A., 「지난 해 마리앵바드에서(L'année dernière à Marienbad Last Year At Marienbad)」, 1961.
Rossellini, R., 「유럽 51년(Europa '51)」, 1952.
Takeshi, K., 「소나티네(Sonatine)」, 1993.
Thompson, F.,「뉴욕, 뉴욕(NY, NY)」, 1957.
Truffaut, F., 「400번의 구타(Les Quatre Cents Coups)」, 1959.
Vertov, D., 「카메라를 든 사나이(Chelovek S Kino-apparatom)」, 1929.
Visconti, L., 「베니스에서의 죽음(Morte a Venezia)」, 1971.
Warhol, A., 「엠파이어(Empire)」, 1964.
______, 「잠(Sleep)」, 1964.
Welles, O., 「시민 케인(Citizen Kane)」, 1941.
______, 「상하이에서 온 여인(The Lady From Shanghai)」, 1947.
______, 「악의 손길(Touch of Evil)」, 1958.

찾아보기

ㅅ

ㅇ

ㅎ